“十四五”职业教育国家规划教材

21世纪高职高专财经类规划教材

金融法理论与实务（附微课 第4版）

Jinrongfa lilun yu shiwu

罗艾筠 郭耀峰 ◎ 主编

李俊霞 刘洁 张娜 ◎ 副主编

褚义兵 ◎ 主审

人民邮电出版社

北京

图书在版编目（CIP）数据

金融法理论与实务：附微课 / 罗艾筠，郭耀峰主编
. -- 4版. -- 北京：人民邮电出版社，2022.2
21世纪高职高专财经类规划教材
ISBN 978-7-115-57993-5

Ⅰ. ①金… Ⅱ. ①罗… ②郭… Ⅲ. ①金融法－中国
－高等职业教育－教材 Ⅳ. ①D922.28

中国版本图书馆CIP数据核字(2021)第237826号

内 容 提 要

本书分为十章，主要内容包括：金融法基本理论，中央银行及信用征信法律规范，商业银行法律规范，票据、银行卡业务结算法律规范，商业银行担保法律规范，证券、证券投资基金和期货法律规范，保险业法律规范，金融信托和金融租赁法律规范，互联网金融法律风险与监管，以及金融领域犯罪概要。

本书先系统阐述了行业领域的主要法律规范并重点介绍了商业银行中票据、银行卡业务的法律规范，以及担保在金融实务中的具体法律适用；然后依据互联网背景下的金融创新中的涉法问题，针对常见的第三方支付、金融+互联网，从法律关系、风险和监管的角度结合当今实践案例进行了系统的阐述；最后介绍了金融市场常见的金融犯罪表现以及给从业人员带来的警示。

本书配有电子课件、电子教案、课程标准、微课视频、视频和文本案例、习题答案、实训指导、模拟试卷及答案等资料（部分资料仅限用书教师下载），并以精品在线开放课程（链接见人邮教育社区本书页面）为支撑，配套资料的索取方式参见"更新勘误表和配套资料索取示意图"。

本书可作为高职高专院校金融及其他财经类相关专业以及中等职业学校相关专业学生的教材，也可供传统金融、互联网金融从业者和其他经济管理工作者参考。

◆ 主　　编　罗艾筠　郭耀峰
　　副 主 编　李俊霞　刘　洁　张　娜
　　主　　审　褚义兵
　　责任编辑　万国清
　　责任印制　李　东　胡　南
◆ 人民邮电出版社出版发行　　北京市丰台区成寿寺路 11 号
　　邮编 100164　电子邮件 315@ptpress.com.cn
　　网址 https://www.ptpress.com.cn
　　山东百润本色印刷有限公司 印刷
◆ 开本：787×1092　1/16
　　印张：14.5　　　　　　　　　2022 年 2 月第 4 版
　　字数：358 千字　　　　　　　2024 年 7 月山东第 7 次印刷

定价：49.80 元

读者服务热线：(010)81055256　印装质量热线：(010)81055316
反盗版热线：(010)81055315
广告经营许可证：京东市监广登字 20170147 号

第4版前言

本书第3版自出版至今已三年，期间，金融领域尤其是互联网背景下的金融创新发展迅猛，涉法问题层出不穷。为了适应高职高专金融人才培养的需求，我们特对第3版教材进行了修订。

本次修订融入了近年来金融领域的创新和发展成果，结合国家金融法律法规的新动态进行了比较大的更新，替换了部分正文、案例和实训内容，以使本书更好地满足"要培养既懂专业知识又熟悉相关法律知识的复合型金融人才"的需求。

（1）在修订理念上，力求与时俱进。除根据新的金融法律、法规和规章、政策对有关内容进行更新外，还依据思政融入思政点，以案例的形式实现思政价值引领，以求更符合金融行业对人才素养的需要。

（2）在内容上，依据金融实践的需要，增加或修订了以下几项内容：依照新修订的《证券法》进行了较大的内容调整，聚焦了《证券法》中的核心内容；结合互联网金融新形态对互联网金融法律风险和监管部分的内容进行了较大的调整；结合近年来金融违法犯罪的新特征增加了相关内容。本书在调整中力求与职业资格考试接轨、与职业岗位需求同步。

（3）在形式上，追求实用性和趣味性。考虑到财经类高职高专教学规律和学生的认知特点，在突出主要金融法律理论的同时更加注重实用性，以大量案例、"想一想"等栏目以及二维码链接的视频、案例原文等形式增强学生对所学知识的系统性、规律性的认识；知识点测试部分着重加强"以案说法"的实效性。希望这些调整能起到开阔学生视野、激发学生学习兴趣的作用。

为更好地落实立德树人这一根本任务，编者团队在深入学习党的二十大报告后，在本书重印时对局部内容进行了微调，更新了素质教育指引等配套教学资料。

本书配有电子课件、电子教案、课程标准、微课视频、视频和文本案例、习题答案、实训指导、模拟试卷及答案等资料（部分资料仅限用书教师下载），并以精品在线开放课程（链接见人邮教育社区本书页面）为支撑。为方便读者自学，本书以二维码链接了部分微课视频，更多微课视频及其他配套资料的索取方式参见"更新勘误表和配套资料索取示意图"。

本书由罗艾筠、郭耀峰主编，李俊霞、刘洁、张娜副主编，褚义兵主审。本次修订工作具体分工如下：赵佳（第一章）、张娜（第二章）、杨振兴（第三章、第八章）、刘洁（第四章）、郭耀峰（第五章、第十章）、罗艾筠（第六章、第九章）、李俊霞（第七章）。其中，张娜老师来自北京财贸职业学院，其他编者均来自山西金融职业学院。

在编写过程中，我们得到了国家检察官学院副院长杨迎泽、山西财经大学法学院硕士生导师吴春香、中国政法大学民商经济法学院博士生导师薛克鹏等同志的大力支持。另外，使用本书第3版的老师也为本次修订提供了很多意见和建议，在此一并致谢！望各位同人继续批评指正，以便我们将来能修订得更好。由于编者水平有限，本书难免存在不当之处，敬请广大读者批评指正。

编 者

目　　录

第一章

金融法基本理论

【学习指导】

学习要点

1. 掌握法律关系的概念及构成要素，树立从业人员的权利义务意识。
2. 掌握法律行为的生效要件，规范从业人员的业务行为。
3. 掌握表见代理的构成要素，梳理金融机构与从业人员的法律关系。
4. 掌握金融法律纠纷的解决途径，强化从业人员诉诸法律的意识和能力。

课外要求

关注法治宣传节目或旁听法院庭审，丰富自己的法律知识并熟悉诉讼程序。

第一节 法律基础知识

【引例】

林某、叶某分别是 A 公司经理和财务经理，王某系会计师事务所审计人员。三人明知 A 公司财务不符合债券发行要求，篡改数据、制作严重失实的审计报告等。A 公司无力偿还私募债券，给投资者造成重大经济损失。林某等人因欺诈发行债券罪而获刑。

问题： 请从职业道德和法律意识的角度，理解"没有规矩不成方圆"这句话。

一、法的概述

法是由国家制定、认可并由国家强制力保证实施的，反映由特定物质生活条件所决定的统治阶级意志，以权利和义务为内容，以确认、保护和发展统治阶级所期望的社会关系、社会秩序和社会发展目标为目的的行为规范体系。

"法律"一词通常有广义和狭义两种用法。广义上，"法律"与"法"的概念相同。狭义上，"法律"一词专指国家立法机关制定的规范性文件，即特定或具体意义上的法律。

（一）法的特征

法的特征是指法与相近的社会现象（如道德、宗教、风俗、习惯等）相比较的过程中显示出来的特殊属性和标志。

1. 法是调整人们行为的规范，具有规范性

法的规范性是指它为人们的行为设定了一个用以遵循的模式、标准或方向。作为调节人们行为的一种社会规范，法具有能为人们提供行为模式、标准的属性。

2. 法是由国家制定或认可的，具有国家意志性

国家是法存在的前提条件。一切法的产生，大体上有通过国家制定和认可两种途径。法的制定是指国家立法机关按照法定程序创制规范性文件的活动。法的认可是指国家通过一定的方式承认其他社会规范（如道德、宗教、风俗、习惯及行业规范等）具有法律效力的活动。

3. 法是由国家强制力保证实施的，具有国家强制性

> **议一议**
> 金融机构有很多内部管理制度，那么这些制度是否具有强制性？对谁有强制性？

法的国家强制性是指法依靠国家强制力保证实施、强迫人们遵守的性质。不管人们的主观愿望如何，都必须守法；否则，将招致国家强制力的干涉，受到相应的法律制裁。

4. 法在国家权力管辖范围内普遍有效，具有普遍性

法的普遍性是指法作为一般的行为规范在国家权力管辖范围内具有普遍适用的效力和特性。具体而言，它包含两个方面的内容。其一，法的效力对象的广泛性。在一国范围之内，任何人的合法行为都无一例外地受法的保护；任何人的违法行为，也都无一例外地受法的制裁。其二，法的效力的重复性。这是指法有反复适用的效力。在同样的情况下，法可以反复适用，而不是仅适用一次。

5. 法以权利义务为主要内容

权利是指主体依法具有自己为或不为一定行为或要求他人为或不为一定行为的资格；义务是指主体依法必须为一定行为或不得为一定行为的责任。法以外的某些行为规范也规定了权利和义务（如社团章程中所规定的会员权利和义务），但法律上的权利和义务不同于其他行为规范中所称的权利和义务，它代表了国家意志性。

（二）法的本质

> **议一议**
> 统治阶级的意志是否是全体统治阶级个人意志的总和？

法的本质体现的是统治阶级的意志。而统治阶级的意志归根结底是由这一阶级的社会物质生活条件所决定的，即由这个阶级所赖以生存的物质生产方式决定的。我国社会主义法的本质是工人阶级领导下的全体人民意志的体现，其内容由社会主义经济基础所决定。公有制经济决定了我国社会主义法的性质、内容和发展方向。总之，法的本质和特征之间的关系，体现了法所呈现的特征由法的本质所决定。

>
> **微课堂**
> **法和道德**
> 请基于职业角度思考：为什么职业道德与规范执业行为的有关法律法规一起，共同构成了职业行为的重要准则？

（三）职业道德和金融行业规范

道德规范与法律规范一样，都是上层建筑的重要组成部分，都是规范人们行为的重要行为准则。

职业道德规范也不例外。金融行业的职业道德，是指金融行业中需要遵守的、能够体现出金融行业特征，可以对金融行业从业人员职业行为进行调整的准则与规范，也是社会道德在金融职业中的具体反映。金融行业的特殊性反映为它在推动社会发展中起着重要作用的同时，也有高风险的一面，因此金融行业需要重视从业人员职业道德水平的提升，这样才有利于金融行业良好环境的创造，有利于金融行业良好形象的树立，从而促使金融行业健康、持续、稳定地发展。

金融行业规范是从金融行业服务对象、方式和行业特点出发，对金融行业的服务标准进行明确和规范，提出了金融行业包括互联网金融行业服务的标准化要求，用于指导和评价金融服务的质量和水平。这既是一定的社会道德原则在金融职业活动中的反映，也是基本道德规范在金融工作中的具体体现。比如，中国银行业协会发布的《银行业从业人员职业操守和行为准则》等。

 **视野拓展**

塑造银行业共同职业操守 规范银行业从业人员行为

2020年9月2日，中国银行业协会发布了《银行业从业人员职业操守和行为准则》（以下简称《操守和准则》）。本《操守和准则》分为七章五十四条，具体而言，提炼了"七项职业操守""三类行为规范""两个服务核心"和"一项名单惩戒机制"。其中，三类行为规范包括"行为守法、业务合规和履职遵纪"；两个服务核心为"保护客户合法权益和维护国家金融安全"；一项名单惩戒机制包括"黑名单""灰名单"及相关制度。

在《操守和准则》中，第一，提出了七项职业操守，以此刻画银行业从业人员"忠、专、实"的独有职业性格特征和共同价值观。第二，提出了三类行为规范，引导银行业从业人员全面守法、合规、遵纪。第三，提出了两个服务核心，强调银行业从业人员要服务好客户、服务好国家。第四，提出了强化职业行为自律机制，明确银行业从业人员、高管、银行业金融机构及银行业协会推动实施职业操守和行为准则的各方职责。

二、法律关系

法律关系是指法律规范在指引人们的社会行为、调整社会关系的过程中所形成的相应的权利义务关系。

法律关系是根据法律规范建立的一种社会关系。第一，法律规范是法律关系产生的前提。如果没有相应的法律规范存在，就不可能产生法律关系。第二，法律关系不同于法律规范调整或保护的社会关系本身。在社会关系的领域中有法律规范所调整的社会关系，如经济关系、行政管理关系等，也有些是不属

> **想一想**
> 社会关系上升为法律关系需要具备什么条件？

于法律调整或法律不宜调整的社会关系，如友谊关系、爱情关系、政党社团内部关系等。第三，法律关系是法律规范的实现形式，是法律规范的内容在现实社会生活中的具体贯彻。

（一）法律关系的构成要素

法律关系的构成要素有主体、客体和内容。

1. 主体

法律关系主体是指法律关系的参加者，即在法律关系中享有权利或承担义务的人。法律上所称的"人"主要包括自然人、法人及非法人组织。自然人是指有生命并具有法律人格的个人，包括本国公民、外国公民和无国籍的人。法人是指具有法律人格，能够以自己的名义独立享有权利或承担义务的社会组织。非法人组织是指不具有法人资格，但能够以自己的名义从事民

事活动的组织。例如，个体工商户、农村承包经营户，以及不具有法人资格的私营经济组织、个人合伙等。在特殊情况下国家也会成为法律关系的主体，例如，以国家的名义发行公债。

2. 客体

法律关系客体是指权利和义务所指向的对象。它是将法律关系主体之间的权利与义务联系在一起的中介，没有法律关系客体作为中介，就不可能形成法律关系。因此，客体是构成任何法律关系都必须具备的一个要素。一般来说，民事法律关系的客体概括起来有如下几种。

（1）物（财产）。这里所说的物是法律意义上的物，是指能够满足人们生活需要的，可以为人类所控制，具有一定经济价值的物质实体。它可以是天然物，也可以是人的劳动创造的物。

（2）货币和有价证券。货币是固定地充当一般等价物的特殊商品。作为商品的货币当然具有物的属性，在法律上它被认为是一种特别的动产。可以成为法律关系客体的货币必须是现行流通中的货币，包括本国货币和外国货币。有价证券是指标有票面金额，证明持有人有权按期取得一定收入并可自由转让和买卖的所有权或债权凭证，一般包括商品证券、货币证券及资本证券。商品证券是证明持券人拥有商品所有权或使用权的凭证，取得这种证券就等于取得这种商品的所有权，持有者对这种证券所代表的商品所有权受法律保护，如提货单、运货单、仓库栈单等。货币证券是指本身能使持券人或第三者取得货币索取权的有价证券，如汇票、银行本票和支票等。资本证券是指由金融投资或与金融投资有直接联系的活动而产生的证券，持券人对发行人有一定的收入请求权，如股票、债券及其衍生品种（如基金证券、可转换证券等）。

> **注意**：智力成果与其物质载体的关系。

（3）智力成果，即脑力劳动的产物或成果，包括文学、艺术、科技作品，发明、实用新型、外观设计及商标等。知识产权不是保护智力成果的载体，而是载体上的信息，载体本身属物权保护对象。

（4）行为。这里的行为包括生产经营行为、经济管理行为、完成一定工作的行为和提供一定劳务的行为。生产经营行为，如市场竞争行为。经济管理行为，如中国人民银行对金融业的管理行为。完成一定工作的行为，如加工承揽行为、建设过程中的承包行为等。提供一定劳务的行为，如汇兑行为、运输行为、仓储和保管行为等。

（5）经济信息。经济信息是指反映社会经济活动发生变化等基本情况的各种信息、数据、情报和资料的总称，包括技术信息和经营信息。经济信息的重要性，决定了国家、经济组织都必须加强信息资源的管理，建立完善的经济信息系统和保护信息资源的安全。这就需要把经济信息的收集、整理、汇总、计算、分析、加工、传递、储存、输出和保护等全部过程纳入法治的建设轨道。

3. 内容

法律关系的内容是指法律关系主体间在一定条件下依照法律或约定所享有的权利和承担的义务，是人们之间利益的获取或付出的状态。

（二）法律关系的产生、变更和消灭

法律关系的产生、变更和消灭不是随意的，必须符合两个方面的条件。一是抽象的条件，即法律规范的存在，这是法律关系产生、变更和消灭的前提和依据。二是具体的条件，即法律事实的存在，它是法律规范中假定部分所规定的各种情况，一旦某种情况出现，法律规范中有关权利和义务的规定，以及对有关行为法律后果的规定就会发挥作用，从而使一定的法律关系产生、变更和消灭。比如，票据的签发，一是因为调整票据关系的《票据法》的存在，二是当事人之间有真实的交易存在，因此形成因票据支付的一系列法律关系。

（三）法律事实

法律关系的产生、变更和消灭必须具备直接的前提条件，这就是法律事实。所谓法律事实，就是法律规范所规定的，能够引起法律关系产生、变更和消灭的客观情况或现象。

（1）法律事件。法律事件是法律规范规定的，不以当事人的意志为转移而引起法律关系产生、变更和消灭的客观事实。法律事件分为社会事件和自然事件两种。前者如国家政策的调整引起交易关系发生变化等，后者如自然灾害引起保险赔偿法律关系的发生等。对于特定的法律关系当事人而言，这两种事件都是不以其意志为转移的。

（2）法律行为。法律行为是指以当事人的意志为转移，能够引起法律关系的产生、变更和消灭的人们有意识的活动，包括合法行为和违法行为两类，如借款合同的订立，以及票据的签发、承兑等。

 **关联案例**

甲将10万元存入银行；乙上市公司与A证券公司签订了股票承销协议；丙投保的财产因一场大火而灭失；中国人民银行上调了个人储蓄存款利率。

问题：以上法律事实中哪些属于行为，哪些属于事件？

解析：前两种法律事实都是当事人有意识的活动，属于行为；后两种法律事实是当事人的意志无法控制的，属于事件。

三、法律行为

法律行为是能发生法律效力的人们有意识的活动。它是在社会生活中引起的法律关系产生、变更和消灭的最经常的事实。

（一）民事法律行为的有效条件

民事法律行为的有效条件是指法律行为按照意思表示内容发生效力的必要条件，民事法律行为符合了有效条件的，当事人的意思才被法律认可，从而产生预期的法律后果并受法律保护。民事法律行为自成立时生效，但法律另有规定或当事人另有约定的除外。

依照《民法典》的规定，民事法律行为的有效条件表现为以下三个方面。

1. 行为人具有相应的民事行为能力

行为人是否具有相应的民事行为能力，要以民事法律对自然人、法人及其他非法人组织的民事行为能力的具体规定为标准来衡量。

对于自然人来讲，完全民事行为能力人可以从事各种民事法律行为；限制民事行为能力人只能实施一些与其年龄、智力和精神健康状况相适应的民事活动，其他民事活动由其法定代理人代理或征得其法定代理人同意后实施；无民事行为能力人不能独立进行民事活动，他们所从事的民事活动由其法定代理人代理进行。

对于法人和其他非法人组织来讲，要求其所为法律行为不违反法律的禁止性规范。①法人须对法定代表人的行为负责；非法人组织的法定代表人的行为，也应由其所代表的非法人组织承担。法人对法定代表人所负的责任，包括越权行为的责任。②法人对工作人员的职务行为负责。所谓职务行为是指法人的工作人员在执行职务期间实施的民事行为。法人参与民事活动不可能仅靠法定代表人一人去完成，诸多事务还需要其他工作人员去执行。因此，法人不仅要对法定代表人的行为负责，还要对其他工作人员因执行法人交付的任务而所为的行为负责，其中也包括侵权行为所致的民事责任。③法人应对其非法活动负责。例如，商业银行向银行业监督管理机构提供虚假的或者隐瞒重要事实的财务会计报告、报表和统计报表；商业银行违法发放贷款等。

提示： 根据《民法典》的规定，18周岁以上且精神智力正常的成年人为完全民事行为能力人；8周岁以上的未成年人和不能完全辨认自己行为的精神病人，是限制民事行为能力人；不满8周岁的未成年人和完全不能辨认自己行为的精神病人是无民事行为能力人。

限制民事行为能力人不能单独实施的民事法律行为属于效力待定的民事法律行为，即行为是否有效要看法定代理人是否予以追认。

2. 行为人意思表示真实

意思表示真实就是说行为人在充分自愿的基础上，外部的表示与其内在的真实意思相一致。只有行为人意思表示真实，才能保证其所实施的民事行为产生的民事法律后果符合行为人预期的目的，合乎其切身利益，有利于建立正常的社会经济秩序。如果行为人的外在表示与其内心真实意思不一致，则为意思表示不真实，不为法律所确认和保护。例如，行为人是在被胁迫、受欺诈及产生重大误解等法律规定的情况下作出的与其真实意思不符的意思表示，此行为无效或可以由人民法院或仲裁机关依法变更或撤销该行为。

3. 不违反法律、行政法规的强制性规定，不违背公序良俗

守法和公序良俗的原则具体到实际生活中，要求行为人在从事民事活动时，首先不得违反法律、行政法规的强制性或禁止性规范；其次，行为人实施的民事行为不得违背公共秩序与善良风俗，即不得违反社会利益，包括国家利益、社会经济秩序和社会公共利益，以及不得违反社会成员普遍认可、遵循的道德准则，包括社会公德、商业道德和社会良好风尚。

（二）无效的民事法律行为

无效的民事法律行为从行为开始就没有法律约束力。

（1）无民事行为能力人实施的民事法律行为无效。

（2）违反法律、行政法规的强制性规定的民事法律行为无效。例如，格式合同中不当的免责条款。提供格式条款一方免除其责任、加重对方责任、排除对方主要权利的，该条款无效。格式条款只强调一方权利，损害另一方权益，违背公平原则，该格式条款应属无效。例如，有些保险条款规定被保险人首先要向负有责任的第三人求偿，这实际上剥夺了被保险人直接向保险人求偿的权利，作为提供格式条款的保险人免除其直接给付保险金的义务，限制了被保险人直接要求保险人赔偿保险金的权利。

（3）违背公序良俗的民事法律行为无效。

（4）行为人与相对人恶意串通，损害他人合法权益的民事法律行为无效。

（5）行为人与相对人以虚假的意思表示实施的民事法律行为无效。

（三）可撤销的民事法律行为

下列民事法律行为，一方有权请求人民法院或者仲裁机关予以撤销：①因重大误解而实施的民事法律行为；②一方以欺诈手段，使对方在违背真实意思的情况下实施的民事法律行为；③第三人实施欺诈行为，使一方在违背真实意思的情况下实施的民事法律行为，对方知道或应当知道该欺诈行为的；④一方或第三人以胁迫手段，使对方在违背真实意思的情况下实施的民事法律行为；⑤一方利用对方处于危难状态、缺乏判断能力等情形，致使民事法律行为成立时显失公平的。

 **关联案例**

违背公平原则的格式条款无效

某电信公司在《××市数字移动电话（GSM）安装申请卡》的用户须知第10条中规定："停机三个月后，本营业处有权将该用户号码转给别人使用，一律不予退还所有入网费用。"该条规定就是以格式条款的形式，只强调了自己的权利，忽视了用户的利益，损害了用户的财产权益，违背了公平原则，该格式条款应属无效。电信公司应对转让用户电话号码的行为承担相应的民事责任。

四、金融活动中的代理

委托代理是指由委托人授权而产生代理权的代理行为。在委托代理中，被代理人以意思表示将代理权授予代理人，故又称"意定代理"，其所呈现的法律关系见图1.1。如客户与证券营业部建立了委托关系，客户在证券营业部开户后，证券营业部作为代理人代理客户（被代理人）从交易所（第三人也称为相对人）买卖证券的行为，就是一种委托代理关系。

图1.1 委托代理的法律关系

（一）委托代理授权和法律后果

1. 委托代理授权

民事法律行为的委托代理可以用书面形式，也可以用口头形式。法律规定用书面形式的，应当用书面形式。

书面委托代理的授权委托书应当载明代理人的姓名或者名称、代理事项、权限和期间，并由委托人签名或者盖章。代理人进行代理活动不得超出被代理人授予的或者法律规定的代理权范围，但代理权范围只是确定了代理人活动的基本界限，在这一界限范围之内，代理人必须根据维护被代理人利益的需要，以及实际情况，向第三人作出意思表示或接受第三人的意思表示。例如，商业银行委托金融资产管理公司清收不良贷款而订立委托协议，资产管理公司有权在委托协议约定的范围内独立制订清收方案和决定清收方式。因此，在代理关系中代理人是独立的民事主体，要为自己的行为向被代理人承担责任。如果因为代理人的疏忽大意而使其代理活动给被代理人造成了损失，则代理人必须向被代理人承担赔偿责任。

委托书授权不明的，被代理人应当向第三人承担民事责任，代理人负连带责任。依据《民法典》第 169 条的规定，代理人需要转委托第三人代理的，应当取得被代理人的同意或者追认；转委托代理未经被代理人同意或者追认的，代理人应当对转委托的第三人的行为承担责任；但是，在紧急情况下代理人为了维护被代理人的利益需要转委托第三人代理的除外。

有下列情形之一的，委托代理终止：①代理期间届满或者代理事务完成；②被代理人取消委托或者代理人辞去委托；③代理人或者被代理人死亡；④代理人丧失民事行为能力；⑤作为被代理人或者代理人的法人、非法人组织终止。

2. 委托代理的法律后果

代理是被代理人通过代理人的活动为自己设定民事权利义务的一种方式，因而代理人在代理权限范围内所为的行为，与被代理人自己所为的行为一样，其法律效果应全部由被代理人承受。

（二）无权代理

无权代理是指行为人不具有代理权而以他人名义实施代理行为。无权代理不具备代理的实质特征，即欠缺代理权。无权代理主要包括以下三类。

（1）没有代理权的代理，即当事人在实施代理行为时，根本未获得被代理人的授权。

（2）超越代理权的代理，即代理人虽然有被代理人的授权，但其实施的代理行为不在被代理人的授权范围内，而是超越了被代理人的授权。

（3）代理权已终止后的代理，即代理人虽然获得了被代理人的授权，但代理授权所规定的代理期限届满后，代理人仍继续实施的代理行为。

根据《民法典》第 171 条的规定，行为人没有代理权、超越代理权或者代理权终止后，仍然实施代理行为，未经被代理人追认的，对被代理人不发生效力。

（三）表见代理

表见代理是指行为人没有代理权、超越代理权或者代理权终止后，仍然实施代理行为，相对人有理由相信行为人有代理权的，代理行为有效，被代理人需对此承担责任的代理。

表见代理的法律特征如下：①行为人没有代理权而从事代理行为；②相对人依据一定事实，相信或认为行为人具有代理权，如行为人持有单位的业务介绍信、合同专用章或者盖有公章的空白合同书等；③相对人主观上善意、无过失。

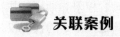 **关联案例**

银行工作人员的职务行为与表见代理

原告：A 市蓝天有限责任公司。

被告：某城市合作银行 A 市乙支行。

原告工作人员王某持一张开户行为中国工商银行 A 市甲支行的转账支票到被告处办理定期存款。被告员工刘某收到该支票后，通过票据交换划账转入，并在收妥该款后未经原告同意，擅自将该 500 万元划入 A 市某电视制作有限公司（以下简称制作公司）在被告处开设的账户内。第二天，刘某将 500 万元的定期整存整取储蓄存单通过王某交予原告。存单上记载户名为原告，金额为 500 万元，存期为一年定期。存单上盖有"某城市合作银行 A 市乙支行"印章及"刘某"私章。存单到期后，原告取款遭拒后诉至人民法院。

法院审理结果： 人民法院查明，虽然被告从未收到原告存款，但原告的转账支票的款项实际已划入制作公司在被告处的账户内，刘某交给王某的存单也是刘某伪造的，而刘某是被告的工作人员，原告有理由认为刘某的行为具有代理权。所以人民法院认为刘某的行为构成表见代理，银行应该承担责任，支持原告的诉讼请求。

【节前引例分析】

不同行业有不同行业的职业道德标准。诚实守信、客观公正、坚持准则是我国会计职业道德规范的核心内容；遵纪守法、执行制度，诚信为本、操守为重，尊重事实、客观公正，忠于职守、当好参谋，是从事财务审计工作的根本准则。

本案例中的当事人不仅违背了基本的职业道德，还构成严重违法，不仅严重损害了投资者的利益，还扰乱了正常的证券发行秩序。

由于信息不对称，法律才设置了制度安排，要求证券公司、会计师事务所、律师事务所等中介机构勤勉尽责，发挥证券市场"看门人"的功能。正所谓"没有规矩不成方圆"，职业从业人员不能为了做业务、赚点钱，就把职业道德和法律规范抛之脑后，不仅搭进自己的声誉和自由，还损害了他人的利益。

第二节 金融法基础知识

【引例】

据中国银保监会网站发布的行政处罚信息表中显示：2021 年 3 月 10 日，福建三明银保监分局对福建永安农村商业银行股份有限公司的违规发放借名贷款的主要违法违规事实（案由），依据《个人贷款管理暂行办法》第 13、32、35 条；《农户贷款管理办法》第 38 条；《银行业金融机构从业人员职业操守指引》第 9 条；《银行业监督管理法》第 46、48 条，对福建永安农村商业银行股份有限公司合计处 150 万元罚款，对相关责任人给予警告。

问题： 从上述案例中认识金融监管中的行政主体和行政相对人。

一、金融法的产生和调整对象

（一）金融法的产生

金融是商品货币经济条件下各种金融机构以货币为对象、以信用为形式所进行的货币收支和资金融通活动的总称。金融活动是国民经济的重要组成部分，是连接生产、交换、分配、消费各环节的纽带，有了金融活动，就会产生专门从事金融活动的金融机构。

金融法是随着金融活动的发展而产生的，是调整货币流通和信用活动中所发生的金融关系的法律规范的总称。金融法不是一部法律，而是指由银行法、票据法、证券法、保险法、信托法、租赁法和民法典担保制度等成文法构成的法律体系，随着互联网金融的发展，调整和规范互联网金融活动的相关法律、规范也构成了金融法体系的一部分。

现代意义上的金融法是进入资本主义社会后产生和发展起来的。1694 年，英国创办英格兰银行，标志着资本主义新的银行信用制度的建立。18 世纪到 19 世纪，从事存款、贷款、汇兑等业务的银行得到普遍发展，这一时期的金融法对金融活动的调整多表现为国王、国会或政府授予的特许状或特许令。1837 年，美国密歇根州通过《自由银行条例》，规定符合法定条件即可申请开办银行，被认为是第一部对普通银行的规范，故为世界各国银行立法所普遍借鉴。1844 年，英国国会通过《英格兰银行特许条例》，这是世界上第一部中央银行法，也是第一部专门性的金融法律规范。

我国的金融法体系是在改革开放过程中逐渐形成和发展起来的。随着金融业的不断进步与创新，为适应金融市场包括互联网金融发展的需要，国家不断制定、发布了一系列金融行业的法律法规，形成了以银行业、证券业、保险业等方面的法律法规为核心的，涵盖货币市场、资本市场、外汇市场、债券市场和信托、金融租赁、基金以及互联网金融等行业的我国现行特有的金融法体系。

（二）金融法的调整对象

金融法是经济法的重要组成部分。由于金融的特殊性，金融法又有与其他经济法律不同的调整对象。金融法的调整对象是在金融活动中产生的金融关系，主要包括金融宏观调控关系、金融业务关系和金融监督管理关系三大类。

1. 金融宏观调控关系

金融宏观调控关系是指中央银行在金融宏观调控过程中与银行业及其他非银行业金融机构、政府部门、企业和个人之间发生的权利义务关系。中国人民银行是我国的中央银行，也是我国的金融宏观调控机构。金融宏观调控的特点是：中央银行主要利用经济手段依法对金融机构和金融活动进行调整，其调控的直接对象是金融机构和金融市场，间接对象是国民经济各部门、企业和个人，主要通过货币政策工具及法律规定的其他方式进行。

2. 金融业务关系

金融业务关系是指在货币市场、证券市场、保险市场和外汇市场及其他各种金融市场，金融机构之间、金融机构与个人之间、个人之间进行的各种金融活动关系。一般而言，金融业务是指传统和在互联网形态下的存款、贷款、结算、保险、信托、金融租赁、票据、融资担保、外汇、金融期货、证券发行与交易等业务。金融业务关系本质上是一种民商事关系。

3. 金融监督管理关系

金融监督管理关系是指金融监督管理机构对金融机构、金融市场、金融产品及金融交易的监督管理关系。金融监督管理关系的主要内容是金融监管机构依法制定监管规章，审批金融机构，对金融机构进行稽核和检查，对金融活动当事人的违法行为进行查处等。金融监督管理关系本质上是一种金融行政关系。

二、我国金融法的渊源

金融法的渊源是指金融法律规范的表现形式，包括国内法渊源和国际法渊源两大类。

1. 国内法渊源

金融法的国内法渊源是指国家机关制定并发布的有关金融组织及其活动的规范性法律文件，具体包括以下七个方面。

（1）宪法。宪法是国家的根本大法，是国家的总章程，是我国金融法律规范的最高法源。如宪法中关于加强国家宏观经济调控、维护社会经济秩序的规定，可以说是我国金融法律规范的最高表现形式，是我国金融立法的基础。

（2）金融法律。它是由全国人民代表大会及其常务委员会制定的有关金融组织及其活动的规范性法律文件，包括专门的金融法律和其他法律中涉及金融活动的有关规定。前者如《中国人民银行法》《银行业监督管理法》《商业银行法》《保险法》《票据法》《证券法》等；后者如《民法典》中关于调整与金融活动相关的民事活动的规定、《公司法》中关于公司组织的规定等。

（3）金融行政法规。它是指国务院制定的有关金融组织及其活动的规范性法律文件。如《中国人民银行货币政策委员会条例》《存款保险条例》《征信业管理条例》《证券公司监督管理条例》《融资担保公司监督管理条例》《金融违法行为处罚办法》等。金融行政法规不得与宪法、金融法律相抵触。

（4）金融部门规章。它是指国家金融主管部门或机构根据金融法律、行政法规或授权制定的调整有关金融活动的规范性法律文件。如中国人民银行制定的《征信业管理条例》《中国人民银行行政复议办法》等；中国人民银行等十部委联合发布的《关于促进互联网金融健康发展的指导意见》；中国银保监会①制定的《商业银行风险监管核心指标》《互联网保险业务监管办法》等。

（5）金融地方性法规。它是指省、自治区、直辖市和设区的市的人民代表大会及其常务委员会制定的有关金融活动的规范性法律文件。这些地方性法规是对金融法律、行政法规的具体化，但它们不得同金融法律、行政法规相抵触。

（6）金融地方性规章。它是指省、自治区、直辖市人民政府，以及省、自治区、直辖市人民政府所在地的市、经济特区所在地的市和国务院批准的较大的市的人民政府，根据法律、行政法规和本省、自治区、直辖市的地方性法规所制定的有关金融活动的规章。

（7）金融自律性文件。它是指由金融行业或金融机构制定的有关自身金融活动的行为规范，对其内部成员或部门具有约束力，如中国证券业协会制定的《中国证券业协会章程》；中国互联网金融协会制定的《互联网金融从业机构营销和宣传活动自律公约（试行）》等。

2. 国际法渊源

我国金融法的国际法渊源是指我国缔结或参加的有关国际条约、协定，以及一些具有广泛影响、为国际社会接受并认可的国际惯例。

（1）国际条约是指我国参加国际金融活动所缔结和加入的双边或多边条约。这些条约在我国缔结或参加后，对我国具有约束力。一般情况下，这些国际条约具有优先适用的效力，但我国申明保留的除外。目前，我国缔结和参加的有关国际条约主要有《国际货币基金组织协定》《国际复兴开发银行协定》《国际复兴开发银行协定附则》《国际金融公司协定》《国际金融公司协定附则》《国际复兴开发银行贷款和国际开发协会信贷采购指南》等。

（2）国际惯例是指在国际经济交往中形成的为国际社会广泛接受并予以承认的，一经双方

---

① 全称为中国银行保险监督管理委员会。2018 年中国银行业监督管理委员会和中国保险监督管理委员会合并为中国银行保险监督管理委员会。

确定就具有法律约束力的习惯性规范。如国际商会制定的《商业单据托收统一规则》《跟单信用证统一惯例》；世界银行制定的《贷款协定和担保协定通则》《合同担保统一规则》；巴塞尔银行监管委员会制定的《有效银行监管的核心原则》等。

三、金融纠纷的解决途径

金融纠纷的解决途径有行政复议、仲裁、诉讼（包括行政诉讼和民事诉讼）。金融纠纷的解决机构有金融监管机构、仲裁机构和人民法院。

（一）行政复议

行政复议是自然人、法人或其他组织通过行政救济途径解决行政争议的一种方法。

1. 行政复议的特点

> **提示：** 抽象行政行为不能被单独提起行政复议，但是公民、法人或者其他组织认为行政机关的具体行政行为所依据的行政规范性文件不合法，在对具体行政行为申请行政复议时，可以一并向行政复议机关提出对该规范性文件进行审查。

行政复议的特点主要包括：①行政复议直接以具体行政行为为审查对象；②行政复议以合法性和合理性为审查标准；③行政复议以书面审理为主要方式；④行政复议以具体行政行为中的行政相对人为申请人，以行政主体为被申请人；⑤行政复议以行政机关为受理机关。

2. 有权作出行政处罚的行政机关的主体资格

在监管金融活动或者处理金融法律纠纷时，对涉及的金融违法行为所进行的行政处罚机关，即作出具体行政行为的行政机关为中国人民银行、国家外汇管理机构、银行保险监督管理机构、证券监督管理机构等。

以上有权对金融违法行为所进行的行政处罚机关，其主体资格应具备以下几个特征：①行政处罚只能由具有行政处罚主体资格的行政机关实施，而不是任何行政机关都能实施；②具有行政处罚主体资格的行政机关只能以本机关的名义实施行政处罚；③具有行政处罚主体资格的行政机关必须在法律、法规或规章规定的权限范围内实施行政处罚。

3. 行政复议的受理机关

当事人提出行政复议，需根据具体情况向不同机关申请。

（1）向作出具体行政行为的地方各级人民政府的上一级地方人民政府申请行政复议。

（2）作出具体行政行为的是县级以上地方各级人民政府工作部门的，当事人可以作出选择，可以向该部门的本级人民政府申请行政复议，也可以向上一级主管部门申请行政复议。

（3）对国务院部门或者省、自治区、直辖市人民政府的具体行政行为不服的，向作出该具体行政行为的国务院部门或者省、自治区、直辖市人民政府申请行政复议；对行政复议决定不服的，当事人可以作出选择，可以依法向人民法院提起行政诉讼；也可以向国务院申请裁决，由国务院依法作出最终裁决。

（4）对海关、金融等实行垂直领导的行政机关和国家安全机关的具体行政行为不服的，向其上一级主管部门申请行政复议。

关联案例

不具备行政处罚主体资格案

某年，中国人民银行某支行（以下简称某支行）对某药业有限公司"签发与其预留的签章不符的支票"行为作出行政处罚决定。某药业有限公司不服某支行的行政处罚决定，向中国人民银行某中心支行提出行政复议。

经中国人民银行某中心支行审理查明：某药业有限公司确实存在"签发与其预留的签章不符的支票"的行为，并且事实清楚、证据确凿。但某支行并没有以本行的名义对某药业有限公司实施行政处罚，而是以其业务股的名义向某药业有限公司发出"行政处罚意见告知书"并作出行政处罚决定。

根据查明的情况，中国人民银行某中心支行认定，某支行以其业务股的名义对某药业有限公司作出的行政处罚决定无效，并依法撤销了该行政处罚决定。

法律依据：具有行政处罚主体资格的行政机关只能以本机关的名义实施行政处罚，中国人民银行某支行业务股只是该支行的一个内部职能部门，不具有法律赋予的行政处罚权。

（二）行政诉讼

在我国，行政诉讼是指自然人、法人或者其他组织认为行政机关和法律法规授权的组织作出的具体行政行为侵犯了其合法权益，依法定程序向人民法院起诉，人民法院在当事人及其他诉讼参与人的参加下，对具体行政行为的合法性进行审查并作出裁决的制度。

行政诉讼的受案范围包括行政处罚、行政强制措施、行政征收、行政许可、行政给付等五个方面，在《行政诉讼法》中直接表现为八类侵犯相对人人身权和财产权的具体行政行为[①]。

我国的行政诉讼具有如下特征：①行政案件由人民法院受理和审理；②人民法院审理的行政案件只限于就行政机关作出的具体行政行为的合法性发生的争议；③行政复议不一定是行政诉讼的前置阶段或必经程序；④行政案件的审理方式原则上为开庭审理。

（三）仲裁

仲裁是经济法律关系的各方当事人依照事先约定或事后达成的书面仲裁协议，共同选定仲裁机构并由其对争议依法作出具有约束力裁决的一种活动。仲裁委员会独立于行政机关，与行政机关没有隶属关系，仲裁委员会之间也没有隶属关系。中国仲裁协会是社会团体法人。

1. 仲裁范围

仲裁范围包括合同纠纷和其他财产权益纠纷。合同纠纷是在经济活动中，双方当事人因订立或履行各类民事合同而产生的纠纷，包括国内、国外平等主体的自然人、法人以及非法人组织之间的由我国《民法典》所规定的各类合同纠纷以及涉及国际贸易、国际代理、国际投资、国际技术合作等方面的纠纷。其他财产权益纠纷主要是指由侵权行为引发的纠纷，这在产品质量责任和知识产权领域较为多见。

---

① 这八类具体行政行为在"思想道德与法治"课程中已讲过，此处不再一一列举。

2. 仲裁的基本制度

仲裁的基本制度有以下几项。

（1）协议仲裁制度。这是仲裁中当事人自愿原则的最根本体现，也是自愿原则在仲裁过程中得以实现的最基本保证，《仲裁法》规定仲裁必须有书面的仲裁协议，仲裁协议可以是合同中写明的仲裁条款，也可以是单独订立的仲裁协议书（包括可以确认的其他书面方式）。仲裁协议的内容应当包括请求仲裁的意思表示、约定的仲裁事项以及选定的仲裁委员会。

（2）或裁或审制度。或裁或审是尊重当事人选择解决争议途径的制度。其含义是，当事人一旦达成书面仲裁协议，应当向仲裁机构申请仲裁，即排除了人民法院的诉讼管辖权。如果一方当事人出于自身利益或者其他原因，没有信守仲裁协议或者有意回避仲裁而将争议起诉到人民法院，那么被诉方当事人可以依据仲裁协议向人民法院提出管辖权异议，要求人民法院驳回起诉，人民法院按照仲裁法的规定，将对具有有效仲裁协议的起诉予以驳回并让当事人将争议交付仲裁。

（3）一裁终局制度。仲裁实行一裁终局的制度。裁决作出后，当事人就同一纠纷再申请仲裁或者向人民法院起诉的，仲裁委员会或人民法院不予受理。一裁终局的基本含义在于，裁决作出后，即产生法律效力，即使当事人对裁决不服，也不能就同一案件向人民法院提出起诉。如果一方当事人不履行仲裁裁决，另一方当事人可以向有管辖权的人民法院申请强制执行。

> **想一想**
>
> 仲裁和诉讼之间有什么关系？

（四）民事诉讼

民事诉讼是指自然人之间、法人之间、非法人组织之间以及他们相互之间因财产关系和人身关系发生争议，争讼一方向人民法院提出诉讼，人民法院在当事人和其他诉讼参与人的参加下，通过审理依法解决争讼，保护当事人合法权益的活动。

1. 民事诉讼的特征

民事诉讼的特征表现为民事诉讼是以司法方式解决平等主体之间的纠纷，是由人民法院代表国家行使审判权解决民事争议。它既不同于群众自治组织性质的人民调解委员会以调解方式解决纠纷，也不同于民间性质的仲裁委员会以仲裁方式解决纠纷。

> **视野拓展**
>
> 诉讼就在我们身边

调解、仲裁均建立在当事人自愿的基础上，只要有一方不愿意选择上述方式解决争议，调解、仲裁就无从进行；民事诉讼则不同，只要原告起诉符合民事诉讼法规定的条件，无论被告是否愿意，诉讼均会发生。诉讼外调解协议的履行依赖于当事人的自觉，不具有强制力；人民法院裁判则不同，当事人不主动履行生效裁判所确定的义务，人民法院可以依法强制执行。

> **微课堂**
>
> 诉讼时效

民事诉讼是依照法定程序进行的诉讼活动，无论是人民法院还是当事人或其他诉讼参与人，都需要按照《民事诉讼法》设定的程序实施诉讼行为。我国诉讼制度实行两审终审制。

2. 诉讼时效

诉讼时效是指民事权利受到侵害的权利人在法定的时效期间内不行使权利，当时效期间届满时，人民法院对权利人的权利不再进行保护的制度。诉讼时效消灭的是一种请求权，而不消灭实体权利。

依据《民法典》的规定，向人民法院请求保护民事权利的诉讼时效期间为 3 年。法律另有规定的，依照其规定。诉讼时效期间自权利人知道或者应当知道权利受到损害以及义务人之日起计算。法律另有规定的，依照其规定。但是自权利受到损害之日起超过 20 年的，人民法院不予保护；有特殊情况的，人民法院可以根据权利人的申请决定延长。

诉讼时效的开始、中止、中断与延长有以下规定。

（1）诉讼时效的开始。诉讼时效从当事人知道或应当知道权利被侵害之日开始计算。

（2）诉讼时效的中止。在诉讼时效期间的最后 6 个月内，因不可抗力或者其他障碍不能行使请求权的，诉讼时效暂停计算，从中止时效的原因消除之日起，诉讼时效期间继续计算。

（3）诉讼时效的中断。在诉讼时效期间进行中，因发生一定的法定事由，致使已经经过的时效期间统归无效，待时效中断的事由消除后，诉讼时效期间重新起算。引起诉讼时效中断的法定事由有：①权利人提起诉讼；②当事人一方提出履行义务的要求；③当事人一方同意履行义务。

（4）诉讼时效的延长。人民法院对已结束的诉讼时效，根据特殊情况予以延长。

注意，自权利被侵害之日起超过 20 年的，人民法院不予保护。

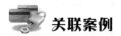 **关联案例**

诉讼时效的中止

甲于 2017 年 10 月 10 日与某信用社签订了 5 万元的短期借款合同，还款期为 1 个月。到期后，甲没有还款，而信用社也因忙于其他事务无暇顾及。假设 2020 年 6 月 10 日甲因车祸受伤成了植物人，因对由谁担任监护人发生争议，迟至 2020 年 8 月 10 日才确定由乙担任甲之监护人。2021 年 1 月 4 日信用社向甲主张权利。

问题：信用社的诉讼请求受法律保护吗？

解析：本案诉讼时效期间为 2017 年 11 月 10 日至 2020 年 11 月 10 日，2020 年 6 月 10 日甲因车祸受伤成了植物人，此时诉讼时效中止。中止事由消除后，即 2020 年 8 月 10 日才确定了由乙担任甲之监护人时，开始继续计算诉讼时效期间（剩余 5 个月），即诉讼时效期间到 2021 年 1 月 10 日。所以该信用社诉讼请求受法律保护。

诉讼时效的中断

2018 年 1 月 15 日甲企业与乙银行订立了一份借款合同，约定甲企业到 2018 年 6 月 15 日还款。甲企业到期未还本付息，乙银行于还本付息期限届满后 1 个月时向甲企业发出"还款通知书"，甲企业未予理睬。乙银行于还款期满 1 年时向人民法院提起诉讼，要求甲企业偿还本金、支付利息并承担违约责任。

问题：乙银行的行为引起诉讼时效中止还是中断？新的诉讼时效的起止时间是什么时候？

解析：乙银行的行为引起诉讼时效的中断。

本案诉讼时效期间应为 2018 年 6 月 16 日至 2021 年 6 月 15 日。

乙银行于还本付息期限届满后 1 个月时向甲企业发出"还款通知书"，第一次引起诉讼时效的中断，这时诉讼时效期间应为 2018 年 7 月 16 日至 2021 年 7 月 15 日。

乙银行于还款期满 1 年时向人民法院提起诉讼，第二次引起诉讼时效的中断，那么这时新的诉讼时效期间应为 2019 年 6 月 16 日至 2022 年 6 月 15 日。

3. 与金融纠纷相关的民事诉讼管辖

民事诉讼中的管辖是指各级人民法院之间和同级人民法院之间受理第一审民事案件的分工和权

限，包括级别管辖、地域管辖、移送管辖、指定管辖等。本文只对级别管辖和地域管辖作简要介绍。

级别管辖是指划分上下级人民法院之间受理第一审民事案件的分工和权限。基层人民法院管辖第一审民事案件，但《民事诉讼法》另有规定的除外。中级人民法院管辖的第一审民事案件包括以下几类：①重大涉外案件；②在本辖区有重大影响的案件；③最高人民法院确定由中级人民法院管辖的案件。高级人民法院管辖在本辖区有重大影响的第一审民事案件。最高人民法院管辖的第一审民事案件包括以下两类：①在全国有重大影响的案件；②认为应当由本院审理的案件。

地域管辖是指同级人民法院之间受理第一审民事案件的分工和权限，具体如表 1.1 所示。

表 1.1　地域管辖

案 件 类 型	管 辖 法 院
对公民提起的民事诉讼	由被告住所地人民法院管辖；被告住所地与经常居住地不一致的，由经常居住地人民法院管辖
对法人或者其他组织提起的民事诉讼	由被告住所地人民法院管辖。对没有办事机构的公民合伙、合伙型联营体提起的诉讼，由被告注册登记地人民法院管辖。没有注册登记，几个被告又不在同一辖区的，被告住所地的人民法院都有管辖权
因合同纠纷提起的诉讼	由被告住所地或者合同履行地人民法院管辖。如果合同没有实际履行，当事人双方住所地又都不在合同约定的履行地，应由被告住所地人民法院管辖。 合同的双方当事人可以在书面合同中协议选择被告住所地、合同履行地、合同签订地、原告住所地、标的物所在地人民法院管辖，但不得违反法律对级别管辖和专属管辖的规定
财产租赁合同、融资租赁合同纠纷提起的民事诉讼	财产租赁合同、融资租赁合同以租赁物使用地为合同履行地，但合同中对履行地有约定的除外
因票据纠纷提起的诉讼	由票据支付地或者被告住所地人民法院管辖。票据支付地是指票据上载明的付款地。未载明付款地的，以票据付款人（包括代理付款人）的住所地或主营业所所在地为票据付款地
因不动产纠纷提起的诉讼	由不动产所在地人民法院管辖
因保险合同纠纷提起的诉讼	由被告住所地或者保险标的物所在地人民法院管辖。如果保险标的物是运输工具或者运输中的货物，由被告住所地或者运输工具登记注册地、运输目的地、保险事故发生地的人民法院管辖
因侵权行为提起的诉讼	由侵权行为地或者被告住所地人民法院管辖。侵权行为地包括侵权行为实施地、侵权结果发生地
债权人申请支付令	由债务人住所地的基层人民法院管辖
诉前财产保全类案件的管辖	由当事人向财产所在地的人民法院申请。在人民法院采取诉前财产保全后，申请人起诉的，可以向采取诉前财产保全的人民法院或者其他有管辖权的人民法院提起。当事人申请诉前财产保全后没有在法定的期间起诉，因而给被申请人造成财产损失引起诉讼的，由采取该财产保全措施的人民法院管辖

 视野拓展

北京金融法院设立
的意义

2021 年 3 月 18 日，我国第二家金融法院——北京金融法院正式挂牌成立。

2021 年 3 月 16 日最高人民法院通过《最高人民法院关于北京金融法院案件管辖的规定》（以下简称《规定》）。《规定》共 13 条，对北京金融法院管辖的金融民商事案件、涉金融行政案件和执行案件等三类案件范围进行了明确。主要创新之处有：①对境外公司损害境内投资者合法权益的相关案件，由北京金融法院实行跨区域集中管辖；②对全国中小企业股份转让系统"精选层"挂牌企业相关证券纠纷，由北京金融法院实行跨区域集中管辖；③对国家金融管理部门因履行金融监管职责引发的行政诉讼和非诉行政执行案件，由北京金融法院管辖。

【节前引例分析】

本案例属于国家行政机关（即国家金融监管机构）在履行监督管理职责的过程中行使行政处罚权。本案例中的行政主体为中国银保监会三明监管分局；行政相对人为福建永安农村商业银行股份有限公司。

被处罚的当事人福建永安农村商业银行股份有限公司如果对处罚决定不服的，可以依据"对海关、金融等实行垂直领导的行政机关和国家安全机关的具体行政行为不服的，向其上一级主管部门申请行政复议"的规定，自收到处罚决定60日之内向作出该处罚决定的行政机关的上一级申请复议。

知识点测试①

一、单项选择题

1. 世界第一部规范普通银行的法是（　　　）。
   A. 英国的《英格兰银行特许条例》　　　　B. 美国密歇根州的《自由银行条例》
   C. 法国的《法国银行特许条例》　　　　　D. 德国的《自由银行条例》

2. 下列现象中不属于法律事实中的行为有（　　　）。
   A. 甲伪造了票据上的签章
   B. 乙将自己的银行卡密码无意透露给了同事
   C. 丙与保险公司的财产保险合同因期限届满而终止
   D. 丁告诉朋友他有存款100万元，让朋友保密

3. 凡是能够引起经济法律关系发生、变更和消灭的客观事物，在法律上称为（　　　）。
   A. 法律规定　　　　B. 法律行为　　　　C. 法律活动　　　　D. 法律事实

4. 世界第一部中央银行法是（　　　）。
   A. 英国的《英格兰银行特许条例》　　　　B. 美国密歇根州的《自由银行条例》
   C. 法国的《法国银行特许条例》　　　　　D. 德国的《自由银行条例》

5. 下列纠纷中适用《仲裁法》的是（　　　）。
   A. 张某与其所在的银行因履行劳动合同发生纠纷
   B. 甲企业与乙银行发生的贷款纠纷，双方在合同中并未订立仲裁条款
   C. 丙企业与丁银行发生的票据纠纷，双方约定了书面仲裁协议
   D. 刘某与某银行因储蓄存款发生纠纷，双方口头约定了仲裁协议

6. 诉讼解决纠纷的程序是（　　　）。
   A. 两审终审　　　　B. 一审终审　　　　C. 三审终审　　　　D. 四审终审

7. 根据《民法典》的规定，诉讼时效的期限是（　　　）。
   A. 1年　　　　　B. 2年　　　　　C. 3年　　　　　D. 4年

8. 金融法律关系的内容是指（　　　）。
   A. 权利　　　　　B. 义务　　　　　C. 权利和义务　　　　D. 责任

9. 下列属于行政机关的是（　　　）。

---

① 为锻炼学生自主学习能力，部分习题需要学生通过查询课外资料获取正确答案。

A．中央银行　　　　B．人民法院　　　　C．人民检察院　　　　D．仲裁机构

10．下列不属于金融监管机构的是（　　）。

A．国家外汇管理局　　　　　　　　B．银行保险监督管理机构

C．商业银行　　　　　　　　　　　D．证券监督管理机构

二、多项选择题

1．金融法律关系的主体包括（　　）。

A．中央银行　　　　B．商业银行　　　　C．金融监管机构　　　　D．个人

2．金融法律关系的客体包括（　　）。

A．货币　　　　　　B．金银　　　　　　C．有价证券　　　　　　D．行为

3．属于金融法律关系客体的有价证券是（　　）。

A．打折卡　　　　　B．股票　　　　　　C．存单　　　　　　　　D．银行汇票

4．票据关系上升为票据法律关系的条件是（　　）。

A．票据法律规范的存在　　　　　　B．票据法律事实的存在

C．人们对票据的认识　　　　　　　D．社会经济发展对票据使用的需求

5．金融监督管理机构包括（　　）。

A．中国人民银行　　　　　　　　　B．银行保险监督管理机构

C．证券监督管理机构　　　　　　　D．国家外汇管理局

6．①甲将 10 万元存入银行；②乙上市公司与 A 证券公司签订了股票承销协议；③丙投保的财产因一场大火而灭失；④中国人民银行上调了个人储蓄存款利率。下列说法正确的是（　　）。

A．①②都是当事人有意识的活动，属于行为；③④是当事人的意志无法控制的，属于事件

B．①②④都是当事人有意识的活动，属于行为；③是当事人的意志无法控制的，属于事件

C．①②③④都是当事人有意识的活动，属于行为

D．①②③④都属于法律事实

7．下列现象中属于法律事实中的行为的是（　　）。

A．甲背书转让了一张票据　　　　　B．乙非法窃取了他人的银行卡密码

C．丙投保的车辆因意外失火而由保险公司理赔　　D．丁因父亲的死亡继承了一笔存款

8．因票据纠纷提起的诉讼由（　　）人民法院管辖。

A．票据支付地　　　B．被告住所地　　　C．原告住所地　　　　D．当事人协商管辖地

9．下列属于法律事件的是（　　）。

A．合法行为　　　　　　　　　　　B．某人将投保的汽车故意烧毁

C．洪水　　　　　　　　　　　　　D．政策对股票交易印花税的调整

10．在处理金融纠纷时，对涉及的金融违法行为所进行的行政处罚机关，即做出具体行政行为的行政机关为（　　）。

A．中国人民银行　　　　　　　　　B．国家外汇管理机构

C．国家税务部门　　　　　　　　　D．金融行业监督管理机构

三、判断题

1．法作为行为规范具有强制性，金融机构的内部管理制度、规范也具有强制性，但并不体现国家意志的强制性。（　　）

2．金融行业规范是针对金融行业服务的评价标准，因此不属于职业道德的范畴。（　　）

3．商业银行的信息、数据、情报和资料属于商业银行的经济信息，但经济信息并不属于金融法律关

系的客体。（　　）

4．金融活动的发展是金融法产生的前提。（　　）

5．王宏欲将继承的 10 万元存入银行，因其不满 18 岁，所以银行不能受理。（　　）

6．只有货币才是金融法律关系的客体。（　　）

7．仲裁委员会独立于行政机关，与行政机关没有隶属关系，仲裁委员会之间也没有隶属关系。（　　）

8．合同的双方当事人可以在书面合同中协议选择被告住所地、合同履行地、合同签订地、原告住所地、标的物所在地人民法院管辖，但不得违反法律对级别管辖和专属管辖的规定。（　　）

9．金融法律关系产生必须具备的条件是金融法律规范和金融法律事实。（　　）

10．中国人民银行某支行对某城市商业银行的违规拆借行为进行了处罚，该商业银行不服，可以向该中国人民银行某支行的上级机关提起行政复议。（　　）

课 外 实 训

背景资料

2018 年 6 月 13 日甲向某银行贷款 8 万元从事个体运输，贷款期限为 1 年。贷款到期后，甲仅还了 2 万元贷款。2019 年 9 月 13 日，该银行的信贷员来到甲家催还贷款，但甲已外出打工，只有其妻子在家，她要求银行信贷员过 3 天再来。3 天后，银行信贷员再次来到甲家，甲的妻子提出能否签份还款协议，银行信贷员表示同意。于是，甲的妻子与银行签订了一份还款协议，约定于 2019 年 12 月 31 日前还款 3 万元，2020 年 6 月 30 日前将剩余贷款 3 万元及利息全部还清。

问题：（1）本案中，假如甲认为该还款协议并非其本人与银行所签，而是其妻在未经其同意的情况下与银行所签，因此无效。那么甲的说法有法律上的根据吗？又如何认定甲的妻子的行为呢？

（2）本案中，假如在还款协议签订后，甲并未按还款协议还款，2020 年 7 月银行以甲不还款为由，向法院提起诉讼。那么，如何适用《民法典》中关于诉讼时效的规定呢？

实训知识领域	实训方式	实训目的
领域一，表见代理。 领域二，诉讼时效在实践中的运用。	书面作业形式。	强化课堂所学理论知识在涉法业务活动中的运用。

第二章

中央银行及信用征信法律规范

【学习指导】

学习要点	衔接的主要核心专业课程	课外要求
1．我国中央银行的法定业务和监管。 2．个人征信法律规定。	金融基础、中央银行货币银行学、外汇交易实务等。	1．通过各种媒体关心和查阅目前国家对个人征信的关注点。 2．在日常办理银行业务时，多关注对反洗钱的宣传。

第一节　中央银行法律规范

【引例】

中国人民银行法律地位的独立性

随着经济体制和金融体制的改革和探索，以及金融立法的不断成熟和完善，中国人民银行（以下简称中国人民银行）的职能不断强化。相对于地方政府，中国人民银行的地位也越来越独立，地方政府对它的干预也大大减少。以下案例反映了金融体制改革和立法探索过程中，地方政府在地方经济发展过程中对中国人民银行履行法定职能的干预。

某县级市为了推动全市的经济发展，决定将国有企业 A 制药厂树为本市的龙头企业。在市政府的牵线搭桥下，A 制药厂与澳门 B 生物制品公司达成合资协议，共同出资成立 C 化学生物制品有限公司（以下简称 C 公司）。根据协议规定，A 制药厂需要投入价值 120 万元的自动化专业生产线设备。但因为 A 制药厂资金周转困难，所以其希望向设备生产企业 D 公司分期付款购买设备，D 公司提出必须取得银行担保的要求。市政府因急于使 C 公司投入运行，遂提出由当地中国人民银行予以担保，并通过政府文件说明："为扶持本市龙头企业，并带动本市经济发展，请你行为 C 化学生物制品有限公司向设备生产企业 D 公司分期购买自动化专业生产线设备一事提供相应担保"，并以市政府的名义向当地中国人民银行承诺："如果以后出现问题，由市政府负责，与你行无关。"

在当地政府的干预下，当地中国人民银行与设备生产企业 D 公司签订了担保协议。根据协议规定，担保人无条件担保 C 公司按买卖合同的规定分期、按时支付生产设备价款。若 C 公司没有依约履行付款义务，担保人将无条件连带承担履行合同的义务。后来在合同履行中，C 公司仅支付了 50 万元的合同价款，余款无力支付，D 公司在多次催讨无果的情况下，将该市中国人民银行支行诉至人民法院，要求其承担担保责任。

问题：（1）中国人民银行某市支行能否作为担保人对外承担担保责任？

（2）如何理解"中央银行在国务院领导下依法独立执行货币政策，履行职责，开展业务，不受地方政府、各级政府部门、社会团体和个人的干涉"？

一、我国中央银行及中央银行法

我国的中央银行是中国人民银行，其全部资本由国家出资，属于国家所有；在国务院领导下负责制定和执行国家货币政策，是调节和控制货币流通和信用活动、提供公共金融服务、维护金融稳定、依法实施金融监管的特殊金融机构。中央银行具有发行的银行、银行的银行和政府的银行三大职能。

我国中央银行法是确立我国中央银行的法律地位，并调整我国中央银行制定和实施货币政策、施宏观经济调控和监督管理职能而形成的各种社会关系的法律规范的总称。

1995 年 3 月 18 日第八届全国人民代表大会通过并公布了《中国人民银行法》，2003 年 12 月 27 日进行了修正。该法确立了中国人民银行在我国金融体系中作为中央银行的法律地位，是新中国成立以来的第一部金融法律。《中国人民银行法》与其他相关行政法规和规章一起，共同形成我国中央银行法律制度的总体框架。

 **视野拓展**

我的央行——中国人民银行

中国人民银行成立以来不仅在体制、职能、地位、作用等方面，发生了巨大而深刻的变革，还在制定和实施货币政策、维护金融稳定、促进经济可持续增长和防范化解金融风险等方面发挥了重要作用，推动我国从"金融大国"走向"金融强国"。

二、我国中央银行的法律地位、职责和组织机构

《中国人民银行法》依法确立了中国人民银行作为我国中央银行的法律地位、职责及组织机构的设立。

（一）中央银行的法律地位

中国人民银行作为我国的中央银行，是国务院直属政府部门，具有国家机关性质，是特殊的金融机构，具有相对独立的法律地位。其独立地制定和执行货币政策，以稳定币值，促进经济增长；对金融业实施监督和管理，以达到稳定金融体系和金融市场的目的。

1. 行政隶属性

中国人民银行是国务院管理全国金融事业的职能部门，受国务院领导。中国人民银行与一般金融机构相比有其特殊性，具体如下。

（1）中国人民银行和一般金融机构尽管都从事货币信用活动，但其经营目的截然不同。一般金融机构是企业，其经营目的是获取利润；而中国人民银行并不以获取利益为目的。

（2）一般金融机构以众多的企业和个人为业务对象；中国人民银行则不以工商企业和个人为业务对象，而是以金融机构和政府为业务对象。

2．相对独立性

中国人民银行在国务院领导下依法独立执行货币政策，履行职责，开展业务，不受地方政府、各级政府部门、社会团体和个人的干涉。中国人民银行的各级分支机构是总行的派出机构，接受总行的集中统一领导和管理。

（二）中央银行的职责

中国人民银行的法定职责是其法律性质的自然体现，是其作用的集中反映，是中央银行各种法律行为和活动的高度概括。

（1）调控和货币发行的职责，具体包括以下几项：①发布与履行与其职能有关的命令和规章；②依法制定和执行货币政策；③发行人民币，管理人民币的流通。

（2）监督管理职责，具体包括以下几项：①监督管理银行间同业拆借市场和银行间债券市场；②实施外汇管理，监督管理银行间外汇市场；③监督管理黄金市场；④指导、部署金融业反洗钱工作，负责反洗钱的资金监测[①]。

（3）作为政府银行的服务职责，具体包括以下几项：①持有、管理、经营国家外汇储备、黄金储备；②经理国库；③负责金融业的统计、调查、分析和预测；④作为国家的中央银行，从事有关的国际金融活动。

（4）作为银行的银行，需要维护支付、清算系统的正常运行。比如，企业之间的经济往来、发生的债权债务关系，要通过商业银行办理支付清算，而银行之间的债权债务关系也要通过一个中枢机构办理清算、结算，这个中枢机构就是中国人民银行支付清算中心。

（5）国务院规定的其他职责。

（三）中央银行的组织机构

中国人民银行通过其组织机构履行职责、发挥作用。

1．领导机构

中国人民银行实行行长负责制。行长领导中国人民银行的工作，副行长协助行长工作。

中国人民银行设行长一人，副行长若干人。行长的人选，根据国务院总理的提名，由全国人民代表大会决定；全国人民代表大会闭会期间，由全国人民代表大会常务委员会（以下简称全国人大常委会）决定，由中华人民共和国主席任免。中国人民银行副行长由国务院总理任免。

中国人民银行的行长、副行长及其他工作人员应当恪尽职守，不得滥用职权、徇私舞弊，不得在任何金融机构、企业、基金会兼职。中国人民银行的行长、副行长及其他工作人员，应当依法保守国家秘密，并有责任为与履行其职责有关的金融机构及当事人保守秘密。

2．总、分支机构

中国人民银行根据履行职责的需要设立作为派出机构的分支机构，并对分支机构实行统一领导和管理，分支机构根据中国人民银行的授权，维护本辖区的金融稳定，承办有关业务。

3．咨询议事机构

中国人民银行货币政策委员会，是中国人民银行制定货币政策的咨询议事机构。其职责、

---

① 关于"洗钱"知识参见本节末"视野拓展"栏目。

组成和工作程序，由国务院规定，报全国人大常委会备案。其主要职责是在综合分析宏观经济形势的基础上，依据国家宏观调控目标，讨论货币政策的制定和调整、一定时期内的货币政策控制目标、货币政策工具的运用、有关货币政策的重要措施、货币政策与其他宏观经济政策的协调等涉及货币政策等重大事项，并提出建议。

三、我国中央银行依法开展的业务

中国人民银行是为开展业务而履行其职能的。这与商业银行开展业务在经营方针、经营原则和管理方法等方面存在很大的不同。

1. 我国中央银行的法定业务

中国人民银行的法定业务有以下几项。

（1）负债业务：①统一印刷、发行人民币；②要求商业银行等金融机构按比例缴存存款准备金；③代理国库和吸收财政性存款。

（2）资产业务：①为商业银行等金融机构办理再贴现①；②向商业银行提供贷款；③开展公开市场业务操作。

（3）金融服务业务：①代理发行、兑付政府债券；②为银行业金融机构开立账户业务；③组织协调清算系统、提供清算服务；④确定中央银行基准利率。

微课堂
中国人民银行依法开展的业务

2. 我国中央银行的禁止性业务

根据中国人民银行作为我国中央银行的特殊性质和地位，《中国人民银行法》对中国人民银行的业务做了限制性的规定，主要包括：①不得对政府财政透支，不得直接认购、包销国债和其他政府债券；②不得对银行业金融机构账户透支；③不得向地方政府部门和非银行金融机构以及其他单位和个人提供贷款；④不得向任何单位和个人提供担保。

关联案例

中国人民银行地方分支机构应服从地方政府的指令吗

某市财政状况一直不好，当地建设缺少大量的资金，于是当地政府指令当地中国人民银行某分支机构贷款给政府财政，并要求其为当地商业银行透支，同时命令其为当地的一项基本建设项目的外国贷款提供担保。

解析： 该分支机构有权拒绝当地政府的以上行政命令。中国人民银行相对独立性的法律地位决定了其派出机构也独立于地方政府。该地方政府的做法属于违反中国人民银行的禁止性业务的规定。

3. 人民币的发行和管理

人民币是中华人民共和国的法定货币，由中国人民银行统一印制和发行。依据法律规定，中华人民共和国境内的一切公共的和私人的债务均可使用人民币进行支付，任何单位和个人不得拒收。

法律禁止伪造、变造人民币；禁止出售、购买伪造、变造的人民币；禁止运输、持有、使用伪造、变造的人民币；禁止故意毁损人民币，禁止在宣传品、出版物或者其他商品上非法使

---

① "贴现"的相关知识可通过"商业银行业务"课程了解认识。

用人民币图样；任何单位和个人不得印制、发售代币票券，以代替人民币在市场上流通；残缺、污损的人民币，按照中国人民银行的规定兑换，并由中国人民银行负责收回、销毁。

四、我国中央银行的监管

中国人民银行的主要职责为制定和执行货币政策，不断完善有关金融机构的运行规则，更好地发挥中央银行在宏观调控和防范与化解金融风险中的作用。

目前，相对于国务院银行业监督管理机构负责履行审批、监督管理银行、金融资产管理公司、信托投资公司和其他存款类金融机构等职责及其他相关职责，中国人民银行仍履行中央银行职能所必需的部分金融监管职能。

（一）中国人民银行及其分支机构的监管职责以及行政处罚权

法律法规赋予中国人民银行及其分支机构履行监管职责，目的在于有效地执行货币政策，防范和化解金融风险，维护金融稳定。

1. 对金融市场的监督检查

中国人民银行对金融市场进行监督检查并进行宏观调控，通过对货币市场和资本市场的运行指标进行统计、调查和分析，掌握金融市场的宏观运作状况，并通过运用经济的、法律的和行政的手段对全社会的货币总量和信贷结构进行调节和控制，以防范和化解金融风险。主要有：①执行有关存款准备金管理规定的行为；②执行与中国人民银行特种贷款有关的行为；③执行有关人民币管理规定的行为；④执行有关银行间同业拆借市场、银行间债券市场管理的行为；⑤执行有关外汇管理规定的行为；⑥执行有关黄金管理规定的行为；⑦商业银行代理国库业务、发行库业务的行为；⑧执行有关清算管理规定的行为；⑨执行有关反洗钱规定的行为。

视野拓展

中国人民银行行使行政处罚权示例

2. 对银行业金融机构的直接监督检查

当银行业金融机构出现支付困难，可能引发金融风险时，为了维护金融稳定，中国人民银行经国务院批准，有权对银行业金融机构进行检查监督。

中国人民银行根据履行职责的需要，有权要求银行业金融机构报送必要的资产负债表、利润表以及其他财务会计、统计报表和资料。

3. 对银行业金融机构的间接监督检查

中国人民银行根据执行货币政策和维护金融稳定的需要，可以建议银行业监督管理机构对银行业金融机构进行检查监督，银行业监督管理机构应当自收到建议之日起 30 日内予以回复。

4. 履行监管职责过程中的行政处罚权

中国人民银行及其分支机构在履行监管职责过程中对违反《中国人民银行法》及其他相关规定的行为有权以法律、行政法规或者人民银行规章为依据，实施行政处罚措施。

（二）中国人民银行及其分支机构的行政许可权

行政许可是一种依申请而为的行政执法行为，是基于某种请求而依法实施的。中国人民银行的行政许可权以法律、行政法规和国务院决定为依据，同时依照法定程序行使。

1. 对金融市场监管过程中的行政许可

此项许可主要包括同业拆借市场和其他金融市场监管中的行政许可。

（1）同业拆借[①]市场的行政许可。对商业银行、政策性银行、企业集团财务公司、基金管理公司、证券公司、信托投资公司、城乡信用联社、金融租赁公司进入全国同业拆借市场的审批。

视野拓展

中国人民银行行政许可事项目录清单

（2）其他金融市场监管中的行政许可。对银行间债券市场金融债券的发行、债券市场债券交易流通、商业银行承办记账式国债柜台交易的审批；同时对国债承销团成员资格、银行间债券市场结算代理人、银行间债券市场做市商进行审批，以及对商业银行、政策性银行、企业集团财务公司、基金管理公司、证券公司、信托投资公司、城乡信用联社、金融租赁公司进入全国银行间债券市场的备案。

2. 人民币管理过程中的行政许可

此项许可包括对在宣传品、出版物或其他商品上使用人民币图样、装帧流通人民币、经营流通人民币，以及研制、仿制、引进、销售、购买和使用印制人民币所特有的防伪材料、防伪技术、防伪工艺、专用设备和对外提供印制人民币的特殊材料、技术、工艺、专用设备的审批。

3. 对开立银行账户及结算和其他金融业务监管过程中的行政许可

此项许可包括对银行账户开户许可证的核发（企业法人、非法人企业、个体工商户除外）[②]；对银行票据、清算凭证印制企业资格、国库集中支付代理银行资格的审批；对贷款卡发放的核准。

4. 对黄金及黄金制品监管过程中的行政许可

此项许可包括对黄金及其制品进出口的审批；对个人携带黄金及其制品进出境的审批；对保税区内生产、加工的黄金制品内销的审批。

5. 对非金融机构支付业务的行政许可

非金融机构提供支付服务，应当经中国人民银行批准取得支付业务许可证，成为支付机构，并依法接受中国人民银行的监督管理。

6. 对征信业务的行政审批

此项许可包括对经营个人征信业务的征信机构的审批和对境外征信机构在境内经营征信业务的审批。

 视野拓展

洗钱犯罪活动

早在 20 世纪 20 年代，美国芝加哥"黑手党"一个金融专家购买了一台投币洗衣机，开了一个洗衣店。

---

① 想要详细了解同业拆借，请关注第三章商业银行法律规范。
② 《中国人民银行关于取消企业银行账户许可的通知》（银发〔2019〕41 号）。

每天晚上结算当天洗衣收入时，他将非法所得的赃款混入其中，再向税务局申报纳税，税后钱款就全部成了他的合法收入，这就是"洗钱"一词的来历。

现代各国法律对洗钱的解释不完全相同。巴塞尔银行法规及监管实践委员会，从金融交易角度对洗钱进行了描述：犯罪分子及其同伙利用金融系统将资金从一个账户向另一个账户作支付或转移，以掩盖款项的真实来源和受益所有权关系；或者利用金融系统提供的资金保管服务存放款项。

洗钱犯罪可以和绝大多数的犯罪共生，是这些犯罪的下游犯罪。从金融管理秩序角度来看，在现代社会中，洗钱活动往往借助于合法的金融网络清洗大笔黑钱，这不仅侵害了金融管理秩序，而且严重破坏了公平竞争规则，破坏了市场经济主体之间的自由竞争，造成了极其严重的经济、安全和社会后果。

根据《刑法修正案（十一）》，修改后的第 191 条明确，为掩饰、隐瞒毒品犯罪、黑社会性质的组织犯罪、恐怖活动犯罪、走私犯罪、贪污贿赂犯罪、破坏金融管理秩序犯罪、金融诈骗犯罪的所得及其产生的收益的来源和性质，有下列行为之一的即构成洗钱罪：提供资金账户；将财产转换为现金、金融票据、有价证券；通过转账或者其他支付结算方式转移资金；跨境转移资产或者以其他方法掩饰、隐瞒犯罪所得及其收益的来源和性质的。

金融机构应建立了解客户、大额交易报告、可疑交易报告和保存记录四项反洗钱制度。

【节前引例分析】

（1）依据《中国人民银行法》的规定，中国人民银行不得向任何单位和个人提供担保。可见，中国人民银行某市支行不能作为担保人对外承担担保责任。同时，中国人民银行作为国家金融管理机关，依据《民法典》第 683 条的规定，机关法人不得为保证人，但是经国务院批准为使用外国政府或者国际经济组织贷款进行转贷的除外。

（2）中央银行在国务院领导下依法独立执行货币政策，履行职责，开展业务，不受地方政府、各级政府部门、社会团体和个人的干涉。这反映了中国人民银行作为我国的中央银行，是国务院直属的政府部门，具有相对独立的法律地位。本案例中，地方政府急于发展经济，强令当地中国人民银行为企业担保，实际上是对当地中国人民银行开展业务的干涉。

第二节　信用征信法律规范

【引例】

去银行申请个人贷款或信用卡时，银行会查询申请人的个人信用报告，以确定客户的信用状况是否合格。个人征信系统的运行，使商业银行之间实现信用信息共享的同时，依托征信系统建立起完善的信用风险审查制度，把查询申请人信用报告作为信贷审查的必经程序。

案例一：毕业后已经就业的大学生小王到中国工商银行某支行申请办理信用卡，经查询个人征信系统发现，小王在上学期间曾申请到一笔助学贷款 22 000 元，毕业后不久履行了正常的还款付息。该查询结果与本人的声明相符，间接证实了小王的信用度。在综合考虑小王所从事的职业和收入后，银行很快为小王办理了信用卡的申领。

案例二：小张向中国银行某分行申请办理准贷记卡。该行审核发现小张在其他银行已有两张准贷记卡和 1 张贷记卡，且 3 张信用卡都有逾期记录。另外，小张还为他人贷款担保 1 万元。综合小张各方面的信息，该行认为其信用风险过高，因而拒绝了其准贷记卡申请。

一、征信及信用征信法律规范

征信制度的建立从宏观层面上有助于防范信用风险、保障交易安全，从微观层面上有助于具有良好信用记录的市场主体降低交易成本、提高资源配置的效率，从而促进形成"诚信受益，失信惩戒"的社会环境。

1. 征信的概念

征信是指专业化的、独立的第三方机构为个人、法人及其他组织建立信用档案，依法采集、客观记录其信用信息，并依法对外提供信用信息服务的一种活动。

2. 我国信用征信法律规范

信用征信法律规范是调整和规范信用征信活动中主体权利义务关系的所有法律规范的总称。信用征信立法的目的在于对信用活动中产生的信用信息数据提供适当的保护。调整的内容一般包括：①合法采集数据；②合法使用、提供数据；③限制数据保存和使用时限；④保证数据质量；⑤掌握数据的机构必须执行公开透明的原则使用数据；⑥征信机构应采取必要手段，保证数据安全；⑦违规处罚；等等。

2012 年 12 月 26 日由国务院通过并于 2013 年 3 月 15 日开始施行的《征信业管理条例》，是我国第一部调整征信业的行政法规。在政府规章层面，由中国人民银行于 2005 年 8 月发布的《个人信用信息基础数据库管理暂行办法》、2013 年 11 月发布的《征信机构管理办法》、2019 年 11 月发布的《应收账款质押登记办法》等，构成了我国现有的信用征信法律规范体系。

二、信用征信法律关系的主体

信用征信法律关系是指因对个人信用信息的收集、利用而形成的法律关系。信用征信法律关系包括信用交易关系、征信数据采集关系以及征信监管关系。

信用征信法律关系的主体即信用征信法律关系的参与者，包括征信机构、信用信息提供者、信用信息使用者和信息主体（信用消费者）以及征信活动中的征信监管机构。其中，信用信息提供者、信用信息使用者和信息主体统称为信用数据主体。在征信活动中，它们之间的法律关系如图 2.1 所示。

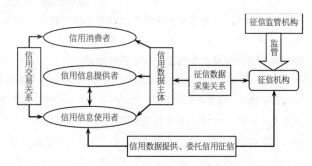

图 2.1　信用征信活动中主体间的法律关系

征信机构是依法设立，依法从事收集、整理、保存、加工信用信息，并对外提供信用报告、信用评分、信用评级等的业务活动的法人组织。依据《征信机构管理办法》，设立个人征信机构必须符合法定条件且经中国人民银行批准，在经营过程中还必须遵守法律、行政法规的规定，不得损害国家利益、社会公共利益，不得侵犯他人合法权益。

征信信息主体即信息主体，也称为被征信人，同时也是信用消费者，是指征信机构采集、整理、加工和使用的征信信息描述对象，主要包括作为信息提供者直接向征信机构提供自身信用信息的自然人、法人及其他组织，以及与信息提供者通过特定关系依法将信息归集到征信机构间接向征信机构提供自身信用信息的自然人、法人及其他组织。

信用信息提供者是指向征信机构提供信息的单位和个人，以及向金融信用信息基础数据库提供信息的单位。如：将借款人的还款信用状况提供给征信机构的商业银行。

信用信息使用者是指从征信机构和金融信用信息基础数据库获取信息的单位和个人。如：某人拟向商业银行申请贷款，商业银行需要经申请人书面同意后从征信机构调取该申请人以往的信用信息记录，将此信用信息记录作为是否发放贷款以及确定贷款金额、期限、担保等的重要参考依据。

三、信用信息数据库和个人信用报告

征信机构采集的信息都是信息主体在经济金融活动中产生的信用信息，这些信用信息数据经过汇总、整理，形成信用信息数据库。对于信息主体的个体来说，信用信息数据库的信用信息包括正面信息和负面信息。

所谓正面信息是指信息主体过去获得的信用交易及在信用交易中正常履约的信息，例如，借了款并按时还钱的信息。从银行的角度来考虑，这样的信息有利于建立与银行之间的再一次合作。所谓负面信息（即不良信息）是指对信息主体信用状况构成负面影响的信息，主要包括：信息主体在借贷、赊购、担保、租赁、保险、使用信用卡等活动中未按照合同履行义务的信息，对信息主体的行政处罚信息，人民法院判决或者裁定信息主体履行义务以及强制执行的信息等。例如，某客户由于种种原因未能依照住房按揭贷款合同的约定，按时、足额归还银行一定金额贷款的信息。从衡量一个人的信用意识讲，这就是负面信息；如果一段时间内连续或多次出现逾期还款情况，银行就会对下一次这样的交易持谨慎的态度。

信用信息数据库是征信主体在金融活动中信用报告的依据，只有依法采集信息主体的信用信息，并保证信息数据的完整性和真实性，才能保证信用报告的实效性。

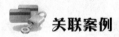 **关联案例**

诚信受益 失信惩戒

小赵向中国银行某分行申请办理住房按揭贷款用于购买商品房。该行审核发现该客户在其他银行已有两张准贷记卡和1张贷记卡，且3张信用卡都有逾期记录。综合该客户各方面的信息，该行认为其信用风险过高，因而拒绝了其购房按揭贷款的申请。

点评：我们的日常经济活动在什么情况下会受到征信的影响？最常见的几种情况：信用卡、房贷、车贷未能及时还款产生逾期；帮助别人担保，但是对方没有按时还款而产生的连带责任；大学生申请国家助学贷款，逾期未还；等等。这些都会反映到征信记录里。个人征信一旦产生污点，就会对生活造成极大困扰，尤其是现在很多大学生都有创业的打算，如果征信出现了问题，可以说在创业路上将会举步维艰。

通过这个小案例，我们知道了什么是征信，以及征信对于我们生活的重要性。我们每个人都要保护好个人的征信记录，让诚信成为一种人生态度，这至关重要。诚信是我们中华民族的传统美德，诚信是社会主义核心价值观的基本要求和道德基石。俗话说："人无信不立，业无信不兴，国无信不宁。"诚信不仅是一个人的优秀品质，也是一个社会、一个国家稳定持续发展的精髓所在。

（一）信用信息基础数据库

信用信息数据库是我国社会信用体系建设的重要基础设施，包括个人信用信息数据库和企业信用信息数据库。个人信用信息数据库是中国人民银行组织商业银行建设的全国统一的个人信用信息共享平台，它依法采集、保存、整理个人的信用信息，为个人建立信用档案，记录个人过去的信用行为，为商业银行、个人、相关政府部门和其他法定用途提供信用信息服务。目前，个人信用信息数据库日常的运行维护由中国人民银行征信中心承担。

1. 个人信用信息数据库采集的信息范围

目前，个人信用信息数据库已经采集的信息有以下几类。

（1）个人的基本信息，包括个人的姓名、证件类型及号码、通信地址、联系方式、婚姻状况、居住信息、职业信息等。

（2）金融信用信息，主要有：①贷款信息，包括贷款发放银行、贷款额、贷款期限、还款方式、实际还款记录、担保信息等。应注意，商业银行等金融机构按照国家政策，向经济困难的大学生发放的个人信用贷款，自发放之日起，商业银行等金融机构就会将助学贷款及还款情况等相关信息报送到个人信用数据库。这里，国家和商业银行之间是行政委托关系，商业银行与助学贷款的借款人之间形成债权债务关系。②信用卡信息，包括发卡银行、授信额度、还款记录等。

微课堂

征信和个人的信用信息

问：您怎样看待自己的征信记录对我们生活的影响。

（3）金融信用信息领域以外的信用信息，包括电信用户缴费信息、住房公积金信息、养老保险以及缴纳水费、电费、燃气费等公用事业费用的信息、欠税的信息、法院判决信息等。

2. 对个人隐私的保护

2021年1月1日起施行的《民法典》第六章关于"隐私权和个人信息保护"中明确了隐私权、个人信息的定义；隐私权的侵害行为；个人信息处理的原则；个人信息主体的权利以及信息处理者的安全义务和保密义务。除了《民法典》，还有《网络安全法》《数据安全法》以及2021年8月全国人大常委会发布的《个人信息保护法》等，进一步严格保护了个人隐私和信息安全。

3. 对个人不良信用信息的保存期限

征信机构对个人不良信息的保存期限，自不良行为或者事件终止之日起为5年；超过5年的，应当予以删除。在不良信息保存期限内，信息主体可以对不良信息作出说明，征信机构应当予以记载。

（二）个人信用报告的查询

个人信用报告是征信机构出具的记录信息主体过去信用信息的文件。对于已经采集入库的数据，中国人民银行采取授权查询、限定用途、保障安全、查询记录、违规处罚等措施来保护个人隐私和个人信用安全。

可以查询个人信用报告的主体有以下几类。

（1）商业银行。在审核信贷以及担保和办理信用卡业务时，在取得个人书面授权同意后，可以查询个人的信用报告。另外，商业银行在对已发放信贷进行贷后风险管理的情况下，也可查询个人的信用信息。

（2）金融监督管理机构以及司法部门等其他政府机构。根据相关法律、法规的规定，这些机构可按规定的程序查询个人信用报告。

（3）个人。个人获得自己的信用报告之后，可以根据其意愿提供给其他机构，或通过书面申请授权给机构、个人查询的权利。中国人民银行征信中心自2014年6月3日开始对个人查询本人信用报告实施收费，个人每年查询第3次及以上的，每次收取服务费25元。查询时可以到当地的中国人民银行分支行征信管理部门，或直接向征信中心提出书面查询申请。

个人信用报告可供查询的内容有以下两项。

（1）个人基本信息，包括个人身份信息、居住信息和职业信息等。

（2）信用交易信息，是指商业银行提供的自然人在个人贷款、信用卡等信用活动中形成的交易记录。

除了上述信用信息外，个人征信系统还收录民事案件强制执行信息、缴纳各类社会保障费用和住房公积金信息、已公告的欠税信息、缴纳电信等公共事业费用信息、个人学历信息，以及会计师（律师）事务所、注册会计师（律师）等对公众利益有影响的特殊职业从业人员的基本职业信息。

四、个人在信用征信活动中的权利和义务

个人作为信用征信数据的主体享有如下的权利。

（1）知情权。信息主体有权通过查询自己的信用报告知道征信机构掌握的关于自己的所有信息。

（2）异议权。如果信息主体对自己信用报告中的信息有不同意见，可以向征信机构提出异议，由征信机构按程序进行处理。如果因错误信用污点造成损失，则可行使追偿权。对异议处理的时效，征信机构自收到异议之日起20日内进行核查和处理，并将结果书面答复异议人。若因信息错误、遗漏而导致经济损失，则当事人可向人民法院起诉错误信用信息提供单位（如征信机构或者信息提供者）并要求赔偿。

（3）纠错权。如果信息主体有证据证明自己信用报告中的信息存在错误，则有权要求数据报送机构和征信机构对错误信息进行修改。

（4）司法救济权。如果信息主体认为征信机构提供的信用报告中，因信息有误而损害了自己的合法权益，并且在信息主体向征信机构提出异议后，问题仍没有得到解决，则信息主体有权依法向人民法院提起诉讼，用法律手段维护自己的合法权益。

个人作为信用征信数据的主体应承担如下的义务。

（1）如实、正确地提供个人基本信息的义务。信息主体在办理贷款、申请信用卡以及缴纳水费、电费、燃气费等时，应向商业银行等机构如实提供正确的个人基本信息。

（2）及时更新自身信息的义务。如果信息主体的身份信息、家庭住址、工作单位、联系方式等个人信息发生变化，应及时告知相关机构，相关机构会进行信息的及时更新。

五、市场化个人征信机构

个人征信机构是指取得由中国人民银行发放的个人征信牌照，依法

设立、独立于信用交易双方的，有权从事收集、整理、加工和分析企业和个人信用信息资料工作，出具信用报告，为客户判断和控制信用风险提供多样化征信服务的第三方机构。

　　征信信息开放共享是指各信用征信活动的主体在市场交易中将通过收集、筛选和整理所获得的信用信息数据资源，借助互联网平台提供给公共的征信机构，免费向社会开放。

　　2018年1月，百行征信有限公司（以下简称百行征信）获得中央银行的行政许可决定书，这是国内获得首张个人征信业务牌照的个人征信机构。

　　百行征信（俗称"信联"）是由芝麻信用及腾讯信用等八家市场机构和中国互联网金融协会共同发起组建的一家市场化个人征信机构，在从事信用征信业务活动中接受政府监管和社会监督。

　　相对于中国人民银行征信中心，百行征信所记录的内容更加丰富，除了包括央行征信所记录的内容之外，百行征信记录的信息还包括学历、职业、司法记录、社会信息记录、房产、车产、公司股权、网购行为等，同时系统还会根据用户的一些信息，比如个人发展历程、财富估值、偿债评估、个人行为特征、多头借贷、风险信息等作出判断和评分。

视野拓展

百行征信和中国人民银行征信中心的主要区别

我国第二家个人征信机构揭牌成立

思考国家推动市场化个人征信机构成立的意义。

六、征信监管

　　中国人民银行及其派出机构承担国务院征信业监督管理部门的职责，依照法律、行政法规和国务院的规定，履行对征信业和金融信用信息基础数据库运行机构的监督管理职责。

　　监管机构通过进入征信机构、金融信用信息基础数据库运行机构进行现场检查；询问当事人和与被调查事件有关的单位和个人，并要求其对与被调查事件有关的事项作出说明；查阅、复制与被调查事件有关的文件、资料，对可能被转移、销毁、隐匿或者篡改的文件、资料予以封存；检查相关信息系统，行使监管职责。

　　中国人民银行及其派出机构的工作人员对在工作中知悉的国家秘密和信息主体的信息，应当依法保密。

知识点测试

一、单项选择题

　　1. 商业银行在审核信贷及担保业务申请时，在取得个人（　　　）后，可以查询个人的信用报告。

　　　　A. 书面授权同意　　　B. 口头授权同意　　　C. 书面或口头授权同意　D. 查询申请

　　2. 货币政策委员会是中国人民银行（　　　）。

　　　　A. 货币政策的决策机构　　　　　　　　B. 货币政策的执行机构

　　　　C. 货币政策实施的监督机构　　　　　　D. 制定货币政策的咨询议事机构

　　3. 下列不属于中国人民银行的职能是（　　　）。

　　　　A. 服务职能　　　B. 调控职能　　　C. 领导职能　　　D. 管理和监督职能

4. 中国人民银行可以（　　）。

  A. 向商业银行提供贷款   B. 向非金融机构提供贷款

  C. 为单位提供担保   D. 直接认购、包销国债

5. 我国货币发行机构是（　　）。

  A. 中国人民银行   B. 商业银行   C. 国务院   D. 财政部

6. 征信机构对个人不良信息的保存期限，自不良行为或者事件终止之日起为（　　）；超过（　　）的，应当予以删除。

  A. 2年   B. 5年   C. 7年   D. 3年

7. "审批金融机构的设立、变更、终止及其业务范围"应由（　　）负责。

  A. 国务院   B. 财政部   C. 银行业监督管理机构 D. 中国人民银行

8. 负责残缺、污损人民币回收和销毁的机构是（　　）。

  A. 中国人民银行   B. 银行业监督管理机构

  C. 受理残损人民币兑换申请的商业银行   D. 各级市场监督管理部门

9. 非金融机构支付业务应当经（　　）批准取得支付业务许可证。

  A. 商业银行   B. 中国银保监会   C. 地方金融监管局   D. 中国人民银行

10. 个人作为信用征信数据的主体，应如实、正确提供的个人基本信息中不包括（　　）。

  A. 住房信息   B. 存款信息   C. 婚姻信息   D. 学历信息

二、多项选择题

1. 个人信用信息数据库采集的金融信用信息范围有（　　）。

  A. 个人基本信息   B. 贷款信息   C. 个人存款信息   D. 信用卡信息

2. 对中国人民银行及其分支机构的监管职责以及行政处罚权，下列说法正确的有（　　）。

  A. 对金融市场的监督检查   B. 向银行业监督管理机构建议监督检查

  C. 对银行业金融机构的监督检查   D. 履行对金融机构设立审批

3. 货币政策委员会的法律地位是（　　）。

  A. 中国人民银行制定货币政策的咨询议事机构

  B. 中国人民银行的内设机构

  C. 货币政策委员会的职责、组成和工作程序，由国务院规定，报全国人大常委会备案

  D. 货币政策委员会的职责、组成和工作程序，由国务院规定，报全国人大常委会批准

4. 中国人民银行根据履行职责的需要，有权要求银行业金融机构报送的材料有（　　）。

  A. 资产负债表   B. 利润表

  C. 其他财务会计报表和资料   D. 统计报表和资料

5. 个人征信法律关系中的参与者（即征信法律关系的主体）包括（　　）。

  A. 征信机构   B. 信用信息提供者

  C. 信用信息使用者   D. 信息主体

6. 下列哪项属于个人征信系统可收录的个人信息？（　　）

  A. 个人信贷信息   B. 个人基本身份信息

  C. 个人存款信息   D. 个人学历信息

7. 对个人信用信息的查询主体包括（　　）。

  A. 商业银行   B. 金融监督管理机构

  C. 司法部门   D. 个人

8．个人作为征信数据的主体所享有的权利有（　　　）。

    A．知情权　　　　　　　B．异议权　　　　　　　C．纠错权　　　　　　　D．司法救济权

9．商业银行在办理（　　　）时，可以经授权后向个人信用数据库查询个人信用报告。

    A．审核个人贷款申请的　　　　　　　　　　B．审核个人贷记卡、准贷记卡申请的

    C．审核个人作为担保人的　　　　　　　　　D．对已发放的个人信贷进行贷后风险管理的

10．征信信息开放共享是指各信用征信活动的主体在市场交易中将通过收集、筛选和整理所获得的信用信息数据资源，借助互联网平台（　　　）。

    A．提供给公共的征信机构　　　　　　　　　B．免费向社会开放

    C．通过适当收费向社会开放　　　　　　　　D．提供给需要查询的机构

三、判断题

1．为了更全面地了解个人信用信息，个人金融信息数据库还采集个人存款信息。（　　　）

2．中国人民银行可以为在中国人民银行开立账户的金融机构办理再贴现。（　　　）

3．中国人民银行可以向非金融机构提供有担保的贷款。（　　　）

4．经国务院批准，中国人民银行可以向地方政府提供贷款。（　　　）

5．商业银行等金融机构按照国家政策，向经济困难的大学生发放的个人信用贷款，自发放之日起，商业银行等金融机构就会将助学贷款及还款情况等相关信息报送到个人信用数据库。（　　　）

6．中国人民银行是国家机关，不是企业法人。（　　　）

7．中国人民银行开展业务，既要讲政策效益，又要讲经济效益。（　　　）

8．人民币的发行权属于中国人民银行。（　　　）

9．中国人民银行履行对银行账户开户许可证核发职能，但不包括针对企业法人、非法人企业、个体工商户开立银行账户。（　　　）

10．中国人民银行货币政策委员会的职责、组成和工作程序，由国务院规定，报全国人大常委会批准。（　　　）

四、案例分析题

案例一

某印刷厂印制了一批手提袋，为了获得好的销路，该厂在手提袋上采用了扩大的真实版的百元人民币图案作为背景，色彩尺寸与百元人民币的票面相同，甚至号码也一样。第一批手提袋上市销售不久，遭到了当地中国人民银行会同当地公安局和工商局的联合查处。经过调查核实，中国人民银行依据相关法律对该厂作出了以下决定：责令其立即停止印刷销售印有人民币图案的手提袋；销毁已经印刷的印有人民币图案的手提袋成品；没收违法所得并处以 2 万元罚款。

问题：（1）该印刷厂的行为是否构成非法使用人民币图样罪？

（2）当地中国人民银行对该印刷厂的上述行为是否具有行政处罚权？

案例二

就读于 A 市某高校的大学生 D 于 2015 年向 G 银行申请了 6000 元的国家助学贷款。2018 年 7 月毕业后，他认为自己已远离学校所在地，新的单位也没人知道他贷过款，父母也已移居外地，G 银行找不到他本人和家人，因此没有按合同约定还款付息。2019 年 8 月，公司准备派他去外地学习培训。于是，他前往 N 银行申请办理信用卡，准备在外地使用，不料却被告知有拖欠国家助学贷款的记录，拒绝为其办理信用卡。D 大吃一惊，在了解到个人征信系统已实行全国联网以后，他才意识到按约还贷的重要性。于是马上联系学校，把拖欠的贷款本息全部结清。

问题：（1）本案存在的法律关系有哪些？涉及的征信法律关系的主体有哪些？

（2）对于大学期间商业银行等金融机构按照国家政策向经济困难的大学生发放的助学贷款，商业银行等金融机构有权将助学贷款及还款情况等相关信息报送到个人信用数据库吗？

（3）对于个人信用报告，哪些部门和个人享有查询权？

课 外 实 训

背景资料

小学生章某持父亲给的200元到某商场购物，在收银台交款时，该商场的收银员刘某认为这200元是假币，当场予以没收。章某回家后将此事告知了父亲，其父亲认为该200元不是假币，商场不应随便没收，于是找到商场要求退回被没收的200元。商场认为该200元经其收银员鉴定确属假币，并在后来当着众人的面进行了销毁，其做法并无不当。随后，章某的父亲将该商场告上了法院，要求该商场退还200元，赔偿因此造成的精神损失费180元，并要求其承担相应的诉讼费用。

问题：（1）鉴定、没收、销毁假币的法定机关是哪些？其操作程序如何？

（2）该商场是否有权没收并销毁假人民币？

实训知识领域	**实训方式**	**实训目的**
认识人民币的法律地位，掌握《中国人民银行法》和中国人民银行对假币的鉴定、收缴的有关规定。 **实训提示** 	模拟演练。 **实训步骤** 第一，角色、场景安排。 第二，资料准备。角色扮演者应认真阅读案例，精心查阅相关的法律依据，体验角色。	（1）通过本案强化货币管理专业知识在法律实务中的运用。 （2）强化理解诉讼当事人。如小学生章某应是本案的原告还是其父亲为本案的原告？除了《中国人民银行法》以外，其他相关的法律是如何规定的？

第三章

商业银行法律规范

【学习指导】

学习要点

1. 商业银行依法、合规经营。

2. 规范负债业务，避免和减少与客户的存款纠纷，保护存款人的利益。

3. 规范资产业务，强化从业人员的法律意识和规范意识。

衔接的主要核心专业课程

金融基础、商业银行经营管理、信贷管理与实务、金融企业会计、金融创新等。

课外要求

关注银行存款业务宣传中所涉及的内容和所学课程之间的联系。

第一节　商业银行的法律资格

【引例】

违法设立分支机构、违法任职高级管理人员

T 市商业银行的总行因办公楼老化，无法满足办理业务的需求，遂将其总行由 T 市的双塔西街搬到双塔东街，同时经董事会同意在 T 市并州路增设一分支机构，拟任命李某为行长，并报请当地银行业监督管理机构批准。

当地银行业监督管理机构在对李某进行资格审查时发现，虽然李某从事经营管理工作 15 年，但他在 2017 年担任某公司法定代表人时，该公司因违法被吊销营业执照，李某对此负有直接责任。同时，当地银行业监督管理机构还查明，该商业银行在该市一共设立了 17 个分支机构，加上新申请设立的分支机构，一共拨付给各分支机构的营运资金总和为 15 亿元，而该商业银行的资本金总额为 20 亿元。

问题：（1）本案例中涉及的商业银行变更的法律规定有哪些？

（2）结合本案例，思考商业银行及其分支机构的设立要求和对高级管理人员的任职资格的要求。

一、商业银行和商业银行法概述

依法、合规经营是银行业金融机构存在和发展的根本前提，也是银行业安全稳健运行的关键所在。

（一）商业银行概述

根据《商业银行法》的规定，商业银行是指依照《商业银行法》和《公司法》设立的吸收

公众存款、发放贷款、办理结算等业务的企业法人，包括全国性商业银行、城市商业银行、农村商业银行以及根据经济社会发展需要设立的村镇银行等其他类型商业银行。

1. 商业银行的特征

相对中央银行和其他金融机构，商业银行具有以下两个基本特征。

（1）商业银行是企业法人。是依法设立的金融机构，以营利为目的，能够在名称中使用"银行"字样。

（2）商业银行是吸收公众存款、发放贷款、办理结算等金融业务的企业法人。其负债业务、资产业务和中间业务是其最典型、最主要的业务，将其同其他非银行金融企业区别开来。

2. 商业银行的经营原则

商业银行通过吸收存款、发放贷款、实行高负债经营的模式使其生存极大地维系在公众的信任之上，也衍生了金融体系内在的脆弱性和金融风险的易发性。因此，商业银行以安全性、流动性、效益性为经营原则，实行自主经营、自担风险、自负盈亏、自我约束。

（1）安全性原则。安全性原则要求商业银行尽量避免各种不确定的因素（即风险）对其资产、负债、利润、信誉及其他经营发展条件的影响，以求稳健经营，健康发展。

（2）流动性原则。流动性是指商业银行资产可随时变成现款，以及时、充分地满足存款者提取存款和其他正当支付的需要，包括资产流动性和负债流动性两方面的内容。

（3）效益性原则。这是商业银行经营活动追求的最根本目标，由商业银行的性质所决定。只有不断追求效益，才能增强自己的实力，提高对客户的吸引力，在竞争中立于不败之地。

城市商业银行、农村商业银行、村镇银行等区域性商业银行应当在住所地范围内依法开展经营活动，未经批准，不得跨区域展业。[①]

3. 商业银行的业务范围[②]

商业银行的业务可以概括为以下几类。

（1）负债业务，即商业银行筹集资金以形成经营资产的业务，包括筹集自有资金、吸收存款、发行债券、向中央银行借款、再贴现、同业拆借等。

（2）资产业务，即商业银行运用资金获取利润的业务，包括贷款业务、对外投资、办理结算业务、票据承兑与贴现等。

（3）中间业务，即商业银行为客户办理金融服务和其他委托事项而收取手续费的业务。由于不涉及或较少涉及商业银行自有资产及负债的变动（又称表外业务），中间业务是金融创新的主要领域。

（二）商业银行法概述

《商业银行法》是调整商业银行设立、变更、终止及其相关金融业务活动中发生的经济关系的法律规范的总称。我国《商业银行法》于1995年5月10日经全国人大常委会通过，并于同年7月1日起实施；2003年和2015年进行了两次修正。2020年10月16日，中国人民银行公布《商业银行法（修改建议稿）》，向社会公开征求意见。

---

① 《中华人民共和国商业银行法（修改建议稿）》第52条第1款。
② 这部分内容可通过"商业银行经营管理"和"商业银行信贷业务"等课程了解相关知识。

二、商业银行的设立

作为公共金融服务机构，商业银行的设立有严格的法律规定，其设立的条件、注册资本及手续远比一般企业严格。

1. 设立商业银行的条件

设立商业银行，应当经国务院银行业监督管理机构审查批准。未经批准，任何单位和个人不得从事吸收公众存款等商业银行业务，任何单位不得在名称中使用"银行"字样。

 **关联案例**

"银行"的名称能随便用吗

某市滨海新区曾经出现个别企业以为农民提供粮食储存、销售和兑换服务等名义设立"粮食银行"而向售粮农户和其他社会人员进行资金筹措的情况。当地市场监督管理部门和银行业监督管理机构闻讯后，马上介入调查并予以取缔。

解析：依据我国商业银行法律制度的规定，设立商业银行，应当经国务院银行业监督管理机构审查批准。未经批准，任何单位和个人不得从事吸收公众存款等商业银行业务，任何单位不得在名称中使用"银行"字样。对于未经批准擅自设立商业银行的，由国务院银行业监督管理机构予以取缔；构成犯罪的，依法追究刑事责任；不构成犯罪的，依法承担相应的法律责任。

设立商业银行应当具备下列条件：①有符合《商业银行法》和《公司法》规定的章程；②有符合《商业银行法》规定的注册资本最低限额；③有符合条件的股东或者发起人；④有具备任职专业知识和业务工作经验的董事、监事、高级管理人员；⑤有健全的组织机构和管理制度；⑥有符合要求的营业场所、安全防范措施和与业务有关的其他设施；⑦有符合要求的信息科技架构、信息科技系统、安全运行技术与措施；⑧有符合要求的风险管理和内部控制制度。设立商业银行，还应当符合其他审慎性条件。

2. 商业银行的注册资本

设立全国性商业银行的注册资本最低限额为10亿元人民币。城市商业银行的注册资本最低限额为1亿元人民币，农村商业银行的注册资本最低限额为5000万元人民币。注册资本应当是实缴资本。[①]

3. 商业银行的股东资质

（1）商业银行的股东包括商业银行的主要股东、控股股东和实际控制人。

（2）商业银行的股东应当具有良好的社会声誉、诚信记录、纳税记录和财务状况。企业法人成为商业银行主要股东、控股股东、实际控制人的，应当核心主业突出、资本实力雄厚、公司治理规范、股权结构清晰、管理能力达标、资产负债和杠杆水平适度，并符合其他审慎性条件。

4. 设立商业银行的申请

设立商业银行，申请人应当向银行业监督管理机构提交的文件、资料主要包括：①申请书，申请书应当载明拟设立的商业银行的名称、所在地、注册资本、业务范围等；②可行性研究报

---

① 《中华人民共和国商业银行法（修改建议稿）》第13条第1款规定，设立全国性商业银行的注册资本最低限额为100亿元人民币。设立城市商业银行的注册资本最低限额为10亿元人民币，设立农村商业银行的注册资本最低限额为1亿元人民币。注册资本应当是实缴资本。

告；③银行业监督管理机构规定提交的其他文件、资料。

设立商业银行的申请经审查符合上述规定的，申请人应当填写正式申请表，并提交下列文件、资料：①章程草案；②拟任职的董事、高级管理人员的资格证明；③法定验资机构出具的验资证明；④股东名册及其出资额、股份；⑤持有注册资本5%以上的股东的资信证明和有关资料；⑥经营方针和计划；⑦营业场所、安全防范措施和与业务有关的其他设施的资料；⑧银行业监督管理机构规定的其他文件、资料。

5. 办理登记、领取营业执照

经批准设立的商业银行，由国务院银行业监督管理机构颁发经营许可证，并凭该许可证向市场监督管理部门办理登记，领取企业法人营业执照。

三、商业银行分支机构的设立

商业银行根据业务需要可以在中华人民共和国境内外设立分支机构。

（1）设立分支机构必须经国务院银行业监督管理机构审查批准或者备案。商业银行在中华人民共和国境内设立分支机构，应当按照规定拨付与其经营规模相适应的营运资金额。

议一议

纠纷发生后，商业银行分支机构能否作为诉讼主体参加民事诉讼与承担民事责任？

（2）商业银行对其分支机构实行全行统一核算、统一调度资金、分级管理的财务制度。法律地位上，商业银行分支机构不具有法人资格，在总行授权范围内依法开展业务，其民事责任由总行承担。

（3）经批准或者备案设立的商业银行分支机构，由国务院银行业监督管理机构颁发经营许可证，并凭该许可证向市场监督管理部门办理登记，领取营业执照。

四、商业银行的公司治理

商业银行的组织形式、组织机构适用《公司法》的规定。商业银行应当建立组织健全、权责明确、制衡有效、运转高效的公司治理机制。

1. 商业银行的公司治理结构

商业银行的公司治理结构包括股东会、董事会（董事会设置独立董事、审计委员会和风险管理委员会）、监事会和高级管理层。

2. 董事、监事及高级管理人员的任职资格

有下列情形之一的，不得担任商业银行的董事、监事、高级管理人员：①因犯有危害国家安全、恐怖主义、贪污、贿赂、侵占财产、挪用财产、黑社会性质犯罪或者破坏社会经济秩序罪，被判处刑罚，或者因犯罪被剥夺政治权利的；②担任因经营不善破产清算的公司、企业的董事或者厂长、经理，并对该公司、企业的破产负有个人责任的；③担任因违法被吊销营业执照的公司、企业的法定代表人，并负有个人责任的；④个人所负数额较大的债务到期未清偿的；⑤对重大金融风险或者重大金融违规行为负有个人责任，自被追究责任之日起不满5年的。[1]

---

① 《中华人民共和国商业银行法（修改建议稿）》第28条。

3. 商业银行的信息披露制度

商业银行应当按照有关法律法规、会计制度和监管规定，及时披露财务状况、主要股东和控股股东名单、股权结构、公司治理结构、董事会成员和高级管理人员薪酬、重大关联交易、履行社会责任情况等信息，确保披露材料真实、准确、完整，不得存在虚假记载、误导性陈述或者重大遗漏等。

商业银行董事长应当对商业银行财务报告签字确认，对财务报告及其他披露材料的真实性、准确性和完整性承担主要责任。

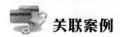 **关联案例**

某银行因违规向关系人发放信用贷款等被罚 80 万元

2020 年 7 月 23 日，甲市银保监分局公布的行政处罚信息公开表中，针对当地某银行及相关负责人违规行为，对该银行罚款 80 万元。其主要违法违规事实包括：未按规定审批关联交易，违规向关系人发放信用贷款，违规向关联方发放无担保贷款，案件（风险）信息报送不及时，违规发放顶名贷款。

五、商业银行的变更、重组、接管和终止

《商业银行法》明确规定了商业银行的变更、重组、接管和终止的情形和法律依据，并明确规定了国务院银行业监督管理机构在商业银行变更、接管和终止过程中应当履行的监管职责。

（一）商业银行的变更

商业银行的变更包括商业银行的主体变更和商业银行的事项变更。

商业银行的主体变更是指商业银行依照《公司法》的规定进行的合并和分立。对于商业银行的合并和分立，应当经国务院银行业监督管理机构审查批准。

商业银行的事项变更是指商业银行的重大事项的变更。经国务院银行业监督管理机构批准，涉及企业变更登记事项的，应当持许可证向市场监督管理部门办理变更登记。

（二）商业银行的重组

商业银行出现严重风险的，可以向国务院银行业监督管理机构申请重组，或者由国务院银行业监督管理机构责令重组。重组由商业银行负责执行，重组方案应当有利于金融稳定和存款人保护。

（三）商业银行的接管

商业银行的接管是指国务院银行业监督管理机构在商业银行已经或可能发生导致商业银行无法持续经营，严重影响存款人利益的情形时，对该银行采取的整顿和整改等措施。

需要使用存款保险基金的，应当由存款保险基金管理机构担任接管组织。接管的目的是对被接管的商业银行采取必要措施，以保护存款人的利益和维护金融稳定。被接管的商业银行的债权债务关系不因接管而变化。

自接管开始之日起，被接管商业银行的股东、董事、监事以及高级管理人员中止履行职责，但应按要求做好配合工作。自接管决定实施之日起开始，最长不得超过 24 个月。但有下列情形之一的接管应终止：①接管期限届满的；②接管期限届满前，该商业银行已恢复正常经营能力

的；③接管期限届满前，该商业银行被合并、撤销或者被人民法院裁定受理破产申请的。

（四）商业银行的终止

商业银行因解散、被撤销或被依法宣告破产而终止。

1. 商业银行因解散而终止

商业银行因分立、合并或者出现公司章程规定的解散事由需要解散的，应当向国务院银行业监督管理机构提出申请，并附解散的理由和支付存款的本金和利息等债务清偿计划，经国务院银行业监督管理机构批准后解散。商业银行解散的，应当依法成立清算组进行清算，按照清偿计划及时偿还存款本金和利息等债务。国务院银行业监督管理机构监督清算过程。

2. 商业银行因被撤销而终止

商业银行因吊销经营许可证被撤销的，国务院银行业监督管理机构应当依法及时组织成立清算组进行清算，商业银行应按照清偿计划及时偿还存款本金和利息等债务。

3. 商业银行因被宣告破产而终止

接管组织采取风险处置措施后，被接管商业银行仍然不能清偿到期债务，并且资产不足以清偿全部债务或者明显缺乏清偿能力的，经国务院银行业监督管理机构同意，接管组织可以向人民法院提出该商业银行的破产申请，并由接管组织担任该商业银行的管理人。

4. 商业银行破产财产清偿顺序

商业银行破产清算时，破产财产在优先清偿破产费用和共益债务后，依照下列顺序清偿：①商业银行所欠职工的工资和医疗、伤残补助、抚恤费用，所欠的应当划入职工个人账户的基本养老保险、基本医疗保险费用，以及法律、行政法规规定应当支付给职工的补偿金；②个人存款本金和利息；③商业银行欠缴的除第①项规定以外的社会保险费用、破产人所欠税款以及中国人民银行提供贷款或者流动性形成的债权；④普通破产债权。

破产财产不足以清偿同一顺序债务的，按照比例分配。

存款保险基金管理机构或者受其委托的商业银行已向存款人偿付被保险存款的，存款保险基金管理机构在偿付金额范围内取得该存款人的债权人地位。存款人未获保险部分的存款，根据商业银行法律制度的相关规定获得清偿。

六、商业银行的客户权益保护和员工的行为准则

（一）客户权益保护

（1）遵循诚信原则。商业银行开展营销活动应当遵循诚实信用原则，不得进行虚假、欺诈、隐瞒或者误导性的宣传，不得损害其他同业信誉，不得夸大产品的业绩、收益或者压低其风险。

（2）信息披露义务。商业银行应当使用客户易于接收、理解的方式，全面、准确地披露与客户权益保护相关的产品和服务信息以及其他信息，主要包括：①订立、变更、中止、解除合同的方式和限制；②双方权利、义务、责任以及主要风险；③发生纠纷的处理和投诉途径。

（3）风险提示义务。商业银行应当充分了解和评估客户的风险偏好与风险承受能力，向客

户充分提示风险，确保提供的产品和服务（比如，向客户推荐理财产品）与客户的风险承受能力相匹配。否则造成客户损失的，应当承担赔偿责任。

（4）规范授信业务。商业银行向客户提供授信前，应当根据客户的财务、资信状况和还款能力，合理确定授信额度和利率，不得提供明显超出客户还款能力的授信。

（5）规范交易行为。商业银行不得对产品和服务实行强制性搭配销售或者在合同中附加不合理的交易条件。

（6）个人信息的保护。商业银行收集、保存和使用个人信息，应当符合法律、行政法规的规定，遵循合法、正当、必要原则，取得本人同意，并明示收集、保存、使用信息的目的、方式和范围；不得收集与业务无关的个人信息或者采取不正当方式收集个人信息，不得篡改、倒卖、违法使用个人信息；应当保障个人信息安全，防止个人信息泄露和滥用。

（7）规范收费行为。商业银行办理业务、提供服务，按照规定或者约定收取费用；收费项目、服务内容和收费标准应在营业场所、网站主页等醒目位置公告；提供产品和服务时，应当以清晰、透明的方式向客户披露收费，不得以在收费条款之外附加其他费用的方式变相增加收费。

商业银行在合同约定范围以外增加收费项目或者提高收费标准的，应当提前告知客户，客户有权选择是否继续接受产品或者服务，并可以依据法律规定或者合同约定解除合同。

（二）员工行为准则

商业银行的工作人员应当遵守法律、行政法规和其他各项业务管理的规定，不得有的行为主要包括：①利用职务上的便利，索取、收受贿赂或者违反国家规定收受各种名义的回扣、手续费；②利用职务上的便利，贪污、挪用、侵占本银行或者客户的资金；③违反规定徇私向亲属、朋友发放贷款或者提供担保；④从事与本银行有利益冲突的职业或活动，未经本银行批准在其他经济组织兼职；⑤泄露在任职期间知悉的国家秘密、商业秘密；⑥为客户出具有虚假记载、误导性陈述或者重大遗漏的证明材料；⑦违反法律、行政法规和业务管理规定的其他行为。

 **关联案例**

银行员工倒卖客户信息被判刑

某银行投资经理阿林，3个月内卖出客户个人信息500多条，非法获利5万多元。为获取信息，他还发红包给同事和同行，蛊惑他们违规利用内部网络协助查询。2017年6月，当阳市人民法院判决，阿林因侵犯公民个人信息罪，被依法判处有期徒刑10个月，缓刑1年，并处罚金1.5万元，其非法所得予以追缴。

点评：商业银行一方面完善内部控制制度，另一方面还应当强化对员工的职业道德和法治意识的教育，同时在开展业务活动中，也应当采取多种宣传方式加大对客户的风险提示教育和宣传引导力度，强化金融消费者权益保护宣传，增强客户对个人信息保护观念，提高防范意识。

【节前引例分析】

（1）依据商业银行法律制度的规定，变更总行或者分支行所在地属于商业银行重大的变更事项之一，应当经银行业监督管理机构批准。本案中商业银行的总行由双塔西街搬到双塔东街，属于重大事项的变更，应报请当地银行业监督管理机构批准。

（2）我国商业法律制度规定，担任因违法被吊销营业执照的公司、企业的法定代表人，并负有个人责任的，不得担任商业银行高级管理人员。案例中该市商业银行对行长的任免违反这一规定，因此无效。

第二节 商业银行负债业务法律规范

【引例】

××银行泄露数万顾客信息 侵害到银行客户的信息安全

据《每日经济新闻》报道（梅俊彦）××银行上海金桥支行于2012年2至4月，凭借宜信普惠提供的查询授权书，在未与客户发生业务关系的情况下，查询了3.2万余人的个人信用报告，并将部分查询结果提供给宜信普惠。为此，××银行的行为已被中国人民银行上海分行通报批评，责令整改。

问题：（1）结合上述案例和本节所学知识，思考《商业银行法》对存款人保护的含义是什么。

（2）商业银行如何规范对个人信用信息基础数据的保护？

一、存款合同

存款合同是存款人和银行等存款机构之间订立的明确相互间权利和义务的协议。银行等金融机构收受存款人的货币资金，而对存款人负有即期或定期偿付义务的负债业务。吸收各类存款是商业银行最主要、最基本的负债业务，直接影响银行的经营规模和经营效益。

> **议一议**
>
> 我们手上的存单是合同吗？

（一）存款合同的订立

依据《民法典》第471条的规定，当事人订立合同，可以采取要约、承诺方式或者其他方式。存款合同的订立也包括两个阶段：存款客户向存款机构提供转账凭证或者将要存的款项交付并向存款机构告知存款意向，是向接受存款的金融机构发出的要约；存款机构收受存款资金入账，并向存款客户出具进账单或存单等，是存款机构向存款客户作出的承诺。

存单或进账单是存款债权的法律凭证，也是存款合同的表现形式。

1. 订立合同的主体资格

存款合同当事人包括存款人和存款机构。我国法律对存款人的身份并没有严格的限制，国家机关、企事业单位、社会组织、自然人个人等都可以为存款人。对于存款机构，我国法律做了严格限制，对存款业务实行的是特许经营制，只有经银行业监督管理机构的批准，具有存款业务经营资格的金融机构才能开展存款业务。这些存款机构包括商业银行、信用社等金融机构。

2. 合同内容合法

存款合同的内容包括存款利率、存款期限、存款金额、计息方式等，这些内容都必须符合我国有关法律的规定。

3. 当事人的意思表示真实

订立存款合同应当是当事人双方真实的意思表示，一方以欺诈、胁迫的手段，或者基于重大误解、显失公平订立的合同，当事人有权请求人民法院或仲裁机构予以撤销。

4. 合同形式符合法定的要求

存款合同一般采用存款机构制定的格式合同，存款人不能就合同的条款进行谈判，只能选

微课堂

存款合同

问：存款人如何保护存款凭证的安全。

择接受或不接受。依据我国《民法典》对格式合同的规定，格式条款是当事人为了重复使用而预先拟定，并在订立合同时未与对方协商的条款。采用格式条款的合同称为格式合同。

 **关联案例**

部分商业银行利用格式合同转嫁本应由其承担的费用，该格式合同无效

2020 年 2 月，A 市市场监督管理局查处了某银行 A 市分行利用合同格式条款转嫁房屋抵押贷款登记费用案件，有效地维护了消费者的合法权益。根据《房屋登记办法》《房屋登记簿管理试行办法》《国家发展改革委、财政部关于规范房屋登记费计费方式和收费标准等有关问题的通知》等相关规定，在消费者申请办理房屋抵押贷款登记业务中，银行是抵押权人，即抵押权预告登记权利人，房屋抵押登记费应由登记为房屋权利人的银行承担。然而，许多银行利用单方面事先印制好的统一格式的合同条款"个人额度借款合同""个人住房借款合同""个人住房公积金借款合同"，规定由消费者向登记部门交纳房屋抵押登记费，将责任转嫁给消费者（即借款人）承担。

解析： 这种行为违反了《民法典》第 497 条的规定，属于利用合同格式条款不合理地减轻或者免除经营者责任、加重消费者责任，转嫁费用并侵害消费者合法权益行为。

（二）存款合同的成立

存款合同是实践合同，故必须是存款客户将款项交付存款机构经确认并出具存款凭证后，存款合同方才成立。

判断存款合同是否成立的标准，就是看存款机构是否将存款凭证交与存款人或以其他方式将接受存款的通知送达存款人。因此，不同存款方式下存款合同的成立时间各不相同：以现金方式存款时，工作人员将款项收妥、清点无误，开具存单、存折等存款凭证后，存款合同成立；在以转账方式存款的情况下，合同自存款机构收讫款项并记入存款人账户时成立；通过自动柜员机（ATM）存款时，一般情况下，自动柜员机将数据输入银行卡的时间是合同的成立时间。

二、存款业务的规则

（一）个人存款和单位存款

个人存款是指个人将其所有的人民币或外币存入银行等储蓄机构而形成的存款。商业银行办理个人储蓄存款业务，应当遵循存款自愿、取款自由、存款有息、为存款人保密的原则。对个人存款和个人在银行的其他金融资产，商业银行有权拒绝任何单位或者个人查询、冻结、扣划，但法律另有规定的除外。

单位存款是各级财政金库和机关、企业、事业单位、社会团体、部队等机构，将货币资金存入银行或非银行金融机构所形成的存款，包括财政性存款和商业性存款。单位存款合同涉及银行和收款单位之间、银行和付款单位之间、收款单位与付款单位之间的关系。开户银行具有双重身份：一方面是合同一方当事人，与客户处于平等地位，享有合同约定的民事权利，承担合同约定的义务；另一方面，银行根据法律授权，负有对客户进行货币管理和结算监督的职责。对单位存款和单位在银行的其他金融资产，商业银行有权拒绝任何单位或者个人查询，但法律、行政法规另有规定的除外；有权拒绝任何单位或者个人冻结、扣划，但法律另有规定的除外。

（二）商业银行对存款人的保护责任

商业银行保障存款人的合法权益不受任何单位和个人的侵犯。国家建立存款保险制度，依法保护存款人的合法权益，维护金融稳定。商业银行按照法律、行政法规的规定投保存款保险。

查一查

 大家认识这个标志吗？请同学们课下查一下这个标志的含义。

问题： 我国实行存款保险制度，一旦银行出现危机，你知道保险机构将对存款人提供的赔付额最多是多少吗？

---

1. 在储蓄存款业务中的法定义务

商业银行在储蓄存款业务中应履行以下义务：①商业银行按照中国人民银行有关规定，可以与客户自主协商确定存贷款利率，商业银行不得采用不正当手段吸收存款，发放贷款；②商业银行应当按照中国人民银行的规定，向中国人民银行缴存存款准备金；③商业银行应当保证存款本金和利息的支付，不得拖延、拒绝支付存款本金和利息；④商业银行有为存款人保密，确保存款安全的责任。

微课堂

商业银行对存款人的保护责任

2. 存单遗失后的补救措施

储户遗失存单、存折或者预留印鉴的印章的，必须持本人身份证明，并提供储户姓名、开户时间、储蓄种类、金额、账号及住址等有关情况，向其开户的储蓄机构书面申请挂失；在特殊情况下，也可以以口头或函电形式申请挂失。储蓄机构受理后，应立即停止支付该储蓄存款；受理挂失前该储蓄存款已被人支取的，储蓄机构不负赔偿责任。

实践中，如果发现存单丢失后，紧急情况下储户不能办理书面挂失手续，而用电话、电函形式挂失的，则须在挂失5日内补办书面挂失手续；否则，挂失不再有效。银行工作人员应尽到谨慎审查义务，受理挂失时，只要符合法律和操作制度规定，则应立即办理止付手续。

【节前引例分析】

商业银行办理个人储蓄存款业务，应当遵循存款自愿、取款自由、存款有息、为存款人保密的原则。对个人储蓄存款，商业银行有权拒绝任何单位或者个人查询、冻结、扣划，但法律另有规定的除外。据此，一方面商业银行有义务为储户保密；另一方面应严格依照法律规定履行对储户信息的查询、冻结、扣划义务。

依据《征信业管理条例》的规定，商业银行审核信贷及担保和办理信用卡业务申请时，在取得个人书面授权同意后，方可查询个人的信用报告。另外，商业银行在对已发放信贷进行贷后风险管理的情况下，也可查询个人的信用信息。本案中，××银行上海金桥支行在未与客户发生业务关系的情况下，只是凭借宜信普惠提供的查询授权书，进行非法查询，已经侵害到银行客户信息安全，侵害到存款人的合法权益。

第三节　商业银行资产业务法律规范

【引例】

违法违规发放贷款被查处

2018年7月，某市商业银行在对所辖甲支行进行贷款检查时，发现该支行存在如下问题。

甲支行2018年上半年共发放贷款128笔，其中有5笔存在问题。

（1）3月12日的45万元的信用贷款发放给该区的新盛股份有限责任公司，而该公司的投资人之一银佳公司的董事长与甲支行财务总监属夫妻关系。（知识点：向关系人发放信用贷款）

（2）3月20日向某无缝钢管厂发放信用贷款50万元，在贷款日该借款人的资产总额为1 531 265.00元，负债总额为2 543 235.00元，所有者权益为-1 011 970.00元，资产负债率高达166%，说明该借款人已经资不抵债，财务状况较差，不具备还贷的能力。（知识点：对贷款人贷款资质的审查）

（3）4月9日给杜某某发放30万元的个人担保贷款，保证人为利达股份有限公司（以下简称利达公司），而杜某某系利达公司的董事长，保证合同中有公司的公章和利达公司总经理刘某的个人签名，后查明对该笔贷款的担保并未依照公司章程的规定经公司的董事会决议。（知识点：《公司法》对担保的规定）

（4）某市商业银行总行在2018年3月甲支行的授权书中规定：甲支行办理存单质押贷款的单笔审批权限为50万元，办理短期、中期流动资金贷款收回再贷单笔审批权限为80万元。而在同年4月12日有4笔贷款总计200万元均发放给同一企业，每笔均为50万元。（知识点：总行对分支行的授权）

（5）5月15日向某水泥厂发放信用贷款48万元，该借款人信用等级评定为BB级。（知识点：结合"商业银行信贷"课程知识）

甲支行为了逃避检查，采取了调改报表、划转财务等手段，来掩盖超额授信发放贷款问题。（知识点：对商业银行经营行为的监管）

针对上述案例，通过本节的学习，思考以下问题。

1. 甲支行的行为违反了《商业银行法》哪些规定？

2.《公司法》对债务的担保有哪些规定？[①]

3. 通过下面的学习，并结合"商业银行信贷"课程知识和本案例，解决下列问题。

（1）简述借款人申请借款具备何类信用等级才享有发放信用贷款资格。

（2）简述审查贷款企业财务报表主表（资产负债表、损益表、现金流量表）的作用。

一、贷款业务的基本法律规定

从静态上来说，贷款是指商业银行以还本付息为条件而出借的货币资金，而从动态上来说，则是商业银行所从事的，以还本付息为条件出借货币资金使用权的营业活动。贷款业务是商业银行最主要的资产业务。

（一）商业银行贷款的一般规定

商业银行应依据《商业银行法》和《民法典》中关于贷款业务规则、借款合同和担保的相关规定，并根据国民经济和社会发展的需要，在国家产业政策指导下开展贷款业务。

---

① 《公司法》对债务的担保可通过本书第五章"商业银行担保法律规范"进行详细了解。

1. 对贷款的审查

商业银行开展信贷业务，应当严格审查借款人的资信，应当对客户的资信状况、授信用途、偿还能力、还款方式等情况进行严格审查，并建立授信审查尽职免责制度。

商业银行应实行统一授信、审贷分离、全流程管理的制度，合理确定授信方式、额度、利率和期限。客户应当按照商业银行要求，提供与授信有关的业务活动和财务状况的真实情况。[1]

2. 书面借款合同的订立

商业银行贷款，应当与借款人订立书面合同。合同应当约定贷款种类、借款用途、金额、利率、还款期限、还款方式、违约责任和双方认为需要约定的其他事项。

3. 贷款利率的确定

商业银行按照中国人民银行有关规定，可以与客户自主协商确定存贷款利率。

4. 商业银行贷款自主权的行使

任何单位和个人不得强令商业银行发放贷款或者提供担保。商业银行有权拒绝任何单位和个人强令要求其发放贷款或者提供担保。

5. 借款人应当按期归还贷款的本金和利息

借款人到期不归还担保贷款的，商业银行依法享有要求保证人归还贷款本金和利息或者就该担保物优先受偿的权利。商业银行因行使抵押权、质权而取得的不动产或者股权，应当自取得之日起5年内予以处分。

（二）借款合同

借款合同是指借款人向贷款人借款，到期返还借款并支付利息的合同。

1. 借款合同的形式

借款合同应当采用书面形式，但是自然人之间借款另有约定的除外。借款合同的内容一般包括借款种类、币种、用途、数额、利率、期限和还款方式等条款。

微课堂
商业银行贷款业务
基本法律规定

2. 借款合同当事人的权利和义务

（1）借款人的权利和义务包括：①借款人应当按照贷款人的要求提供与借款有关的业务活动和财务状况的真实情况；②借款人应当按照约定的日期、数额收取借款，否则应当按照约定的日期、数额支付利息；③借款人应当按照约定向贷款人定期提供有关财务会计报表或者其他资料；④借款人应当按照约定的借款用途使用借款；⑤借款人应当按照约定的期限支付利息；⑥借款人应当按照约定的期限返还借款，否则应当按照约定或者国家有关规定支付逾期利息；⑦对借款期限没有约定或者约定不明确，借款人可以随时返还；⑧借款人提前返还借款的，除当事人另有约定外，应当按照实际借款的期间计算利息。

（2）贷款人的权利和义务包括：①贷款人应当按照约定的日期、数额提供借款，否则造成

---

[1] 结合第二章的第二节"信用征信法律规范"，在对贷款申请进行审查过程中，应注意对贷款人信用报告中个人或组织的信息保守秘密。

借款人损失的，应当赔偿损失；②借款的利息不得预先在本金中扣除，否则应当按照实际借款数额返还借款并计算利息；③贷款人按照约定可以检查、监督借款的使用情况；④借款人未按照约定的借款用途使用借款的，贷款人可以停止发放借款、提前收回借款或者解除合同；⑤对借款期限没有约定或者约定不明确，贷款人可以催告借款人在合理期限内返还；⑥禁止高利放贷，借款的利率不得违反国家有关规定。

（三）互联网贷款业务

商业银行互联网贷款，是指商业银行运用互联网和移动通信等信息通信技术，基于风险数据和风险模型进行交叉验证和风险管理，线上自动受理贷款申请及开展风险评估，并完成授信审批、合同签订、放款支付、贷后管理等核心业务环节操作，为符合条件的借款人提供的用于借款人消费、日常生产经营周转等的个人贷款和流动资金贷款。

1. 法律依据

互联网贷款业务具有高度依托大数据风险建模、全流程线上自动运作、极速审批放贷等特点，同时也容易出现过度授信、多头共债、资金用途不合规等问题。为规范商业银行互联网贷款业务经营行为，促进互联网贷款业务平稳健康发展，中国银保监会制定了《商业银行互联网贷款管理暂行办法》（以下简称《办法》），自 2020 年 7 月 17 日起施行。初步建立了商业银行互联网贷款业务制度框架。

2021 年 2 月 19 日中国银保监会印发了《关于进一步规范商业银行互联网贷款业务的通知》（以下简称《通知》）。《通知》根据《办法》授权，进一步落实商业银行互联网贷款风险控制，明确出资比例，严控商业银行跨区域经营。

2. 互联网贷款的授信额度

商业银行办理互联网贷款业务，应当遵循小额、短期的原则。单户个人信用贷款授信额度应当不超过人民币 30 万元。个人贷款期限不超过 1 年。

3. 互联网贷款的形式

商业银行应当与借款人及其他相关当事人采用数据电文形式签订书面借款合同及其他相关文书，已签订的借款合同应可供借款人随时调取查用。

视野拓展

民间借贷利息算法

4. 互联网贷款的管理

互联网贷款管理主要包括：规定互联网贷款业务授信审批、合同签订等核心风控环节应当由商业银行独立开展，要求商业银行将共同出资发放贷款纳入限额管理，按照收益风险匹配、适度分散等原则选择合作机构，加强集中度风险管理等。

二、对商业银行其他资产业务的法律规定

除了上述所谈到的贷款业务外，商业银行对通过负债业务形成的资金加以运用的资产业务还包括结算、同业存放、贴现、证券投资①等。这里只对结算、同业拆借以及经营这些业务活动

---

① "贴现、证券投资"可通过"商业银行实务"和"商业银行证券投资实务"等课程进行了解。

的法律规定予以介绍。

1. 商业银行的分业经营

在中华人民共和国境内，商业银行不得从事信托投资和证券经营业务，不得向非自用不动产投资或者向非银行金融机构和企业投资，但国家另有规定的除外。

2. 商业银行的结算业务

商业银行办理票据承兑、汇兑、委托收款等结算业务，应当按照规定的期限兑现，收付入账，不得压单、压票或者违反规定退票。有关兑现、收付入账期限的规定应当公布。

在结算关系中，银行是提供服务的金融机构，客户是被服务的对象。客户与银行在结算关系中地位平等，双方在结算过程中权利义务平等，结算内容公平，遵循诚实信用原则。

3. 商业银行的同业拆借业务

同业拆借，应当遵守中国人民银行的规定。拆入资金用于弥补票据结算、联行汇差头寸的不足和解决临时性周转资金的需要。禁止利用拆入资金发放固定资产贷款或者用于投资。拆出资金限于充足存款准备金、留足备付金和归还中国人民银行到期贷款之后的闲置资金。

4. 商业银行的账户业务

商业银行开立账户，应当遵守中国人民银行的规定，对账户开立、使用、撤销实施全流程管理，健全以风险防控为核心的账户管理制度，采取有效措施防止银行账户被用于非法活动。

5. 商业银行的衍生品交易业务

商业银行应当根据本机构的经营目标、资本实力、管理能力和衍生产品的风险特征，确定具体交易品种和规模。

商业银行开展衍生产品业务，应当符合中国人民银行、国务院银行业监督管理机构的规定，建立与所从事的衍生产品交易业务性质、规模和复杂程度相适应的风险管理体系、内部控制制度和业务处理系统。

三、商业银行的资本与风险管理

1. 资本充足率

商业银行应当遵守国务院银行业监督管理机构、中国人民银行规定的资本充足率最低要求，并按规定计提储备资本、逆周期资本、系统重要性附加资本、第二支柱资本等。

2. 资本管理

商业银行应当建立资本充足内部评估程序和可持续的资本补充机制，确保资本充足水平持续满足监管要求，充分覆盖所面临的各类风险。

3. 宏观审慎管理与风险监管

商业银行开展业务活动和实施经营管理行为，应当按照中国人民银行、国务院银行业监督管理机构的规定，遵守宏观审慎管理和风险管理要求，包括资本监管指标、资产管理指标、流动性监管指标、集中度监管指标、跨境资金逆周期监管指标以及其他宏观审慎管理和风险监管指标。

4. 风险管理机制

商业银行应当建立与其规模、业务类型和风险状况相适应的全面风险管理机制，并确保该机制运转有效、沟通顺畅；设立独立的风险管理部门；商业银行董事会及其风险管理委员会、监事会应当定期听取有关风险状况的专题报告，提出全面风险管理意见。

5. 风险管理策略

商业银行应当健全全面风险管理偏好、策略、政策和程序，准确判断本银行面临的主要风险，确定适当的风险容忍度，制定风险预警机制和应急计划，有效识别、计量、监测、控制并及时处置各类风险。

6. 跨境风险管理

设有境外机构或者开展境外业务的商业银行，应当将境外业务纳入全面风险管理体系，加强境外业务风险与合规管理。

7. 风险情况报送

商业银行应当及时向国务院银行业监督管理机构、中国人民银行以及存款保险基金管理机构报告可能或者已经发生的重大风险事件、应对措施以及处置情况。

【节前引例分析】

1．某市商业银行甲支行的行为违反了如下规定。

（1）3月12日发放给新盛股份有限公司的45万元的信用贷款，违反了《商业银行法》第40条的规定，即商业银行不得向关系人发放信用贷款。

（2）3月20日发放给某无缝钢管厂的50万元的信用贷款违反了《商业银行法》第35条的规定，商业银行贷款，应当对借款人的借款用途、偿还能力、还款方式等情况进行严格审查；第36条的规定，经商业银行审查、评估，确认借款人资信良好，确能偿还贷款的，可以不提供担保。本案中无缝钢管厂资产负债率已经高达166%，说明该借款人已经资不抵债，财务状况较差，不具备还贷的能力。

（3）甲支行4月12日在同一天有4笔贷款总计200万元均发放给同一企业，每笔均50万元，存在变相超授权发放贷款的行为。《商业银行法》第22条第2款规定：商业银行分支机构不具有法人资格，在总行授权范围内依法开展业务，其民事责任由总行承担。

（4）依据《商业银行法》第77条的规定，对商业银行"提供虚假的或者隐瞒重要事实的财务会计报告、报表和统计报表的"，由中国人民银行责令改正，并处20万元以上50万元以下罚款；情节特别严重或者逾期不改正的，中国人民银行可以建议银行业监督管理机构责令停业整顿或者吊销其经营许可证；构成犯罪的，依法追究刑事责任。

（5）4月9日发放的30万元个人担保贷款违反了《公司法》第16条第1款的规定，即公司向其他企业投资或者为他人提供担保，依照公司章程的规定，由董事会或者股东会、股东大会决议。

2．通过本节的学习并结合专业知识，从本案例中应解决的问题如下。

（1）借款人申请借款应具备合规的企业信用等级。企业信用等级分为AAA、AA、A、BBB、BB、B六级，一般前三级才享有发放信用贷款资格，如是第四级要加上月均存款余额在1000万元以上的存款大户企业的条件。

（2）审查贷款企业财务资产三张表（资产负债表、损益表、现金流量表）的作用。资产负债表全面综合地展示企业资产、负债和所有者权益的情况，以分析企业的偿债能力和获利能力。损益表是反映企业一定时期内利润或亏损情况的报表，可从总体上展示企业经营业绩和获利水平。现金流量表是反映企业现金流出、流入以及净流量增减变化的财务报表，可展示企业偿还债务的能力。

第四节　银行业监管法律规范

【引例】

信贷资金违规入市 银监会再敲风险警钟

2017年1月，某地银监局根据发现的线索，对A银行和B银行的短期贷款进行了检查。在检查中发现自2013年以来，两家银行给甲公司发放贷款23亿元用于水电站项目的建设。但是在全部贷款中，有87%的银行信贷资金被企业挪用，其中，6亿元被划入与甲公司有关联的房地产企业，1亿元被挪用于证券市场和其他方面。对于上述违规事实情况，银监局认为，对于甲公司挪用贷款的违规行为，银行存在贷前调查不尽职、贷时审查不审慎、贷后监控不到位等方面问题，因此银监局将对涉及甲公司挪用短期贷款进入房地产市场、证券市场和其他方面的A银行和B银行等两家机构给予罚款和其他行政处罚。

问题：（1）结合案例，谈谈对上述信贷资金违规入市监管的法律依据。

（2）谈一谈银行业经营的法律风险。

一、银行业监管立法

2003年全国人大常委会通过了《中华人民共和国银行业监督管理法》（以下简称《银行业监督管理法》），自2004年2月1日起实施；在2006年10月31日全国人大常委会进行了第一次修正，并于2007年1月1日起施行；该法是世界上第一部专门性的银行业监管法，从法律上明确了银行业监督管理机构的法律地位和我国银行业的监管体制。

1. 银行业监管法的立法宗旨

视野拓展

贷款的违规和违法之间的关联性

银行业监管法的立法宗旨在于通过加强对银行业的监督管理，规范监督管理行为，防范和化解银行业风险，保护存款人和其他客户的合法权益。

2. 银行业监管法的监管对象

银行业监督管理机构依法对银行业金融机构及其业务活动实施监督管理。这里所称的银行业金融机构，是指在中华人民共和国境内设立的商业银行、城市信用社、农村信用社等吸收公众存款的金融机构和政策性银行。金融资产管理公司、信托投资公司、财务公司、金融租赁公司以及经银行业监督管理机构批准设立的其他金融机构也属于银行业监督管理机构的监管对象。

3. 银行业监管的目标和原则

我国银行业监督管理的目标是：促进银行业的合法、稳健运行，维护公众对银行业的信心；保护银行业公平竞争，提高银行业的竞争能力。

我国银行业监管活动应遵循以下四项原则。

第一，依法、公开、公平和效率原则。

第二，独立监管原则。银行业监管的独立性原则是指监管部门依法独立行使监管职责，不受地方政府、各级政府部门、社会团体和个人的干涉。

第三，监管信息共享和监管协调原则。《银行业监督管理法》将原来由中国人民银行履行的银行业金融机构监管职能转交给银行业监督管理机构。这些职能包括：制定有关银行业监督管理的规章、规则；审查批准银行业金融机构及其分支机构的设立、变更、终止及其业务范围；对银行业自律组织的活动进行指导和监督等。中央银行在依法监测金融市场的运行情况，对金融市场实施宏观调控的同时，还保留了部分监管职能，如监管银行间同业拆借市场、银行间债券市场、银行间外汇市场和黄金市场等。

第四，国际合作与跨境监管原则。法律授权银行业监督管理机构与其他国家和地区的银行业监督管理机构建立监督管理合作机制，共同实施跨境监督管理。

二、银行业监督管理机构

2003 年 3 月，根据《关于国务院机构改革方案的决定》，批准国务院成立中国银行业监督管理委员会（以下简称银监会）。同年 4 月 26 日确定由银监会履行原由中国人民银行履行的审批和监督管理银行、金融资产管理公司、信托投资公司及其他存款类金融机构等相关职责。2003 年 4 月，银监会作为国务院直属正部级事业机构正式对外挂牌，开始履行职责。2018 年 3 月，第十三届全国人民代表大会第一次会议表决通过了《关于国务院机构改革方案的决定》，银监会、保监会两会合并，设立中国银行保险监督管理委员会。

（一）机构设置

银行业监督管理机构内部设若干职能机构，它还根据履行职责的需要，在各省、自治区、直辖市和大连、青岛、厦门、深圳、宁波等计划单列市设立派出机构。派出机构根据银行业监督管理机构的授权，行使监督管理职责。

（二）监督管理职责

银行业监督管理机构的监督管理职责主要有规章规则制定权、行政许可权、检查监督权和其他监管职责。

1. 规章、规则制定权

规章、规则制定权包括规章制定权和审慎经营规则制定权。

2. 行政许可权

行政许可权是银行业监督管理机构的一项重要管理职责，主要包括：①对银行业市场准入审批和对银行业金融机构变更、终止及业务范围的审批（我国银行业监管对银行业市场准入实行核准主义）；②对银行业金融机构大股东的审查权；③对银行业金融机构业务范围内的业务品种的审查和备案权；④对银行业金融机构的董事和高级管理人员的任职资格审查权；⑤禁止非法设立银行业金融机构和非法从事银行业金融活动权。

3. 检查监督权

检查监督权包括非现场检查权和现场检查权。

（1）非现场检查权。银行业监督管理机构根据履行职责的需要，有权要求银行业金融机构按照规定报送资产负债表、利润表和其他财务会计和统计报表、经营管理资料及注册会计师出具的审计报告。非现场检查的关键在于报表数据的真实性、及时性以及科学的评级体系。银行业监督管理机构应当责令银行业金融机构按照规定，如实向社会公众披露财务会计报告、风险管理状况、董事和高级管理人员变更以及其他重大事项等信息。

（2）现场检查权。现场检查是指银行业监督管理机构在法律、行政法规、规章赋予的职责范围内，根据审慎原则而采取的进入金融机构进行实地检查的一种监管方式。

4. 其他监管职责

银行业监督管理机构履行的其他职责包括：①对银行业金融机构实行并表监管；②会同有关部门建立银行业突发事件处置制度，及时、有效地处置银行业突发事件；③负责统一编制全国银行业金融机构的统计数据、报表，并按照国家有关规定予以公布；④对银行业自律组织的活动进行指导和监督；⑤开展与银行业监督管理有关的国际交流、合作活动；⑥对已经或者可能发生信用危机，严重影响存款人和其他客户合法权益的银行业金融机构实行接管或者促成机构重组；⑦对有违法经营、经营管理不善等情形银行业金融机构予以撤销；⑧对涉嫌金融违法的银行业金融机构及其工作人员以及关联行为人的账户予以查询，对涉嫌转移或者隐匿违法资金的申请司法机关予以冻结；⑨对擅自设立银行业金融机构或非法从事银行业金融机构业务活动予以取缔；⑩负责国有重点银行业金融机构监事会的日常管理工作；⑪承办国务院交办的其他监管职责。

（三）监督管理措施

> **提示**：审慎经营规则包括风险管理、内部控制、资本充足率、资产质量、损失准备金、风险集中、关联交易、资产流动性等内容。

银行业监督管理机构在依法履行职责的过程中，应当采取的监督管理措施主要有以下几个。

1. 对违反审慎经营规则的强制性监管措施

银行业金融机构的审慎经营规则，由法律、行政法规规定，也可以由银行业监督管理机构依照法律、行政法规制定。对于银行业金融机构违反审慎经营规则的，银行业监督管理机构或者其省一级派出机构应当责令限期改正。逾期未改正的，或者严重危及该银行业金融机构的稳健运行、损害存款人和其他客户合法权益的，经上述监管机构负责人批准，区别情形，采取下列措施：①责令暂停部分业务、停止批准开办新业务；②限制分配红利和其他收入；③限制资产转让；④责令控股股东转让股权或者限制有关股东的权利；⑤责令调整董事、高级管理人员或者限制其权利；⑥停止批准增设分支机构。

银行业金融机构整改后，应当向银行业监督管理机构或者其省一级派出机构提交报告，经验收符合有关审慎经营规则的，自验收完毕之日起3日内解除对其采取的上述规定的有关措施。

2. 对银行业金融机构的接管、重组和撤销

银行业金融机构已经或者可能发生信用危机，严重影响存款人和其他客户合法权益的，银行业监督管理机构可依法对该银行业金融机构实行接管或者促成机构重组；对有违法经营、经

营管理不善，严重危害金融秩序、损害公共利益的，有权予以撤销。

在接管、机构重组或者撤销清算期间，经银行业监督管理机构负责人批准，对直接负责的董事、高级管理人员和其他直接责任人员，可以采取通知出境管理机关依法阻止其出境和申请司法机关禁止其转移、转让财产或者对其财产设定其他权利等措施。

知识点测试

一、单项选择题

1. 商业银行的经营原则不包括（　　　）

    A．公平性　　　　　　B．安全性　　　　　　C．流动性　　　　　　D．效益性

2. 在以转账方式存款的情况下，合同自（　　　），存款合同成立。

    A．收款人收到银行提示收到款项信息时　　　　B．存款机构收讫款项并记入存款人账户时

    C．存款机构收讫款项时　　　　　　　　　　　D．存款人看到转账成功提示时

3. "审批金融机构的设立、变更、终止及其业务范围"应由（　　　）负责。

    A．国务院　　　　　　　　　　　　　　　　　B．财政部

    C．银行业监督管理机构　　　　　　　　　　　D．中国人民银行

4. 贾某与 N 银行签订 10 万元的借款合同用于经营化肥生意，在借款贷出后，贾某没有将借款用于购买化肥而是用于炒股。下列说法正确的是（　　　）。

    A．贾某属于违反借款合同约定的用途，N 银行在贷款跟踪调查情况属实后，无论合同是否到期都有权解除合同，收回贷款并取得相应的利息

    B．贾某属于违反借款合同约定的用途，N 银行在贷款跟踪调查情况属实后，如果借款合同没有到期，N 银行是无权解除合同，提前收回贷款的

    C．贾某有权决定贷款的使用，只要到期能偿还贷款本金和利息就可以

    D．虽因贾某改变借款用途，但因合同并未到期，N 银行单方面解除借款合同属于违约行为

5. 商业银行的负债业务包括（　　　）。

    A．发放贷款　　　　B．吸收存款　　　　C．中间业务　　　　D．收取手续费

6. 商业银行是（　　　）。

    A．以营利为目的的企业法人　　　　　　　　B．不以营利为目的的企业法人

    C．以保本经营为目的的企业法人　　　　　　D．以营利为目的的事业法人

7. 商业银行设立分支机构应当经（　　　）审查批准。

    A．当地中国人民银行　　　　　　　　　　　B．商业银行总行

    C．当地银行业监督管理机构　　　　　　　　D．商业银行董事会

8. 如果发现存单丢失后，紧急情况下储户不能办理书面挂失手续，而用电话、电函形式挂失的，则须在挂失（　　　）日内补办书面挂失手续。

    A．7　　　　　　　　B．10　　　　　　　　C．3　　　　　　　　D．5

9. （　　　）应当对商业银行财务报告签字确认，对财务报告及其他披露材料的真实性、准确性和完整性承担主要责任。

    A．商业银行财务部门负责人　　　　　　　　B．商业银行主管财务的负责人

C．商业银行董事长　　　　　　　　　D．商业银行财务部门经办人员

10．商业银行办理互联网贷款业务，互联网贷款的授信额度，单户个人信用贷款授信额度应当不超过人民币（　　）万元。个人贷款期限不超过（　　）年。

　　A．30　2　　　　　B．10　1　　　　　C．10　2　　　　　D．30　1

二、多项选择题

1．下列选项中，符合《商业银行法》规定的是（　　）。

　　A．商业银行发放贷款应以担保为主

　　B．商业银行发放贷款应遵循资产负债比例管理的规定

　　C．商业银行对关系人不能发放贷款

　　D．商业银行可以发放短期、中期和长期贷款

2．关于互联网贷款的授信额度，下列说法正确的是（　　）。

　　A．商业银行办理互联网贷款业务，应当遵循小额、短期的原则

　　B．个人贷款期限不超过3年

　　C．单户个人信用贷款授信额度应当不超过人民币30万元

　　D．个人贷款期限不超过1年

3．商业银行发放贷款应做到（　　）。

　　A．借款人应提供担保

　　B．应订立书面借款合同

　　C．应在中国人民银行规定的利率幅度内确定贷款利率

　　D．自营贷款期限一般不超过10年

4．商业银行用于同业拆借的拆出资金限于下列何种情况以后的资金？（　　）

　　A．交足存款准备金　　　　　　　　　B．留足备付金

　　C．归还中国人民银行到期贷款　　　　D．留足当月到期的偿债资金

5．商业银行的设立应依据（　　）。

　　A．《商业银行法》　　　　　　　　　B．《公司法》

　　C．《银行业监督管理法》　　　　　　D．《中国人民银行法》

6．银行业监督管理机构应当责令银行业金融机构按照规定，如实向社会披露（　　）等信息。

　　A．财务会计报表　　　　　　　　　　B．风险管理状况

　　C．董事和高级管理人员变更　　　　　D．其他重大事项

7．商业银行担保贷款除应符合（　　）对抵押和质押的有关规定。

　　A．《民法典》　　　　　　　　　　　B．《商业银行法》

　　C．《中国人民银行法》　　　　　　　D．《银行业监督管理法》

8．某商业银行开展有奖储蓄活动，规定凡是在该银行存款超过3万元的，每超过1000元奖励50元。该商业银行的做法是（　　）。

　　A．该商业银行的行为是一种合法的正常的业务活动

　　B．该商业银行的行为是一种不正当竞争行为

　　C．该商业银行的行为是一种变相的抬高利息的行为

　　D．该商业银行的行为是一种正常的商家促销行为

9．商业银行应当按照规定向银行业监督管理机构、中国人民银行报送（　　）。

　　A．资产负债表　　　　　　　　　　　B．利润表

C．财务会计报表和资料　　　　　　　D．统计报表和资料

10．根据《商业银行法》关于同业拆借的规定，拆入资金用于（　　　）的需要。

A．发放固定资产贷款　　　　　　　　B．弥补票据结算

C．弥补联行汇差头寸的不足　　　　　D．解决临时性周转资金

三、判断题

1．我们手上的存款合同不是格式合同，而仅是在银行存款的证明。（　　　）

2．商业银行分支机构具有独立的法人资格。（　　　）

3．商业银行及其分支机构的设立应当经过中国人民银行的审核和备案。（　　　）

4．商业银行对个人储蓄存款，有权拒绝任何单位或者个人的查询、冻结、扣划，但法律另有规定的除外。（　　　）

5．存款合同是实践合同，存款客户不用将款项交付存款机构，只要双方签订存款合同，存款合同就成立。（　　　）

6．在存单挂失时，特殊情况下可以用口头或者函电形式申请挂失。（　　　）

7．银行的存单或进账单是存款债权的法律凭证，也是存款合同的表现形式。（　　　）

8．商业银行因解散、被撤销或被依法宣告破产而终止。（　　　）

9．商业银行向关系人发放信用贷款的条件不得优于其他借款人。（　　　）

10．商业银行有权拒绝任何单位和个人强令要求其发放贷款或者提供担保。（　　　）

四、案例分析题

案例一

2018 年 3 月，A 房地产有限责任公司因开发某住宅小区，向 B 银行申请个人住房按揭贷款，额度为15 000 万元。B 银行在进行法律审查时发现：该公司（下称前公司）成立于 2014 年 1 月，后多次变更企业名称。2018 年 12 月 21 日又以同一名称重新领取法人营业执照（下称后公司）。

该项目"五证一文"齐全，但仔细审查发现：除国有土地使用权证外，其余证书的形成日期均为 2014 年 6 月。从时间上推算，国有土地使用权证是针对后公司颁发的，而其他"四证一文"则是针对前公司而出具。

经查询工商登记资料：前后两公司名称虽然一致，实质上却完全不同。前公司股东为一个自然人与一个法人，后来变更为 C 房地产有限公司；而后公司为个人独资，其前身为 D 销售有限公司。这就说明，前后两公司不是一脉相承，而是并列存在。

问题：（1）结合上述案例，根据《商业银行法》的规定，简述商业银行发放贷款时享有哪些对贷款的审查权利。

（2）结合基础法律知识，判断本例中 A 房地产有限责任公司是否拥有贷款人资格。

（3）这个案例能给我们带来什么启示？

案例二

2017 年 9 月，甲银行向乙银行拆入资金 2000 万元人民币。此时，股票市场和房地产市场十分火爆，甲银行见有利可图，便将拆入资金一半投资于股票市场，另一半借贷给某房地产公司用以房地产开发。直到 2018 年 10 月甲银行才向乙银行归还该笔拆入款。

问题：（1）甲银行在拆入资金的期限和使用上有哪些违法之处？

（2）我国《商业银行法》对拆入资金的用途有哪些特别规定？

课 外 实 训

背景资料

　　2016年4月，程某某与A行所辖B支行签订了一份个人汽车消费贷款合同，合同约定贷款金额为180 000元，贷款期限为36个月（2016年4月3日至2019年4月2日）。同时，合同约定借款人应于每月10日前归还每期应还的本金和利息。该贷款合同已在当地公证部门办理了公证。2016年4月3日，B支行向该借款人程某某发放了全部贷款，B支行从次月3日开始扣收贷款本息。

　　程某某于2018年9月14日提前归还全部贷款，但在还款过程中，因其将每期应还款交由汽车经销商，而经销商未按期交付贷款行导致该借款人累计违约达23次，从而产生不良信用记录。程某某要求B支行删除其不良信用记录。协商不成后，遂将A行和汽车经销商诉至人民法院，要求判决A行停止侵害、恢复名誉，连带赔偿原告各项损失32 000元。

实训知识领域

　　（1）本案的诉讼主体是A行还是B支行？B支行是商业银行的分支机构能否作为独立的诉讼主体？

　　（2）B支行、程某某和汽车经销商之间的法律关系如何体现？

实训方式

　　模拟法庭。

实训解决的问题

　　注意知识消费信贷涉及的法律关系。

实训目的

　　（1）明确贷前告知义务和贷后跟踪监督义务和责任。

　　（2）熟悉合法、合规的贷款流程，明确当事人之间的权利和义务。

实训步骤

　　1. 模拟法庭的准备

　　（1）人员的分组：法庭的组成人员（合议庭组成人员）、诉讼参加人（当事人、诉讼代理人）。

　　（2）台词、服装和道具的准备，台词注意查找适用背景案例的相关法条。

　　2. 模拟法庭程序

　　（1）案例简介（以表演的形式演绎案情）。

　　（2）法庭审理第一阶段（宣读起诉书、进行法庭调查、双方出示证据等）。

　　（3）法庭审理第二阶段（当事人双方进行质证并发表辩护意见，由合议庭闭庭合议）。

　　（4）法庭审理第三阶段（宣读判决书）。

　　（5）指导教师点评。

实训提示

第四章

票据、银行卡业务结算法律规范

【学习指导】

学习要点	衔接的主要核心专业课程	课外要求
1. 票据法的基本规定及运用。 2. 银行卡业务和银行卡持有、使用的基本法律规范。	金融基础、商业银行业务、金融企业会计等。	从网上查阅各种票据的结算流程并根据法律规定理解相应的票据行为，掌握电子票据和银行卡知识。

第一节 票据概述

【引例】

我国票据的起源可以追溯到唐代。唐宪宗时期（805—820），各地茶商进行交易，往来频繁，但交通不便，携带款项困难。为方便起见，有人创制了飞钱。商人在京城长安（今西安）把现金支付给地方（各道）驻京的进奏院及各军各使等机关，或者在各地设有联号的富商，由他们发给半联票券，另半联票券则及时送往有关的院、号，持券的商人到目的地后，凭半联票券与地方的有关院、号进行"合券"，然后支取现金。当时，飞钱只是一种运输、支取现金的工具，不是通用的货币。宋太祖开宝三年（公元970年），官府设官号"便钱务"。商人向"便钱务"纳付现金，请求发给"便钱"；商人持"便钱"到目的地向地方官府提示付款时，地方官府应当日付款，不得停滞。这种"便钱"类似现代的"见票即付"汇票。宋真宗时期（997—1022），蜀地（今四川）出现"交子"，地方富户联办"交子铺"，发行称为"交子"的票券，供作异地运送现款之工具。"交子"与现代的本票相似。

明朝末年，山西地区商业发达，商人设立"票号"，在各地设立分号，经营汇兑业务以及存放款业务。名为汇券、汇兑票、汇条、庄票、期票等的金钱票券大为流行，票号逐渐演变，叫作"钱庄"，19世纪中叶进入盛期。票号签发的这些票券，类似现代的汇票和本票。

清朝末年，我国经济陷入困境，在西方兴起的银行业强势进入我国，钱庄逐渐衰落，我国固有的票据规则被外来票据制度所取代。

一、票据的概念和特征

关于票据，有广义和狭义之分。广义上的票据包括各种有价证券和凭证，如股票、国库券、企业债券、发票、提单等；狭义上的票据则仅指《票据法》上规定的票据。1995年5月10日，全国人大常委会通过了《中华人民共和国票据法》（以下简称《票据法》），并于1996年1月1

日起施行。目前，我国已初步建立起比较完善的票据法律制度。

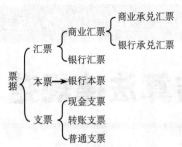

图 4.1　票据的分类

票据是由出票人签发的、约定自己或者委托付款人在见票时或指定的日期向收款人或持票人无条件支付一定金额并可转让的有价证券。我国《票据法》对票据的分类见图 4.1。

一般来说，票据具有支付、汇兑、信用、结算和融资等功能。其特征主要表现在以下几个方面。

（1）票据是设权证券。设权证券是指票据权利的发生必须首先做成证券。做成证券的票据的作用在于创设一定的权利。

（2）票据是债权证券。票据所表示的权利，是一种以一定金额的给付为标准的债权。票据持有人可以对票据记载的一定数量的金钱向票据的特定债务人行使请求付款权，因此票据是一种金钱债权证券。

（3）票据是文义证券。票据所创设的权利义务内容，完全依票据上所载文义而定，而不能任意解释或者根据票据以外的任何其他文件确定。即使票据上记载的文义有错，也要以该文义为准。例如，当票据上记载的出票日与实际出票日不一致时，以票据上所记载日期为准。

（4）票据是要式证券。票据的做成格式和记载事项都由法律严格规定，不按法律规定做成票据或不按法律规定记载事项，会影响票据的效力甚至造成票据无效。此外，票据的签发、转让、承兑、付款、追索等行为，也必须严格按照票据法规定的程序和方式进行方为有效。

（5）票据是无因证券。票据上的法律关系只是单纯的金钱支付关系，权利人享有票据权利只以持有票据为必要，至于这种支付关系的原因或者说权利人取得票据的原因均可不问，即使这种原因关系无效，对票据关系也不产生影响。<u>持有票据的人行使权利时无须说明其取得票据的原因</u>。

（6）票据是流通证券。流通性是票据最本质的特征。<u>票据上的权利经背书或单纯交付即可让与他人，无须依照民法有关债权让与的有关规定，这就是票据的流通性</u>。

（7）票据是完全有价证券。证券与权利不可分离时，票据上权利的发生、转移、行使，均须依票据执行，因此票据为完全有价证券。

　**关联案例**

可以以基础关系的瑕疵拒绝承担票据责任吗

原告： 某医药公司。

被告： 某商业银行。

2018 年 12 月 10 日，某建筑公司为购买建筑器材，向某钢筋生产厂出具了一张银行承兑汇票，付款方为被告某商业银行，付款期为出票后三个月，票载金额为人民币 500 万元，收款人为某钢筋生产厂。2019 年 1 月 3 日，某钢筋生产厂将该票据提示承兑，同日将该票据背书转让给 C 钢材厂。2019 年 2 月 15 日，C 钢材厂又将该票据转让给原告某医药公司。2019 年 3 月 15 日，原告某医药公司持该汇票要求被告某商业银行付款，被告以钢筋生产厂所供的钢筋质量不符合合同约定为由予以退票。同年 5 月 10 日，原告某医药公司向人民法院提起诉讼，要求被告承担票据责任。

法院审理结果： 人民法院审理后认为，票据的最大特征在于其流通性和无因性，票据签发之后，票据关系就与赖以签发的原因关系相分离，承兑人不能以原因关系对抗持票人的合法票据权利，故依法判决被告某商业银行承担票据责任。

二、票据法律关系

票据法律关系是由《票据法》所规定的票据当事人之间在票据的签发和转让等过程中发生的权利义务关系。

（一）票据法律关系的构成

票据法律关系的三大构成要素包括主体、客体和内容。

1. 票据法律关系的主体

票据法律关系的主体是指票据法律关系的当事人，即在票据法律关系中，享有票据权利、承担票据义务的主体。票据当事人可分为基本当事人和非基本当事人。

（1）基本当事人。票据基本当事人是指在票据做成和交付时就已经存在的当事人，包括出票人、付款人和收款人三种。汇票和支票的基本当事人有出票人、付款人和收款人；本票的基本当事人有出票人和收款人。

（2）非基本当事人。非基本当事人是指在票据做成并交付后，通过一定的票据行为加入票据关系而享有一定权利、承担一定义务的当事人，包括承兑人、背书人、被背书人、保证人等。

2. 票据法律关系的内容

票据法律关系的内容是指票据法律关系的主体依法所享有的权利和承担的义务。

票据权利是权利主体所享有的、请求义务主体支付票据金额的权利，包括付款请求权和追索权（关于付款请求权和追索权在后面"票据权利"中予以详细介绍）；票据义务表现为一种票据债务，是义务主体必须履行的、满足权利主体依票据而享有的权利要求的责任，如付款义务、承兑义务、担保付款义务等。

3. 票据法律关系的客体

票据法律关系的客体是指票据法律关系的权利和义务所共同指向的对象。票据是"金钱债权证券"，即票据上体现的权利性质是财产权而不是其他权利，财产权的内容是请求支付一定的金钱而不是物品。所以客体只能是一定数额的金钱。

（二）票据关系与票据基础关系

（1）票据关系的发生总是以票据的基础关系为原因和前提。如基于购买货物而授受票据，购货关系即是票据的基础关系。对于基础关系，我国《票据法》要求：票据的签发、取得和转让，应当遵循诚实信用原则，具有真实的交易关系和债权债务关系。

（2）票据关系一经形成，就与基础关系相分离，基础关系是否存在、是否有效，对票据关系都不产生影响。这就是票据的"无因性"。票据只要符合法定的形式要件，票据关系就是有效的。债务人不得以没有真实交易和债权债务关系为由进行抗辩。注意，如果持票人是不履行约定义务的与自己有直接债权债务关系的人，票据债务人则可以进行抗辩。

（3）票据关系因一定原因无效，亦不影响基础关系的效力。持票人因超过票据权利时效或者因票据记载事项欠缺而丧失票据权利的，仍享有民事权利，可以请求出票人或者承兑人返还其与未支付的票据金额相当的利益。

第二节 票据行为

【引例】

一天，某农村信用社负责人找到律师甲咨询如下问题。

该信用社前不久为一位客户贴现了一张银行承兑的商业汇票，在汇票到期时，该社向承兑银行收取票款，但遭拒付。拒付理由是，该汇票在出票时已记明"不得转让"，将该汇票贴现是一种转让行为，因此承兑人不负保证付款的责任。该社认为，票据的贴现只是贴现行将该汇票作质押，向持票人融通资金的行为，不属于票据转让，因此承兑银行拒付票款是无理的。

问题：结合专业知识和下面的学习，思考银行的票据贴现行为实质上是票据的背书转让行为还是票据质押行为。简单给出咨询意见。

票据行为是指票据当事人以发生票据债务为目的的、以在票据上签名或盖章为权利义务成立要件的法律行为。理论上将票据行为分为基本的票据行为和附属的票据行为。基本的票据行为是创设票据的行为，即出票行为。出票行为有效成立后，票据才可以有效存在。票据上的权利义务关系都是由出票行为引起的。附属的票据行为是指出票行为以外的其他行为，是以出票为前提，在已成立的票据上所做的行为。附属票据行为有效成立的前提是基本票据行为的有效。

票据行为是一种民事法律行为，故其必须符合民事法律行为成立的一般条件。

一、具体的票据行为

依据我国《票据法》的规定，票据行为具体包括出票、背书、承兑和保证。

（一）出票

出票是指出票人签发票据并将其交付给收款人的行为。

出票包括两个行为：一是出票人依照票据法的规定做成票据，即在原始票据上记载法定事项并签章；二是交付票据，即将做成的票据交付给他人占有。票据上的一切权利义务均因出票而产生，出票人是债务人，持票人是债权人。只有制作并交付了票据，才算完成了出票行为。

1. 出票的基本要求

出票人在为票据行为时，必须与付款人具有真实的委托付款关系，并且具有支付汇票金额的可靠资金来源；汇票的出票人不得签发无对价的汇票用以骗取银行或者其他票据当事人的资金。

2. 出票的记载事项

出票记载事项是指出票时依法在票据上记载的与票据相关的内容。出票时，票据上的记载事项应当真实，不得伪造、变造。出票记载事项分为绝对记载事项、相对记载事项和任意记载事项。

绝对记载事项是指《票据法》明文规定出票时必须记载的事项，如没有记载，则票据为无效票据。我国《票据法》第 22 条规定了汇票的七项绝对记载事项，第 75 条规定了本票的六项绝对记载事项，第 84 条规定了支票的六项绝对记载事项[①]。

按照我国《票据法》调整的票据种类，出票时，票据共同绝对记载的内容有以下四个方面。

第一，表明票据的文字。制作票据时，首先应记载表明何种票据的字样。实践中，表明何种票据的字样已经事先印制。根据《票据法》第 108 条的规定，汇票、本票、支票的格式应当统一。票据凭证的格式和印制管理办法由中国人民银行规定。

第二，票据金额的记载。票据金额以中文大写和数码同时记载，二者必须一致；二者不一致的，票据无效。

第三，票据收款人的记载。名称记载应当用全称或者规范化的简称。

第四，出票日期的记载。出票日期的记载应当依照支付结算制度规定的要求规范填写。

注意： 票据金额、日期、收款人名称不得更改，更改的票据无效。对其他记载事项，原记载人可以更改，更改时应当由原记载人在更改处签章证明。

相对记载事项是指某些应该记载而未记载，适用法律的有关规定而不使票据失效的事项。我国《票据法》第 23 条、76 条和 86 条对票据的相对记载事项都做了规定，如表 4.1 所示。

表 4.1 《票据法》对票据相对记载事项的规定

情 形	汇 票	本 票	支 票
未记载付款日期	见票即付	付款日期为法定，无须在票据上记载	付款日期为法定，无须在票据上记载
未记载付款地	付款人的营业场所、住所或者经常居住地为付款地	出票人的营业场所为付款地	付款人的营业场所为付款地
未记载出票地	出票人的营业场所、住所或者经常居住地为出票地	出票人的营业场所为出票地	出票人的营业场所、住所或者经常居住地为出票地

任意记载事项是指不强制当事人必须记载而允许当事人自行选择，不记载不影响票据效力，记载时则产生票据效力的事项。例如，出票人在汇票上记载"不得转让"字样的，汇票不得转让，其中的"不得转让"事项即为任意记载事项。

3. 出票的效力

出票是以创设票据权利为目的的票据行为。所以，出票人依照《票据法》的规定完成出票行为之后，票据即产生票据上的效力。出票人签发票据后，即承担该票据承兑或付款的责任。

（二）背书

背书是指在票据背面或者粘单上记载有关事项并签章的行为（见图 4.2）。若票据凭证不能满足背书人记载事项的需要，则可以加附粘单，粘附于票据凭证上。粘单上的第一记载人应当在票据和粘单的粘接处签章。

[①] 对支票中关于"金额"和"收款人"记载的特殊规定见本章第四节"三、支票"。

被背书人	被背书人	
		〈贴粘单处〉
背书人签章 年 月 日	背书人签章 年 月 日	

图 4.2　银行承兑汇票背面的背书栏

微课堂
背书

1. 背书记载的事项

背书是一种要式行为，必须符合法定的形式。记载事项包括绝对记载事项和相对记载事项。

（1）绝对记载事项。背书人签章和被背书人名称属于绝对记载事项，<u>背书人背书时，应当在票据上签章并记载背书日期，背书才能成立。票据以背书转让或者以背书将一定的票据权利授予他人行使时，必须记载被背书人名称，背书人未签章的，背书行为无效。</u>如果背书人未记载被背书人名称即将票据交付他人，则持票人在票据被背书人栏内记载自己的名称与背书人记载具有同等法律效力。

（2）相对记载事项。背书日期属于相对记载事项，背书未记载日期的，视为在汇票到期日前背书。

2. 背书的形式

一般来说，按照背书的目的可将背书分为转让背书和非转让背书。

（1）转让背书是指持票人以完全转让票据上的权利为目的，而在票据上进行的背书，其效力在于使票据上的权利发生转移。

（2）非转让背书是指持票人不以转让票据上的权利为目的，而是以授予他人权利为目的在票据上进行的背书。

非转让背书又包括委托收款背书和质押背书。

委托收款背书是指委托他人代替自己行使票据权利，以收取票据金额为目的的背书。委托收款背书不是票据权利的转让，是代理权在票据上的体现，被背书人是背书人的代理人，而背书人则是被代理人，被背书人（代理人）收取的票据金额应归于背书人（被代理人）。<u>背书记载"委托收款"字样的，被背书人有权代背书人行使被委托的汇票权利。但是，被背书人不得再以背书转让汇票权利。</u>

> **提示**：商业银行在办理质押融资业务时，尽量不以质押合同的形式确定票据质权，规范的质押背书才是确保质权有效性的最好证据。

质押背书是指以设定质权提供债务担保为目的在票据上进行的背书。在质押背书中，背书人为出质人，被背书人为质权人。质押时应当以背书记载"质押"字样并签章，被背书人依法实现其质权时，可以行使票据权利。<u>注意，以汇票设定质押时，出质人在汇票上只记载了"质押"字样而未在票据上签章的，或者出质人未在汇票、粘单上记载"质押"字样而另行签订质押合同、质押条款的，不构成票据质押。</u>

3. 背书连续

背书连续是指在票据转让中，转让汇票的背书人与受让汇票的被背书人在汇票上的签章依次前后衔接（见图 4.3）。以背书转让的汇票，背书应当连续。持票人以背书的连续，证明其票据权利；非经背书转让，而以其他合法方式取得票据的，依法举证，证明其票据权利。如果背书不连续的，付款人可以拒绝向持票人付款。

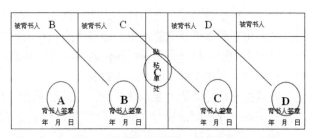

图 4.3 背书、粘单以及背书的连续

付款人及其代理付款人付款时，应当审查背书的连续性，并审查提示付款人的合法身份证明或有效证件。付款人及其代理付款人以恶意或者有重大过失付款的，应当自行承担责任。

4. 附条件背书

《票据法》明确规定了背书不得附有条件。背书时附有条件的，所附条件不具有汇票上的效力。例如，甲、乙公司签订了一份购销合同。甲以银行承兑汇票付款，并在汇票的背书栏记载有"若乙不按期履行交货义务，则不享有票据权利"。两个月后，乙因贸易关系将此汇票背书转让给丙。甲的背书实际上就是在背书中写入了一个条件条款，形成了所谓的"附条件背书"，而依照《票据法》关于背书的规定，该条件并不具有汇票上的效力。所以无论乙交货与否，乙背书的行为均有效。判断丙是否享有票据权利，只需要看背书是否连续即可，不受其他条件的影响。

5. 不得背书转让的情形

票据被拒绝承兑、被拒绝付款或者超过付款提示期限的，不得背书转让；背书转让的背书人应当承担票据责任。

（三）承兑

承兑是指汇票付款人在票据上承诺在汇票到期日支付汇票金额的票据行为。承兑是商业汇票特有的制度，银行汇票无须承兑。图 4.4 为承兑汇票示例。

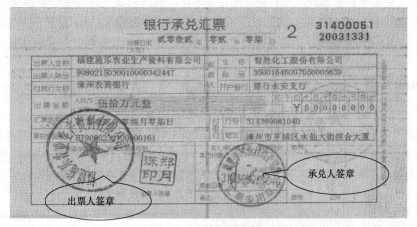

图 4.4 承兑汇票示例

1. 承兑的程序

第一，提示承兑。它是指持票人向付款人出示汇票，并要求付款人承诺付款的行为。定日付款或者出票后定期付款的汇票，持票人应当在汇票到期日前向付款人提示承兑；否则，即丧失对其前手的追索权。见票后定期付款的汇票，持票人应当自出票日起 1 个月内向付款人提示承兑；否则，即丧失对其前手的追索权。

无须提示承兑汇票主要包括两种：一是汇票上明确记载有"见票即付"的汇票；二是汇票上没有记载付款日期，视为"见票即付"，目前主要是指银行汇票。

第二，受理承兑。①提示承兑的汇票，汇票正面有提示承兑的文句记载，实务中，"本汇票请××予以承兑，于到期日无条件付款"等文句已经事先印刷在汇票的正面，出票人无须另行记载；②付款人对向承兑人提示承兑的汇票，应当自收到提示承兑的汇票之日起 3 日内承兑或者拒绝承兑；③承兑人收到持票人提示承兑的汇票时，应当向持票人签发收到汇票的回单，回单上应当说明汇票提示承兑日期并签章。这一手续办理完毕，即意味着接受承兑。

第三，承兑的格式。①承兑人承兑时应当有无条件支付委托的支付文句记载。在实务中，通常以"本汇票已经承兑，到期日由××付款"的文句表示，已经事先印刷在汇票的正面，无须承兑人另行记载。②付款人承兑汇票的，应当在汇票正面的承兑栏中记载承兑日期并签章。③见票后定期付款的汇票，应当在承兑时记载付款日期。

第四，退回已承兑的汇票。付款人依承兑格式填写完毕应记载事项后，并不意味着承兑生效，只有在其将已承兑的汇票退回持票人时才产生承兑的法律效力。

2. 附条件承兑

付款人承兑汇票，不得附有条件；承兑附有条件的，视为拒绝承兑。例如，A 公司在与 B 公司的交易中获得一张 100 万元的汇票，付款人为 C 公司，A 公司请求承兑时，C 公司在汇票上签注："承兑，B 公司款到后支付"。这样的承兑应视为 C 公司拒绝承兑，C 公司不承担付款责任。

3. 承兑的效力

付款人承兑汇票后，应当承担到期无条件付款的责任。具体表现在以下几方面：①汇票一经承兑，承兑人就成为汇票的主债务人，承兑人于汇票到期日必须向持票人无条件地当日足额付款，否则其必须承担迟延付款责任；②承兑人不得以其与出票人之间资金关系来对抗持票人，拒绝支付汇票金额；③承兑人的票据责任不因持票人未在法定期限提示付款而解除；④承兑人必须对汇票上的一切权利人承担责任，这些权利人包括付款请求权人和追索权人。

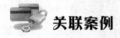 **关联案例**

承兑的效力

A 企业某年 4 月 1 日向 B 企业签发一张出票后 3 个月付款的银行承兑汇票，汇票金额为 100 万元，承兑人是甲银行。B 企业承兑以后背书转让给 C 企业，C 企业又背书转让给 D 企业。

问题：（1）汇票于 7 月 1 日到期以后，持票人 D 企业于 7 月 5 日向甲银行提示付款。甲银行以 A 企业的资金账户只有 80 万元为由拒绝付款，甲银行的主张是否符合法律规定？

（2）汇票于 7 月 1 日到期以后，持票人 D 企业于 7 月 15 日向甲银行提示付款，那么承兑人的付款责任可以解除吗？

解析：（1）甲银行的主张不符合法律规定。根据《票据法》的规定，承兑人不得以其与出票人之间资金关系来对抗持票人，拒绝支付汇票金额。汇票一经承兑，承兑人就成为汇票的主债务人，承兑人于汇票到期日必须向持票人无条件地当日足额付款，否则其必须承担迟延付款责任。

（2）本案中持票人 D 企业没有在法定期限内提示付款，则丧失对前手 B 企业和 C 企业的追索权，但可以向出票人 A 企业和甲银行进行追索。因为《票据法》规定"承兑人的票据责任不因持票人未在法定期限提示付款而解除"，所以甲银行仍然要对持票人 D 企业承担票据责任（见本章第四节对商业汇票提示付款期的介绍）。

（四）保证

保证即票据保证，是指票据债务人以外的第三人以担保特定债务人履行票据债务为目的，而在票据上所为的一种附属票据行为。

1. 保证的格式

保证是一种书面行为，保证人必须在汇票或粘单上记载下列事项：表明"保证"的字样；保证人名称和住所；被保证人的名称；保证日期；保证人签章。

如果是为出票人、承兑人保证的，则应记载于汇票的正面；如果是为背书人保证的，则应记载于汇票的背面或者粘单上。

如果另行签订保证合同或者保证条款，则不属于票据保证，而属于《民法典》中的保证担保。

> **想一想**
>
> 　附条件背书、附条件承兑和附条件保证这三者的法律后果有什么不同？

2. 附条件保证

保证不得附有条件；附有条件的，不影响对汇票的保证责任。

3. 保证的效力

保证一旦成立，保证人必须对保证行为承担相应的责任。

（1）保证人的责任。保证人对合法取得汇票的持票人所享有的汇票权利，承担保证责任。但是，被保证人的债务因汇票记载事项欠缺而无效的除外。保证人清偿汇票债务后，可以行使持票人对被保证人及其前手的追索权。

（2）共同保证人的责任。保证人为两人以上的，保证人之间承担连带责任。

二、票据签章

视野拓展

银行票据实务中的风险的防范

票据签章是指在票据和结算凭证上的签名、盖章或者签名加盖章。

法人和其他使用票据的单位在票据上的签章，除应当加盖该法人和单位的公章，还应当加盖其法定代表人或者其授权的代理人的签章；个人在票据和结算凭证上的签章，应为该个人本名的签名或盖章。在银行开立结算账户的单位，预留银行的印章是财务专用章的，票据签章也可以是财务专用章加法定代表人个人名章或授权代理人个人名章。

第三节　票据权利和票据的丧失与补救

【引例】

老王将一张 10 万元的现金支票装在衣服口袋，而他妻子不知情把衣服放在洗衣机里面洗了，结果支票毁损了。老王心急如焚，不知该怎么办。

小李将一张可以背书转让的 30 万元的银行承兑汇票放在包内，出差时被人盗窃。小李心急如焚，不知该怎么办。

问题：票据权利会随着票据的丧失而消灭吗？试给老王和小李出出主意。

一、票据权利

票据权利是指持票人向票据债务人请求支付票据金额的权利，包括付款请求权和追索权。

票据权利是以获得一定金钱为目的的债权。票据权利体现为二次请求权：第一次是付款请求权，是票据上的主要权利；第二次为追索权，是指第一次请求权（即付款请求权）得不到满足时，向付款人以外的票据债务人要求清偿票据金额及有关费用的权利。

（一）票据权利的取得

票据权利的取得应当遵守诚实信用的原则，具有真实的交易关系和债权债务关系，而且必须给付对价，即应当给付票据双方当事人认可的相对应的代价。票据权利取得的方式见表 4.2。

表 4.2　票据权利取得的方式

类别	取得方式
原始取得	从出票人处取得
转让取得	从持有票据的人处受让票据
继受取得	依税收、继承、赠与、企业合并等方式获得票据

票据的原始取得和转让取得都属于有偿取得，继受取得属于依法无偿取得，不受给付对价之限制。但是，如果票据的取得是无对价或无相当对价的，该票据权利不得优于其前手。因欺诈、偷盗、胁迫、恶意或重大过失而取得票据的和持票人因重大过失取得不符合《票据法》规定的票据的，不享有票据权利。

（二）票据权利的行使与保全

票据权利的行使是指持票人请求票据的付款人支付票据金额的行为。例如，行使付款请求权以获票款，行使追索权以请求清偿法定的金额和费用等。

票据权利的保全是指持票人为了防止票据权利的丧失而采取的措施。例如，依据《票据法》的规定按照规定期限提示承兑或提示付款，要求承兑人或付款人提供拒绝承兑或拒绝付款的证明以保全追索权等。

（三）票据的追索

票据追索是指票据持有人依照票据法的规定在票据到期不获付款或期前不获承兑或者有其他法定原因时，对其前手（出票人、背书人、保证人、承兑人以及其他票据债务人）要求偿还票据金额、利息和相关费用的行为。因票据追索所产生的权利为票据追索权。

追索权的行使必须是以持票人不获付款或不获承兑为前提，只有在持票人的付款请求权无从实现的情况下，才能依法行使追索权（参见图4.5）。

依照追索权发生的不同情况，追索权分为到期前追索权、到期后追索权和再追索权，如表4.3所示。

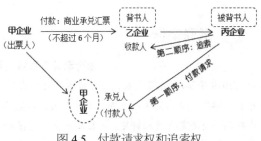

图4.5　付款请求权和追索权

表4.3　追索权的三种情况

到期后追索权	到期前追索权	再追索权
票据到期被拒绝付款的，持票人对背书人、出票人以及票据的其他债务人行使的追索权	票据到期日前，持票人对下列情形之一行使的追索权：①汇票被拒绝承兑的；②承兑人或付款人死亡、逃匿的；③承兑人或付款人被依法宣告破产的或因违法被责令终止业务活动的	被追索人在履行了自己的追索义务，向追索人偿还追索金额后，向其前手追索义务人进行追索的权利

1. 追索权行使的对象

视野拓展

了解追索权

持票人行使追索权，对票据的出票人、背书人、承兑人和保证人，可以不按票据债务人的先后顺序，对其中一人、数人或全体行使追索权。票据的出票人、背书人、承兑人和保证人对持票人承担连带责任。

2. 追索金额和费用

持票人行使追索权，可以请求被追索人支付的金额和费用包括：①被拒绝付款的票据金额；②票据金额自到期日或提示付款日起至清偿日止，按中国人民银行规定的利率计算的利息；③取得有关拒绝证明和发出通知书的费用。

被追索人依前述规定清偿后，可以向其他票据债务人行使再追索权，请求其他票据债务人支付的金额和费用包括：①再追索权人已经支付给持票人的总金额；②自己清偿票据债务之日起到前手支付有关金额给自己之日期间的利息，利息标准按照中国人民银行规定的利率标准执行；③再追索权人向其前手发出通知的有关费用。

3. 追索权行使的要件

行使票据追索权需满足以下要件。

（1）按期提示。汇票的持票人未按期提示承兑的，丧失对其前手的追索权；本票的持票人未按期提示付款的，丧失对出票人以外的前手的追索权。

（2）获得有关证明。持票人行使追索权时，应当提供被拒绝承兑或拒绝付款的有关证明。持票人提示承兑或付款被拒绝的，承兑人或付款人必须出具拒绝证明或退票理由书。若未出具拒绝证明或退票理由书，则应当承担由此产生的民事责任。

微课堂

票据权利

持票人不能出示拒绝证明、退票理由书或者未按照规定期限提供其他合法证明的，丧失对其前手的追索权；但是，承兑人或者付款人仍应对持票人承担责任。这里所说的其他合法证明包括：①医院或有关单位出具的承兑人、付款人死亡的证明；②司法机关出具的承兑人、付款人逃匿的证明；③公证机关出具的具有拒绝证明效力的文书。

关联案例

银行承兑汇票转让纠纷——追索权的行使

2019年3月20日左右，乙公司欲将其持有的以甲公司为出票人、H省某商业银行为承兑人的银行承兑汇票贴现，由孔某经办此事。此时，丙公司欲购买丁公司价值30万元的锦纶切片，但资金紧张。孔某找到丙公司法定代表人刘某，将乙公司持有的银行承兑汇票出借给丙公司。而后，乙公司直接将该汇票背书给丁公司，丙公司收到货物后，将现金30万元分两次交给孔某，孔某也以乙公司经手人的名义向丙公司出具了收条。孔某收款后，交给乙公司10万元，尚有20万元未交给乙公司。

丁公司将乙公司背书给其的银行承兑汇票背书转让给戊公司，戊公司向H省某商业银行提示收款时遭拒付。丁公司向其后手戊公司付清票款取得汇票后，于2019年10月18日诉至A市B区人民法院，向其前手主张银行承兑汇票票款。

问题： 丁公司应行使何种权利以挽回自己的损失？如何行使？

解析：（1）丁公司应行使再追索权以挽回自己的损失。丁公司持有的银行承兑汇票真实，系可背书转让的汇票。丁公司在取得汇票后将汇票背书转让的行为是合法的，其后戊公司在汇票被拒绝付款后，丁公司向其后手清偿了债务，并取得了追索权，可以行使再追索权。

（2）甲公司作为出票人、H省某商业银行作为承兑人、乙公司作为背书人，均是该汇票的债务人。《票据法》第68条规定："汇票的出票人、背书人、承兑人和保证人对持票人承担连带责任。持票人可以不按照汇票债务人的先后顺序，对其中任何一人、数人或者全体行使追索权。"在本案中，甲公司为出票人、H省某商业银行为承兑人、乙公司为背书人，各被告依法应当向合法持票人丁公司承担连带付款责任。

（3）丁公司再追索的金额和费用包括：①丁公司已经支付给戊公司的汇票票款30万元及逾期利息；②自己清偿票据债务之日起到丁公司支付有关金额给自己之日期间的利息；③丁公司向甲公司发出通知的有关费用。

（四）票据权利的时效

票据权利的时效是指票据权利在法律规定的时效期间内不行使权利，即引起票据权利丧失。我国《票据法》规定，票据权利在下列期限内不行使即消灭：

（1）持票人对票据的出票人和承兑人的权利（主要指商业汇票），自票据到期日起2年内；

（2）见票即付的汇票、本票（主要指银行汇票和银行本票）的权利，自出票日起2年内；

（3）持票人对支票的出票人的权利，自出票日起6个月内；

（4）持票人对前手的追索权，自被拒绝承兑或者被拒绝付款之日起6个月内；

（5）持票人对前手的再追索权，自清偿日或者被提起诉讼之日起3个月内。

票据权利并不因超过票据的提示付款期而丧失。银行汇票、银行本票的持票人超过规定期限提示付款的，丧失对出票人以外的前手的追索权，持票人在作出说明后，仍可以向出票人请求付款。关于票据提示付款期分别在汇票、本票和支票中予以介绍。

二、票据的丧失与补救

票据丧失是指票据因灭失、遗失、被盗等原因而使票据权利人脱离其对票据的占有。票据丧失后的补救措施包括挂失止付、公示催告和普通诉讼。票据丧失后采取补救措施应符合三个条件：第一，丧失票据的事实；第二，失票人是真正的票据权利人；第三，丧失的票据是未获付款的有效票据。

1. 挂失止付

挂失止付是指失票人将丧失票据的情况通知付款人并由接受通知的付款人暂停支付。只有确定付款人或代理付款人的票据丧失时才可以进行挂失止付，具体包括已承兑的商业汇票、支票、填明"现金"字样和代理付款人的银行汇票以及填明"现金"字样的银行本票四种。挂失止付只是一种暂时的预防措施，最终要通过申请公示催告或提起普通诉讼。

（1）申请。失票人需要挂失止付的，应填写挂失止付通知书并签章。

（2）受理。付款人或者代理付款人收到挂失止付通知书后，若查明挂失票据确未付款，则应立即暂停支付。付款人或者代理付款人自收到挂失止付通知书之日起 12 日内没有收到人民法院的止付通知书的，自第 13 日起，挂失止付通知书失效。付款人或者代理付款人在收到挂失止付通知书之前，已经向持票人付款的，不再承担责任。但是，付款人或代理付款人以恶意或者重大过失付款的除外。

2. 公示催告

公示催告是指失票人向票据支付地的基层人民法院提出公示催告的申请，请求人民法院以公告方式通知不确定的利害关系人限期申报权利，逾期未申报者，则权利失效，而由法院通过除权判决宣告所丧失的票据无效的制度或程序。公示催告程序仅适用于可以背书转让的票据。

公示催告的具体程序见图 4.6。

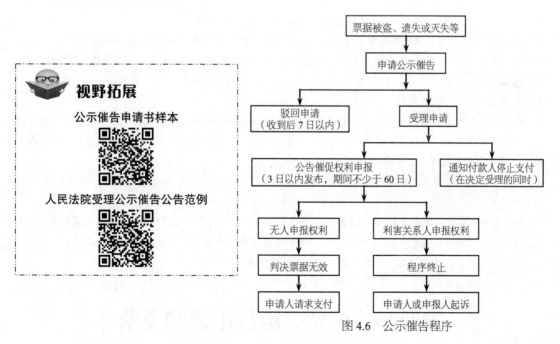

图 4.6　公示催告程序

（1）申请。失票人申请公示催告的，应填写公示催告申请书。

（2）受理。人民法院决定受理公示催告申请后，应当同时通知付款人及代理付款人停止支付，并自立案之日起 3 日内发出公告，催促利害关系人申报权利。

微课堂

票据的丧失与补救

问：票据丧失后挂失止付是不是公示催告和普通诉讼的必经程序？

（3）公告。人民法院决定受理公示催告申请后发布的公告应张贴于人民法院公告栏内，并在全国性的有关报纸或其他宣传媒介上刊登；人民法院所在地有证券交易所的，还应张贴于该交易所。公告时间不得少于60天。

（4）判决。利害关系人应当在公示催告期间向人民法院申报。人民法院收到利害关系人的申报后，应当裁定终结公示催告程序，并通知申请人和支付人。申请人或者申报人可以向人民法院起诉，以主张自己的权利。无人申报或者利害关系人的申报被人民法院驳回的，人民法院应当根据申请人的申请，作出除权判决，宣告票据无效。除权判决一经作出，立即生效，利害关系人不得上诉，并产生以下法律后果：①票据失去效力；②丧失票据的申请人可依此判决向票据义务人主张权利，实现票据权利；③公示催告程序即告终结。

3. 普通诉讼

普通诉讼是指以丧失票据的人为原告，承兑人或出票人为被告，请求人民法院判决其向失票人付款的诉讼活动。失票人应当在通知挂失止付后3日内，也可在票据丧失后，依法向人民法院申请公示催告或者向人民法院提起诉讼。

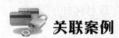 **关联案例**

丢失票据后通过公示催告救济票据权利

2019年3月21日，甲服装有限责任公司工作人员李华出差途经A市时，被他人盗走汇往B市采购原料的银行承兑汇票一张，汇票金额为30万元，出票人是某中国银行支行，持票人是甲服装有限责任公司，支付人是中国银行B市分行，承兑协议编号为1-1-4，交易合同号码为06-110，未向任何单位背书转让。申请人于2019年3月26日向B市城区人民法院申请公示催告。

B市城区人民法院接到申请后，经审查认为符合《民事诉讼法》第193条的规定，决定受理申请，并于接到申请的第二天，依照《民事诉讼法》第194条的规定，分别向申请人发出受理通知书和向支付人中国银行B市分行发出停止支付通知书，并在3日内发出公告，催促利害关系人在60日内申报权利。经60天公告期，没有利害关系人向该院申报权利。该院根据《民事诉讼法》第197条的规定，于2019年5月30日作出判决。

（1）宣告承兑协议编号为1-1-4和交易合同号码为06-110的银行承兑汇票一张（发票人为某中国银行支行、持票人为甲服装有限责任公司、支付人为中国银行B市分行、票面金额为30万元）无效。

（2）自本判决公告之日起，申请人有权向支付人请求支付。

第四节　汇票、银行本票和支票

【引例】

某银行事后监督中心在进行日常监督时，发现某支行办理了一笔收款人为个人现金支取业务，票据上客户填写收款人为瞿平，而在背面的第一栏背书中，背书个人签章为瞿平，两字虽然在书写上有些相近，但仔细审查票据就会发现是截然不同的两个字。经业务主管合议后，随即下发查询通知书，询问原因并限期整改。

问题：（1）支票的绝对记载事项有哪些？

（2）在绝对记载事项中对收款人的名称和支票金额有什么特别规定吗？

（3）本案中现金支票上客户填写收款人为瞿平，而背书个人签章为翟平反映出了一个什么问题？

一、汇票

汇票是指出票人签发的，委托付款人在见票时或指定日期无条件支付确定的金额给收款人或持票人的票据。汇票绝对记载事项有：表明"汇票"的字样；无条件支付的委托；确定的金额；付款人名称；收款人名称；出票日期；出票人签章。

视野拓展

汇票、本票和支票图示

根据《票据法》的规定，汇票分为银行汇票和商业汇票。

1. 银行汇票

银行汇票是汇款人将款项交存当地银行，由银行签发给汇款人持往异地办理转账结算或支取现金的票据。汇款人可以是单位、个体经营户或者个人。在银行汇票中，出票人和付款人都只能由银行担任，由此被称为银行汇票。

银行汇票的提示付款期从出票日起 1 个月，为即期票据。

对于银行汇票，如果只记载了汇票金额而未记载实际结算金额，则并不影响该汇票的效力，而以汇票金额为实际结算金额。实际结算金额只能小于或等于汇票金额，如果实际结算金额大于汇票金额，则以汇票金额为付款金额（此规定只针对银行汇票，与商业汇票无关）。

2. 商业汇票

商业汇票是指银行和其他金融机构以外的工商企业签发的汇票，它是由收款人或付款人（或承兑申请人）签发，由承兑人承兑，并于到期日向收款人或持票人支付款项的票据。

按承兑人属于工商企业还是银行，商业汇票可分为商业承兑汇票和银行承兑汇票。商业承兑汇票是由收款人签发，经非金融机构的付款人承兑，或由付款人签发并承兑的票据；银行承兑汇票是由收款人或承兑申请人签发，并由承兑申请人向开户银行申请，经银行审查同意承兑的票据。

提示：票面上注明的到期日与出票日间隔最长为 6 个月，超过 6 个月为无效商业汇票。

商业汇票的付款期限，最长不得超过 6 个月；商业汇票的提示付款期限，自汇票到期日起 10 日。

注意：①如果持票人未在法定的提示付款期限内为付款提示，则丧失对其前手的追索权，但是在持票人作出说明后，承兑人或者付款人仍应继续对持票人承担付款责任；②付款人或者代理付款人在付款时应当尽审查义务。

二、银行本票

本票是出票人签发的，承诺自己在见票时无条件支付确定的金额给收款人或者持票人的票据。我国的本票仅限于银行本票，即银行出票，银行付款。银行本票可以用于转账，注明"现金"字样的银行本票可以用于支取现金。

银行本票是见票付款的票据，收款人或持票人在取得银行本票后，随时可以向出票人请求付款。<u>本票自出票日起，付款期限最长不得超过 2 个月。</u>如果持票人超过提示付款期限不获付款，则可在票据权利时效内向出票银行作出说明，并提供本人身份证件或单位证明，持银行本票向出票银行请示付款。由上可见，本票的出票人是票据的主债务人，负有向持票人绝对付款的责任。

三、支票

支票是出票人委托银行或者其他金融机构见票时无条件支付一定金额给收款人或者持票人的票据。<u>支票的基本当事人有：出票人、付款人和收款人。</u>出票人即存款人，是在批准办理支票业务的银行机构开立使用支票存款账户的单位和个人；付款人是出票人的开户银行；持票人是票面上填明的收款人，也可以是经背书转让的被背书人。实践中，我国多采用现金支票和转账支票。

出票人签发支票并交付的行为即为出票。<u>签发支票的出票人，必须是在经中国人民银行当地分支行批准办理支票业务的银行机构开立可以使用支票的存款账户的单位和个人。</u>

1. 支票的格式

支票的绝对记载事项有：表明"支票"的字样；无条件支付的委托；确定的金额；付款人名称；出票日期；出票人签章。支票上的金额可以由出票人授权补记，未补记的支票，不得使用；支票上未记载收款人名称的，经出票人授权，可以补记。

支票的相对记载事项有：付款地，支票上未记载付款地的，以付款人的营业场所为付款地；出票地，支票上未记载出票地的，以出票人的营业场所、住所或者经常居住地为出票地。

2. 支票的其他法定条件

支票的其他法定条件有以下几项。

（1）<u>支票的出票人所签发的支票金额不得超过其付款时在付款人处实有的存款金额，否则为空头支票。</u>对签发空头支票或签发与其预留签章不符的支票，不以骗取财物为目的的，由中国人民银行处以票面金额 5%但不低于 1000 元的罚款；持票人有权要求出票人赔偿支票金额 2%的赔偿金。签发空头支票构成犯罪的，要依法追究其刑事责任。

（2）支票的出票人不得签发与其预留本名的签名式样或者印鉴不符的支票。使用支付密码的，出票人不得签发支付密码错误的支票；否则，该支票即为无效。

（3）出票人必须按照签发的支票金额承担保证向该持票人付款的责任，出票人在付款人处的存款足以支付支票金额时，付款人应当在当日足额付款。

（4）支票限于见票即付，不得另行记载付款日期。另行记载付款日期的，该记载无效；支票的持票人应当自出票日起 10 日内提示付款，超过提示付款期限的，付款人可以不予付款；付款人不予付款的，出票人仍应当对持票人承担票据责任。

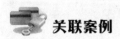 **关联案例**

因账户余额不足，工艺品公司开出的支票无法兑现

2019 年 5 月 30 日，D 市某工艺品有限公司向 D 市某信息技术有限公司购买计算机设备一批，未结清货款。当年 9 月 20 日，工艺品公司向信息公司开具了一张金额为 19 160 元的支票，用途为"计算机款"，加盖了该工艺品公司财务专用章。信息公司拿到这张支票后在银行却无法取款。9 月 25 日，银行出具了退票通知书，退票理由为"金额不足"。

　　问题：（1）D市某工艺品有限公司存在什么样的违法行为？

　　（2）D市某工艺品有限公司应承担什么责任？

　　（3）本案带给我们的启示是什么？

　　解析：（1）D市某工艺品有限公司属于签发空头支票的行为。

　　（2）根据《票据管理实施办法》第31条的规定，对签发空头支票或者签发与其预留的签章不符的支票，不以骗取财物为目的的，由中国人民银行处以票面金额5%但不低于1000元的罚款，同时持票人有权要求出票人赔偿支票金额2%的赔偿金。

　　除了该公司应支付客户货款及利息22 560元外，还要按空头支票金额的2%即383.20元支付赔偿金给客户，中国人民银行D市支行还有权对D市某工艺品有限公司处以19 160元票面金额5%但不低于1000元的罚款。

　　（3）现实生活中，当事人借空头支票拖延付款的情况时有发生。法律规定持票人可要求签发空头支票者承担赔偿责任。这加大了此类行为的违法成本，有利于促进市场诚信体系。

四、票据的伪造、变造、更改和涂销

　　票据的伪造和变造都是一种违法行为，违法者应当承担相应的违法行为后果。票据的更改和涂销是指将票据上的签名或其他记载事项加以更改或涂抹消除的行为。

　　1. 票据的伪造

　　票据的伪造有两种情况：一是票据本身的伪造，也称狭义上的票据伪造；二是票据签名的伪造，也称广义上的票据伪造。票据本身的伪造，如伪造出票人的签名或盗盖印章而进行的出票，是假冒他人名义进行的出票行为。票据签名的伪造是假借他人名义而为出票以外的票据行为，如背书签名的伪造、承兑签名的伪造等。票据的伪造必须是无权限之人假冒本人签名。

　　伪造的票据，没有法律上的效力，即使持票人是善意取得，也不能享有票据上的权利。由于伪造人没有在票据上签自己的名字，所以不负票据上的责任，但是要承担刑事责任。因伪造行为给他人造成经济损失的，应当对此承担民事责任。票据的伪造行为不影响真正签名人的票据行为的效力，签名人必须对票据的文义负责，对伪造人有赔偿请求权。对持票人（包括善意持票人）而言，不能取得票据权利，只能依民法的方法请求伪造者赔偿，或者向票据上真正的签名人行使追索权。付款人如果没能辨认出伪造票据，而对此票据付款，则付款人的付款行为有效。付款人由此遭受的损失也只能寻求民法上的解决方法来得到补偿。

　　2. 票据的变造

　　票据的变造是指无票据记载事项变更权的人，以实施票据行为为目的，对票据上除签章以外的记载事项进行变更，从而使票据权利义务关系内容发生改变的行为。行为人改变的是签章之外的票据记载事项，这是票据变造和票据伪造的根本区别。变造票据的，变造之前的签章人就原记载事项负责，变造之后的签章人对变造之后的记载事项负责；伪造票据的，真实签章人就要对票据文义负责而不论其签章于

视野拓展

电子票据在《票据法》中的空缺

　　基于理论角度探讨电子票据的法律效力。

电子票据的防范的六大措施

　　从电子票据的实务角度以及电子票据存在的现实意义出发，分析实务中容易发生的法律风险。

伪造之前后。变造人未签章的，不负票据责任，但应承担赔偿损失的民事责任；因其变造行为给其他票据当事人造成损失的，应由其向受损失的当事人负赔偿责任。不能辨别是在变造前还是变造后签章的，视同在变造前签章。

按照我国《刑法》第177条的规定，只要从事票据的变造行为，即构成犯罪，应依法追究其刑事责任；给他人造成经济损失的，还应承担民事责任。

3. 票据的更改

票据的更改是指票据的原记载人依照《票据法》的规定，改写票据上的记载事项的行为。更改是有更改权的人的行为，限于原记载人，无更改权的人的更改行为属于伪造和变造。原记载人只能更改《票据法》允许更改的记载事项，对票据金额、日期、收款人名称不得更改；否则，票据无效。原记载人须在更改处签章证明，否则，不发生变更的效力。

4. 票据的涂销

票据的涂销是指涂抹消除票据上的签名或其他记载事项的行为。票据的涂销行为人可以是有涂销权者，也可以是无涂销权者。有涂销权者的涂销，发生《票据法》规定的涂销的效力；故意涂销的，发生改变票据权利义务的效果；非故意涂销的，不能改变票据上原有的权利义务。例如，不小心将墨水滴在票据上，使文字模糊不清，即不能改变原有票据的权利义务。

【节前引例分析】

（1）绝对记载事项有：表明"支票"的字样；无条件支付的委托；确定的金额；付款人名称；出票日期；出票人签章。

（2）在绝对记载事项中对收款人的名称和支票金额的特别要求是：对支票金额可以由出票人授权补记，未补记的支票，不得使用；对支票上未记载收款人名称的，经出票人授权，可以补记。

（3）按照《票据法》的规定，票据正面所填写的收款人的名称必须与票据背面第一栏背书中的背书人签章相符，而本案中支票正面记载的收款人名称为瞿平，背面第一栏背书中背书人的名称为翟平，看似相近，但却是截然不同的两个字，因此导致该支票背书行为无效。

第五节　银行卡结算的法律规定

【引例】

韦某诉甲银行储蓄存款合同纠纷案

韦某在甲银行办理借记卡一张，未开通手机短信通知功能，但开通了网上银行功能（非U盾）。2018年4月25日17时56分韦某在上海消费1500元，19时8分在上海取现300元，但19时25分至27分该银行卡在广东湛江跨省转账和取现共计65 040元。4月27日、28日和5月1日、2日韦某还消费和取款4992元。5月3日19时，韦某方发现卡内65 040元不见了（即2019年4月25日几笔跨省交易），告知银行后银行要求其报案。次日，韦某至派出所报案。韦某诉至人民法院要求甲银行支付存款65 040元及利息。

人民法院认为，韦某提供的自动柜员机取款记录显示，韦某于上海自动柜员机取现300元后20分钟内，远在广东湛江一男子使用相同账户信息的卡片在自动柜员机上进行了连续取现和转账操作。因韦某未开通手机短信通知功能，未在交易当时得知盗刷也属合理。由此可以证明，韦某并不存在人卡分离的情况，异地转账、取现属伪卡交易。甲银行无证据证明韦某未妥善保管银行卡及密码，且对于他人使用伪卡交易未能从技术上识别，存在过错。人民法院判决甲银行赔偿韦某65 040元。

一、银行卡的概念和种类

银行卡是指由商业银行向社会发行的具有消费信用、转账结算、存取现金等全部或部分功能的信用支付工具。

发行银行卡的主体为商业银行（包括外资银行、合资银行），并须经过中国人民银行的批准。

银行卡可依据功能、信誉等级、使用对象和信息载体的不同划分为不同的种类，见表4.4。

表4.4 银行卡的种类

按是否具有透支功能	信用卡（可以透支）	贷记卡	发卡银行给予持卡人一定的信用额度，持卡人可在信用额度内先消费、后还款的信用卡
		准贷记卡	持卡人须先交存一定金额的备用金，当备用金账户余额不足支付时，可在发卡银行规定的信用额度内透支的信用卡
	借记卡（不可以透支）	转账卡（含储蓄卡）	实时扣账的借记卡，具有转账结算、存取现金和消费功能
		专用卡	具有专门用途，在特定区域使用；具有转账结算、存取现金功能
		储值卡	发卡银行根据持卡人要求将其资金转至卡内储存，交易时直接从卡内扣款的预付钱包式借记卡

另外，银行卡按使用对象还分为单位卡和个人卡

二、银行卡的申领和使用

发卡银行应当本着权利与义务对等的原则制定银行卡申请表及信用卡领用合约。银行卡申请表、领用合约是发卡银行向银行卡持卡人提供的明确双方权责的契约性文件，持卡人签字，即表示接受其中各项约定。

1. 单位卡

凡申领单位卡的单位，必须在中国境内金融机构开立基本存款账户，并按规定填制申请表，连同有关资料一并送交发卡银行。该单位符合条件并按银行要求交存一定金额的备用金以后，银行为申领人开立信用卡存款账户，并发给银行卡。单位卡可以申领若干张，持卡人资格由申领单位法定代表人或其委托的代理人书面指定和注销。

在单位卡的使用过程中，其账户的资金一律从其基本存款账户转账存入，不得交存现金，不得将销货收入的款项存入其账户。单位人民币卡可办理商品交易和劳务供应款项的结算，但不得用于10万元以上的商品交易、劳务供应款项的结算，并一律不得支取现金。如果需要向其账户续存资金，则单位卡的持卡人必须按前述转账方式转账存入。

2. 个人卡

凡具有完全民事行为能力的自然人都有依法申领个人卡的权利。个人申领银行卡（储值卡除外），应当向发卡银行提供本人有效身份证件，经发卡银行审查合格后，为其开立记名账户。银行卡及其账户只限于经发卡银行批准的持卡人本人使用，不得出租和转借。

3. 银行卡法律关系的当事人

银行卡法律关系的当事人包括以下几类。

（1）持卡人：卡的合法持有人，即与卡对应的银行账户相联系的客户。

（2）特约商户：与收单行签有商户协议，受理银行卡的零售商、个人、公司或其他组织。

（3）发卡行：发行银行卡，维护与卡关联的账户，并与持卡人在这两方面具有协议关系的机构。

（4）收单行：指跨行交易中兑付现金或与商户签约进行跨行交易资金结算，并且直接或间接地使交易达成转接的银行。一般客户在刷卡消费后，商家会有一些交易的单据打印出来，一式三份，其中一联是交给银行的，该银行就是收单银行。

提示：发卡行与收单行为同一银行时，其资金清算为该银行内部清算；发卡行与收单行不为同一银行时，其资金结算通过银联清算平台实现。信用卡清算流程见图4.7。

图4.7　信用卡清算流程

三、银行卡交易的基本法律规定

在发卡银行向持卡人发行银行卡之后，持卡人依据其所持有的不同银行卡，按照与发卡银行的约定和相关的法律、规范的规定，合法、合规使用银行卡。

微课堂

银行卡交易的基本法律规定

问：信用卡的免息还款和最低还款待遇可以同时享受吗？

1. 对借记卡的规定

发卡银行应当对借记卡持卡人在自动柜员机取款设定交易上限，每卡每日累计提款不得超过2万元人民币。各发卡行可在2万元的限度内综合考虑客户的需要、服务能力和安全控制水平等因素，确定本行每卡单笔金额和每日累计提现金额。

2. 对信用卡的规定

2017年1月1日实施的《中国人民银行关于信用卡业务有关事项的通知》（简称新规），从利率标准、免息还款期和最低还款额、违约金和服务费用、信用卡预借现金业务、交易信息、信息披露义务、非本人授权交易的处理、利率信息报送及信用卡业务自律管理九个方面进行了规范。

（1）信用卡预借现金业务。信用卡预借现金业务包括现金提取、现金转账和现金充值，见表4.5。持卡人通过自动柜员机等自助机具办理现金提取业务，每卡每日累计不得超过人民币1万元；持卡人通过柜面办理现金提取业务、通过各类渠道办理现金转账业务，每卡每日限额由发卡机构与持卡人通过协议约定。发卡机构可自主确定是否提供现金充值服务，并与持卡人协议约定每卡每日限额。发卡机构不得将持卡人信用卡预借现金额度内资金划转至其他信用卡，以及非持卡人的银行结算账户或支付账户。

表4.5　信用卡预借现金的种类

现金提取	持卡人通过柜面和自动柜员机等自助机具，以现钞形式获得信用卡预借现金额度内资金
现金转账	持卡人将信用卡预借现金额度内资金划转到本人银行结算账户
现金充值	持卡人将信用卡预借现金额度内资金划转到本人在非银行支付机构开立的支付账户

（2）免息还款期和最低还款额。贷记卡持卡人进行"非现金交易"可享受免息还款期和最低还款额待遇（两者享受其一）。银行记账日到发卡银行规定的到期还款日之间为免息还款期，持卡人在到期还款日前偿还所使用全部银行款项有困难的，可按照发卡银行规定的最低还款额还款。持卡人透支消费享受免息还款期和最低还款额待遇的条件和标准等，由发卡机构自主确定。

（3）发卡银行对透支款项和诈骗的款项，可以通过扣减持卡人保证金、依法处理抵押物和质物、向保证人追索透支款项和损失、依法提起诉讼等途径进行追偿。

四、银行卡的计息和收费

1. 银行卡的计息

发卡银行对准贷记卡及借记卡（不含储值卡）账户内的存款，按照中国人民银行规定的同期同档次存款利率及计息办法计付利息，储值卡（含 IC 卡的电子钱包）内的币值不计付利息。对信用卡透支利率实行上限、下限区间管理，透支利率上限为日利率万分之五，下限为日利率万分之五的 0.7 倍。也就是说，新规实施后的透支利率为 0.035%～0.05%。信用卡透支的计结息方式，以及对信用卡溢缴款是否计付利息及其利率标准，由发卡机构自主确定。

> **提示：** 溢缴款指信用卡客户还款时多缴的资金或存放在信用卡账户内的资金，取出溢缴款需支付一定金额的费用。

发卡机构应在信用卡协议中以显著方式提示信用卡利率标准和计结息方式、免息还款期和最低还款额待遇的条件和标准，以及向持卡人收取违约金的详细情形和收取标准等与持卡人有重大利害关系的事项，确保持卡人充分知悉并确认接受。其中，对于信用卡利率标准，应注明日利率和年利率。发卡机构调整信用卡利率标准的，应至少提前 45 个自然日按照约定方式通知持卡人。持卡人有权在新利率标准生效之前选择销户，并按照已签订的协议偿还相关款项。

注意： 新规取消信用卡滞纳金，对于持卡人违约逾期未还款的行为，发卡机构应与持卡人通过协议约定是否收取违约金，以及相关收取方式和标准。发卡机构向持卡人提供超过授信额度用卡服务的，不得收取超限费。发卡机构对向持卡人收取的违约金和年费、取现手续费、货币兑换费等服务费用不得计收利息。

> **提示：** 收单机构是指与商户签有协议或为持卡人提供服务，直接或间接凭交易单据（包括电子单据或纸质单据）参加交换的清算会员单位。

2. 银行卡的收费标准

银行卡的收费标准包括：①收单机构向商户收取的收单服务费由收单机构与商户协商确定具体费率；②发卡机构向收单机构收取的发卡行服务费不区分商户类别，实行政府指导价、上限管理，费率水平借记卡交易不超过交易金额的 0.35%，单笔收费金额不超过 13 元，贷记卡交易不超过 0.45%；③对非营利性的医疗机构、教育机构、社会福利机构、养老机构、慈善机构刷卡交易，实行发卡行服务费、网络服务费全额减免。

五、银行卡的销户和挂失

对于不再继续使用的银行卡，持卡人应持银行卡主动到发卡银行办理销户。持卡人办理销户时，如果账户内还有余额，属单位卡的，则应将该账户内的余额转入其基本存款账户，不得提取现金；个人卡账户可以转账结清，也可以提取现金。

持卡人丢失银行卡后，应立即持身份证件或其他有效证明，并按规定提供有关情况，向发卡银行或代办银行申请挂失。发卡银行或代办银行审核后办理挂失手续。如果持卡人不及时办理挂失手续而造成损失的，则应自行承担该损失；如果持卡人办理了挂失手续而因发卡银行或代办银行的原因给持卡人造成损失的，则应由发卡银行或代办银行承担该损失。

六、银行卡当事人之间的权利和义务

1. 发卡银行的权利和义务

根据法律规定，发卡银行的权利有以下几项。

（1）对申请人的审查权。发卡银行有权审查申请人的资信状况、索取申请人的个人资料，并有权决定是否向申请人发卡及确定信用卡持卡人的透支额度。

（2）对持卡人透支的追偿权。对持卡人不在规定期限内归还透支款项的，发卡银行有权申请法律保护并依法追究持卡人或有关当事人的法律责任。

（3）对持卡人的监督、管理权。发卡银行有权要求持卡人严格按照信用卡的规章使用信用卡，对不遵守其章程规定的持卡人，有权取消其持卡人资格，并可授权有关单位收回其银行卡。

（4）发卡银行对储值卡和 IC 卡内的电子钱包可不予挂失。

根据法律规定，发卡银行的义务有以下几项。

（1）说明义务。发卡银行应当向银行卡申请人提供有关银行卡的使用说明资料，包括章程、使用说明及收费标准，提示持卡人对信用卡使用过程中的随附义务的注意。发卡银行应当在有关卡的章程或使用说明中向持卡人说明密码的重要性及丢失的责任。

（2）建立投诉制度义务。发卡银行应当建立针对银行卡服务的公平、有效的投诉制度，并公开投诉程序和投诉电话。

（3）向持卡人提供对账服务义务。对账单应当至少包括交易日期、交易金额、交易币种、交易商户名称或代码、本期还款金额、本期最低还款金额、到期还款日、注意事项、发卡银行服务电话等要素。对账服务的具体形式由发卡银行和持卡人自行约定。

（4）挂失义务。发卡银行应当向持卡人提供银行卡挂失服务，设立 24 小时挂失服务电话，提供电话和书面两种挂失方式，书面挂失为正式挂失方式。发卡银行应在章程或有关协议中明确发卡银行与持卡人之间的挂失责任。

（5）保守客户秘密的义务。发卡银行对持卡人的资信资料负有保密的责任。

（6）信息披露义务。发卡机构应通过本机构网站等渠道，充分披露信用卡申请条件、产品功能、收费项目与标准、安全用卡知识和信用卡标准协议与章程等内容，并及时进行更新；在信用卡协议中以显著方式提示信用卡利率标准和计结息方式、免息还款期和最低还款额待遇的条件和标准，以及向持卡人收取违约金的详细情形和收取标准等与持卡人有重大利害关系的事项，确保持卡人充分知悉并确认接受；对调整信用卡利率标准的，应至少提前 45 个自然日按照约定方式通知持卡人。

（7）保证客户日常安全存取款的义务。银行应创建相关的安全防护措施，注意日常防范力度，尤其要加强对自动柜员机的日常检查和监管，保证客户存取款的自由和安全。

2. 持卡人的权利和义务

根据法律规定，银行卡持卡人的权利有以下几项。

视野拓展

保障金融消费者银行卡
资金安全的风险提示

（1）持卡人享有发卡银行对其银行卡所承诺的各项服务的权利，有权监督服务质量并对不符服务质量进行投诉。

（2）申请人、持卡人有权知悉其选用的银行卡的功能、使用方法、收费项目、收费标准、适用利率及有关的计算公式。

（3）持卡人有权在规定时间内向发卡银行索取对账单，并有权要求对不符账务内容进行查询或改正。

（4）借记卡的挂失手续办妥后，持卡人不再承担相应卡账户资金变动的责任，司法机关、仲裁机关另有判决的除外。

根据法律规定，银行卡持卡人的义务有以下几项。

（1）持卡人应当遵守发卡银行的章程及领用合约的有关条款。

（2）持卡人有保管自己银行卡账户密码和相关信息的义务，存取款时应尽到合理注意义务。

（3）持卡人或保证人通信地址、职业等发生变化，应当及时书面通知发卡银行。

（4）持卡人不得以和商户发生纠纷为由拒绝支付所欠银行款项。

 **关联案例**

涉及自动取款机的安全纠纷，银行是否应担责

范某持 A 银行余额为 12 064.52 元的银行卡到该行的自动取款机上取款。插入卡后，既取不出现金，也退不出卡。此时她看到自动取款机上贴着一张纸条，上写"若机器出现故障，请拨打电话137……"。她当即拨通该手机号，接听电话的人询问其卡的密码，让其第二天上午带身份证到银行办理挂失手续。不久，范某感觉事情不对，就拨打了 A 银行客户服务统一咨询电话95533，接电话的银行工作人员让其报警。经查，范某账户上的存款已被他人从自动取款机上支取 5000 元，通过转账方式支取 6500 元。此案经公安机关立案侦查，在未将犯罪嫌疑人抓获归案之前，范某将银行告上法庭要求赔偿。

法院终审判决：原告在取款时应负有一般的注意与谨慎义务。这一附随义务要求原告注意自动取款机屏幕上的提示，不能轻信任何自动取款机外的告示或提示。但原告疏忽大意，轻信犯罪嫌疑人张贴在自动取款机上的纸条内容，是导致其存款被犯罪嫌疑人盗取的主要原因，应对损失承担主要责任。被告银行对其设立的自动取款机在管理上也存在一定的疏漏，承担30%的责任。

解析：根据《商业银行法》以及相关规定和日常交易习惯，持卡人持卡到自动柜员机上取款也是向银行请求一种给付义务，银行应及时向储户支付相应款项。

银行在履行给付义务的同时，还应履行相应的附随义务，附随义务既是银行应履行的提示义务，也是持卡人应合理注意的义务。附随义务是从诚实信用原则中产生的义务，是指在法律无明文规定，当事人之间亦无明确约定的情况下，为了确保合同的实现并维护对方当事人的利益，遵循诚实信用原则，当事人依据合同的性质、目的和交易习惯所承担的作为或不作为的义务。按照我国民事法律制度的相关规定，当事人应当遵循诚实信用原则，根据合同的性质、目的和交易习惯履行通知、协助、保密等义务。本案中的随附义务应当是自动柜员机屏幕上的提示。

本案中，银行除应在显著位置张贴安全提示，还应加强对自动柜员机的日常检查和监管。由于没有加大防范力度（尤其要加大傍晚、夜间等案件高发时段自动柜员机的巡查和监控）、及时排除设备故障、消除隐患，从而导致范某的存款被他人取走，银行也应承担部分责任。

视野拓展

银行卡被盗刷可向银行索赔

分析银行卡法律关系中当事人的举证义务。

3. 银行卡纠纷的管辖

银行卡纠纷既可能属于合同纠纷，也可能属于侵权纠纷。纠纷发生后既适用于合同纠纷的管辖，也适用于侵权行为的管辖，当事人既以违约又以侵权起诉的，以当事人起诉状中在先的诉讼请求确定管辖（具体内容可参见第一章）。

【节前引例分析】

该案件明确了克隆卡案件侵犯的是银行的财产权利，银行应为储户的财产损失承担责任。此案判决具有一定的司法导向性、示范性，应引起各家银行的高度重视。

审理法官认为：银行技术缺陷是其承担责任的主要理由。被告银行总行在全国范围内设置自动柜员机，是一项既能方便储户存取款，又能提高自身工作效率并增加市场竞争力的重要举措，其本身亦能从自动柜员机的设置行为中获取经营收益，因此，在人机交易中产生的交易风险，应当由设置柜员机的银行承担。尽管银行一再防范并增加柜员机的技术含量，但类似的犯罪却有增无减。那么在储户不存在任何过错的情况下犯罪分子窃取了储户的资金，银行就应当承担储户的全部损失。

银行与储户之间形成合同关系，银行既然要设无人值守的自动柜员机，那就必须确保储户的资金安全，而一旦储户在没有任何过错的情况下资金被人盗取，那么银行就得承担全部责任。

知识点测试

一、单项选择题

1. 信用卡持卡人通过自动柜员机等自助机具办理现金提取业务，每卡每日累计不得超过人民币（　　）。

　　A. 1万元　　　　　B. 2万元　　　　　C. 5万元　　　　　D. 10万元

2. 下列关于银行卡申领、使用的说法中，正确的是（　　）。

　　A. 持卡人在还清全部交易款项、透支本息和有关费用后，可申请办理销户。销户时，单位人民币卡账户的资金应当转入其基本存款账户，单位外币卡账户的资金应当转回相应的外汇账户，不得提取现金

　　B. 个人申领信用卡时，发卡银行可以根据其资信程度要求其提供相应的担保，担保的方式必须是保证方式

　　C. 个人取得银行卡的，可以出租或转借

　　D. 单位人民币卡账户的资金可以从其基本存款账户转账存入，也可以将销货收入存入单位卡账户

3. 票据可以自由转让，体现了票据是一种（　　）。

　　A. 完全证券　　　　B. 无因证券　　　　C. 要式证券　　　　D. 流通证券

4. 我国《票据法》把汇票分为商业汇票和（　　）。

　　A. 承兑汇票　　　　B. 专用汇票　　　　C. 银行汇票　　　　D. 现金汇票

5. 空头支票罚款的标准是（　　）

　　A. 票面金额的5%但不高于1000元　　　　　B. 票面金额的5%但不低于1000元

C．票面金额的 3%但不高于 1000 元　　　　　D．票面金额的 3%但不高于 1000 元

6．关于票据结算的相关规定，下列说法中不正确的是（　　）。

A．票据有支付、汇兑、信用、结算、融资功能

B．票据的当事人分为基本当事人和非基本当事人

C．票据权利包括追索权和付款请求权。追索权是第一顺序的权利，付款请求权是第二顺序的权利

D．出票人在票据上的签章不符合规定的，票据无效

7．下列有关票据特征的说法中，错误的是（　　）。

A．票据必须由持有人证明其取得票据的原因后才取得票据权利

B．票据上体现的权利性质是财产权而不是其他权利

C．票据上的一切票据权利义务必须严格依照票据记载的文义而定，文义之外的任何理由、事项均不得作为根据

D．票据权利的产生必须通过做成票据，是一种"设权证券"

8．下列关于银行本票性质的表述中，不正确的是（　　）。

A．银行本票的付款人见票时必须无条件付款给持票人

B．持票人超过提示付款期限不获付款的，可向出票银行请求付款

C．银行本票不可以背书转让

D．注明"现金"字样的银行本票可以用于支取现金

9．根据《票据法》的规定，汇票上可以记载非法定事项。下列各项中，属于不发生《票据法》上的效力的事项是（　　）。

A．出票人签章　　　　B．出票地　　　　　　C．付款地　　　　　　D．签发票据的用途

10．背书人甲将一张 100 万元的汇票分别背书转让给乙和丙各 50 万元，下列有关该背书效力的表述，正确的是（　　）。

A．背书无效

B．背书转让给乙 50 万元有效，转让给丙 50 万元无效

C．背书有效

D．背书转让给丙 50 万元无效，转让给乙 50 万元有效

二、多项选择题

1．票据的（　　）不得更改，更改的票据无效。

A．金额　　　　　　B．日期　　　　　　C．收款人名称　　　　D．付款地

2．下列银行卡中属于信用卡的有（　　）。

A．贷记卡　　　　　B．转账卡　　　　　C．专用卡　　　　　　D．准贷记卡

3．票据权利丧失与补救的措施有（　　）。

A．挂失止付　　　　B．公示催告　　　　C．普通诉讼　　　　　D．提起仲裁

4．我国《票据法》中规定的票据主要包括（　　）。

A．汇票　　　　　　B．本票　　　　　　C．支票　　　　　　　D．仓单

5．下列各项中，属于票据关系中的基本当事人的是（　　）。

A．出票人　　　　　B．保证人　　　　　C．收款人　　　　　　D．背书人

6．下列选项中，可以不支付对价而取得票据权利的有（　　）。

A．甲公司因退税从税务机关取得的支票

B．乙公司接受购买货物一方开出的用于支付定金的支票

  C．丙公司因与其他公司合并取得的支票

  D．丁公司因接受赠与取得的支票

  7．2019 年 1 月 1 日，甲向乙签发了一张出票后 3 个月付款的银行承兑汇票。该汇票已经依法由 A 银行承兑，乙于 2019 年 4 月 21 日向 A 银行提示付款。下列说法中正确的是（ ）。

  A．乙提示付款时间已经超出了法律规定的期限

  B．乙提示付款时间符合规定

  C．在乙作出说明后，A 银行仍应承担付款责任

  D．A 银行和甲不再承担票据责任

  8．甲签发一张汇票给乙，并约定由丙作为保证人（已在汇票上加以记载并签章）。乙依法承兑后将该汇票背书转让给丁，丁又将该汇票背书转让给戊。戊在法定期限内向付款人请求付款，不获付款。根据规定，下列各项中，应承担该汇票债务责任的有（ ）。

  A．甲   B．乙   C．丙   D．丁

  9．下列关于支票的说法中，错误的是（ ）。

  A．支票的提示付款期限为自出票日起 10 日

  B．支票的出票人预留银行签章是银行审核支票付款的依据，出票人不得签发与其预留银行签章不符的支票

  C．支票的金额、收款人名称、出票日期，可以由出票人授权补记

  D．出票人签发支票的金额超过其签发时在付款人处实有的存款金额，为空头支票

  10．票据行为包括（ ）。

  A．出票   B．背书   C．承兑

  D．保证   E．付款

三、判断题

  1．我国《票据法》规定：票据金额中文大写和数码不一致时，票据无效。（ ）

  2．持有单位卡的信用卡用户不能向单位卡账户交存现金，但可以从单位卡账户中支取现金。（ ）

  3．信用卡透支的计结息方式，以及对信用卡溢缴款是否计付利息及其利率标准，由发卡机构自主确定。（ ）

  4．票据法上的票据丧失是指票据过期。（ ）

  5．付款人或者代理付款人自收到挂失止付通知书之日起 12 日内没有收到人民法院的止付通知书的，自第 13 日起，持票人提示付款并依法向持票人付款的，不再承担责任。（ ）

  6．汇票的保证人对合法取得汇票的持票人所享有的汇票权利承担保证责任，但被保证人的债务因汇票记载事项欠缺而无效的除外。（ ）

  7．保证不得附有条件；附有条件的，不影响对汇票的保证责任。（ ）

  8．张某明知李某向其转让的支票是偷来的，却欣然接受。此种情况下取得的票据，张某仍享有票据权利。（ ）

  9．支票的出票人于 2018 年 9 月 9 日出票时，在票面上记载"到期日为 2018 年 9 月 18 日"，该记载有效。（ ）

  10．承兑附条件的，视为拒绝承兑。（ ）

四、案例分析题

案例一

  A 公司为支付货款，向 B 公司签发一张由甲银行承兑的汇票。B 公司取得汇票后，将汇票背书转让给

C公司。C公司在汇票的背面记载"不得转让"字样后，将汇票背书转让给D公司。其后，D公司将汇票背书转让给E公司，但背书签章颠倒了位置，后E公司又将汇票背书转让给F公司。汇票到期后，F公司持汇票向甲银行提示付款，甲银行以背书不连续为由拒绝。F公司取得拒绝证明后，向A、B、C、D、E公司同时发出追索通知。B公司以F公司应先向C、D、E公司追索为由拒绝；C公司以自己在背书时记载"不得转让"字样为由拒绝。

问题：（1）甲银行拒绝付款的理由是否正确？简要说明理由。

（2）B公司拒绝承担责任的理由是否符合法律规定？简要说明理由。

（3）C公司拒绝承担责任的理由是否符合法律规定？简要说明理由。

案例二

天辉公司于2019年2月10日向李某签发一张金额为10万元的转账支票，付款人为甲银行。天辉公司的财务人员在出票时，未记载收款人名称，授权李某补记。李某补记后向其开户银行乙银行委托收款，将款项转入其个人银行结算账户。在提示付款时，甲银行发现该支票账户余额为8万元，遂予以退票，并对天辉公司处以1万元罚款。李某要求天辉公司赔偿2000元赔偿金。

问题：（1）李某能使用该支票支取现金吗？并说明理由。

（2）天辉公司在出票时，出票日期2月10日应如何记载？

（3）天辉公司在出票时，未记载收款人名称，授权李某补记，该支票是否有效？并说明理由。

（4）甲银行对天辉公司签发空头支票处以1万元罚款是否符合法律规定？简要说明理由。

（5）李某能否以天辉公司签发空头支票为由要求其支付2000元赔偿金？简要说明理由。

课 外 实 训

背景资料

2019年，某机械公司与三帝材料公司（简称三帝公司）签订了一份材料买卖合同。合同约定，6月7日三帝公司向该机械公司提供一批价款为200万元的金属材料，材料运到后，双方约定用银行承兑汇票支付货款，承兑付款人为G银行某支行，付款期为两个月。三帝公司按月供货，当日该机械公司签发了一张承兑付款人为G银行某支行、金额为200万元的银行承兑汇票。

该机械公司在汇票的出票人栏仅盖了本单位的财务专用章而无法定代表人的签名，出票地、收款人一栏均未填写，称由三帝公司自己填写。三帝公司在承兑前，在收款人一栏填写了董事长的笔名并加盖了单位公章，然后到承兑银行提示承兑。承兑银行经审查后，以汇票记载事项有问题为由拒绝承兑。

根据上述案例给出咨询意见。

实训知识领域	实训方式	实训步骤	实训提示
出票的记载事项。	课堂讨论并提出咨询意见。	案例展示→分组讨论→选派代表给出咨询意见→教师总结。	

第五章

商业银行担保法律规范

【学习指导】

学习要点

1. 掌握贷款担保类型，实现商业银行经营的安全性。

2. 掌握贷款保证、贷款抵押、贷款质押的法律规定，有效避免各种法律风险，保护商业银行的利益。

3. 掌握银行保函、备用信用证各方当事人之间的法律关系，了解银行作为保证人的风险和法律责任，强化从业人员的法律意识和规范意识。

衔接的主要核心专业课程

金融基础、商业银行业务、信贷管理与实务、房地产学、金融企业会计、金融创新等。

课外要求

关注银行贷款担保业务宣传册中所涉及的内容和所学课程之间的联系。

第一节　商业银行担保概述

【问题导入】

1. 如果有朋友找你做担保人，你会考虑哪些问题？你同意或不同意的理由是什么？

2. 商业社会对担保的需求从来没有像今天这样急切，以至于给人们留下这么一个印象：无担保就无交易。分析确立担保制度在当今经济生活中发挥着怎样的作用？

一、商业银行担保的性质和功能

商业银行担保是指银行为了保障贷款合同的履行，在向借款人发放贷款时，要求以借款人或第三人的财产确保债务人履行债务的行为。

1. 商业银行担保的性质

商业银行担保具有平等性、自愿性、从属性和保障性。

（1）平等性。担保关系中当事人（债权人与担保人）法律地位平等。

（2）自愿性。所谓自愿性是指担保在大多数情况下依据担保人、债权人、债务人三方的自愿合意成立，只有少数情况下依据法律规定而成立。我国《民法典》规定了担保制度，但并未规定当事人必须设立担保。对于担保是否设立、形式如何、担保人是否愿意提供担保等，都需要担保人、债权人、债务人通过平等协商，自愿决定来订立担保合同。

（3）从属性。被担保之债是主债，担保之债是从债，主债无效或消灭，从债也随之无效或消灭。主债务有效，从债可能有效，也可能无效，从债此时的效力，要取决于是否符合其自身的生效要件。担保合同被确认无效后，债务人、担保人、债权人有过错的，应根据其过错各自承担相应的民事责任。

（4）保障性。担保合同保障主合同的履行是担保的最根本特征。

2. 商业银行担保的功能

商业银行担保所具有的社会经济作用，即能促进资金融通和商品流通，保障债权的实现。

（1）通过担保救济债权损失。作为借出货币的银行（债权人），可以通过发放担保贷款，来利用保证、抵押权、质权等手段救济债权损失。在物的担保情况下，由于债权会受到担保的有力保护，债权人在发放贷款时势必会要求贷款人提供物的担保，以便于在担保的债权出现风险时，可以通过行使担保物权，从特定担保物中实现优先受偿。

（2）满足急需资金的生产经营者。借入资金的经营者（债务人），在借入一定资金后，原则上并不因为设立担保而丧失其对担保物的用益权或所有权。在保证中，保证人不会因为替他人作保而使其生产经营活动受到影响；在抵押、质押等物的担保中，情况有些区别，但总体上来说，担保物的所有权仍留于担保人手中。因此，通过设立债权担保，债务人不但可以如愿取得贷款，而且仍旧可以使用担保物并获得收益，即物的价值和使用价值都起到了应有的作用。资金融通的双重意义在这里得以充分显示。

二、商业银行担保的种类

根据《民法典》的规定，担保的种类有保证、抵押、质押、留置、定金五种。而在金融活动中，担保贷款的形式主要是保证、抵押、质押三种。

1. 保证

保证是指保证人和债权人约定，当债务人不履行债务时，保证人按照约定履行债务或者承担责任的行为。

2. 抵押

抵押是指债务人或者第三人不转移对财产的占有，将该财产作为债权的担保。债务人不履行债务时，债权人有权依照法律的规定以该财产折价或者以拍卖、变卖该财产的价款优先受偿。

3. 质押

质押是指债权人与债务人或债务人提供的第三人以协商订立书面合同的方式，移转债务人或者债务人提供的第三人的动产或权利的占有，在债务人不履行债务时，债权人有权以该财产价款优先受偿。

4. 留置

留置是指债权人按照合同约定占有债务人的动产，债务人不按照合同约定的期限履行债务的，债权人有权依照法律规定留置该财产，以该财产折价或者以拍卖、变卖该财产的价款优先受偿。

同一担保物既存在抵押权或质押权又存在留置权的，依据《民法典》第456条的规定，同一动产上已经设立抵押权或者质权，该动产又被留置的，留置权人优先受偿。

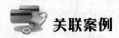 **关联案例**

留置权中的优先受偿

2021年3月，A公司将其存放在B公司的精煤抵押给C银行办理融资贷款业务。A公司向C银行提供了租赁B公司场地的租赁合同。该租赁合同中约定：A公司租赁B公司场地存放原煤，同时委托B公司对原煤进行洗选，支付给B公司有关加工费用，B公司完成加工后，A公司销售精煤直接从B公司出库。2021年9月还款期到，A公司无力清偿C银行的贷款本金和利息。为此，C银行向人民法院起诉，人民法院依法查封了A公司存放在B公司仓库里的精煤，而A公司尚欠B公司的加工费6万多元。B公司得知其为A公司保管的精煤被查封后，即找到A公司追讨加工费，但该公司已无偿还能力。

问题： B公司能收回加工费吗？法律依据是什么？

解析： B公司能依法收回加工费。法律依据是《民法典》第456条的规定：同一动产上已经设立抵押权或者质权，该动产又被留置的，留置权人优先受偿。因此，无论抵押权、质押权和留置权的设立时间谁在前，留置权一律优先于抵押权、质押权受偿。之所以规定留置权优先于抵押权，是由于留置权为法定担保物权，法定担保物权具有对抗其他担保物权的效力。

> **议一议**
>
> 在生活中我们常常遇到这样的情况：一些民间合同中，当事人约定以定金形式担保合同履行的时候，往往把"定金"写成了"订金"。这两者有区别吗？

5. 定金

定金是指当事人约定一方向对方给付一定数额的货币作为债权的担保。债务人履行债务后，定金可以抵作价款或收回。给付定金的一方不履行约定的债务，无权要求返还定金；收受定金的一方不履行约定的债务，应当双倍返还定金。定金的数额由当事人约定，但不得超过主合同标的总额的20%。

三、反担保

以担保设定的目的不同，担保可以分为本担保和反担保。本担保是指以保障主债权的实现为目的设定的担保。反担保是指在本担保设定后，为了保障担保人在承担担保责任后，其对被担保人的追偿权得以实现而设定的担保，即指第三人为债务人向债权人提供担保时，债务人应第三人的要求为第三人提供的担保。如银行对借款人发放保证贷款时，因保证人要承担风险，故要求借款人为自己再提供担保，借款人为保证人所提供的担保即属反担保，签订的合同即为反担保合同。

依照《民法典》的规定，第三人为债务人向债权人提供担保的，可以要求债务人提供反担保。

关联案例

信贷消费中的反担保

2021年8月，A汽车销售商与B银行联合推出一种分期付款购车的消费信贷。

李某的朋友杨某与A汽车销售商签订了汽车分期付款购销合同，约定杨某以分期付款方式购买价值20万元的汽车一辆。根据A汽车销售商与B银行联合推出的贷款购车方式，客户支付首付款40%后，由B银行审查客户资质，然后将余款打入A汽车销售商账户。购车当日，李某应杨某的请求为其提供担保，并与A汽车销售商签署了担保书。担保书内容为：根据购车合同，如果购车人不能按照贷款协议偿还银行的借款本金及利息，或其不具有偿还能力时，担保人自愿为购车人承担还款责任。该担保书作为购车合同的附件，存放在 A 汽车销售商处。同时，杨某又与 B 银行签订了贷款合同，A 汽车销售商与 B 银行签订了担保合同，为杨某承担连带担保责任。

购车后数月，杨某因生意破产而负债累累，汽车也被拍卖，至此车款还有 10 万元未还。A 汽车销售商承担连带责任向银行支付了欠款后，要求李某对其承担反担保责任。但李某认为自己是向 B 银行承担担保责任。不得已 A 汽车销售商将李某诉至人民法院。

问题： 李某签订的担保合同是对销售商的反担保吗？

解析： 李某与 A 汽车销售商签订的担保合同，基本符合反担保的要件。

第一，本案涉及的是两个担保合同：一是 A 汽车销售商为保证杨某与 B 银行之间签订的贷款合同的履行而由 A 汽车销售商与 B 银行之间签订的担保合同，该担保合同是本担保；二是 A 汽车销售商为使自己作为贷款合同的担保人将来追偿权的实现，而又要求购车人杨某的朋友李某与 A 汽车销售商签署担保书，该担保书即为反担保。第二，本案中杨某既是购车合同中的债务人又是贷款合同中的债务人，A 汽车销售商为杨某向 B 银行承担了担保责任以后有权向债务人杨某的担保人李某行使追偿权。

因此，该担保合同应认定为反担保。所以，李某应当向 A 汽车销售商履行偿还车款的责任。

四、《公司法》对担保的规定

《公司法》的总则和分则中分别就公司的担保行为做了强制性规定，这些规定已不仅是对公司内部决策机关行为的约束，而是直接决定公司对外担保的效力，即合法通过的股东会（大会）决议或董事会决议成为公司为股东或其他个人债务担保的生效要件。

（1）根据《公司法》和公司章程的规定，公司转让、受让重大资产或者对外提供担保等事项必须经股东大会作出决议的，董事会应当及时召集股东大会会议，由股东大会就前述事项进行表决。

（2）公司向其他企业投资或者为他人提供担保，依照公司章程的规定，由董事会或者股东会、股东大会决议；公司章程对投资或者担保的总额及单项投资或者担保的数额有限额规定的，不得超过规定的限额。

（3）公司为公司股东或者实际控制人提供担保的，必须经股东会或者股东大会决议。被担保的股东或者实际控制人支配的股东，不得参加对这一事项的表决。该项表决由出席会议的其他股东所持表决权的过半数通过。

（4）上市公司在一年内购买、出售重大资产或者担保金额超过公司资产总额 30% 的，应当由股东大会作出决议，并经出席会议的股东所持表决权的 2/3 以上通过。

（5）董事、高级管理人员不得违反公司章程的规定，未经股东会、股东大会或者董事会同意，将公司资金借贷给他人或者以公司财产为他人提供担保。

第二节　银行贷款保证

【引例】

甲公司向乙银行贷款 50 万元，约定 3 个月内还清，并由丙公司提供担保，但未约定保证范围。一个月后，甲公司在征得乙银行同意后，将 30 万元债务转移给尚欠其 30 万元贷款的丁公司。对此，丙公司完全不知情。至债务清偿期届满时，乙银行要求丁公司偿还 30 万元贷款及其利息，而丁公司因为违法经营被依法查处，法定代表人不知去向，公司的账户被冻结。于是，乙银行找到丙公司，要求其承担保证责任。丙公司至此才知道甲公司已将其债务转让给丁公司，遂以此为由拒绝承担责任。双方为此发生争议，乙银行诉至人民法院。

问题：（1）丙公司保证担保的范围应如何确定？

（2）甲公司转让债务的行为是否有效？为什么？

（3）丙公司是否继续承担保证责任？为什么？

一、银行贷款保证概述

银行贷款保证是指银行向借款人发放贷款时，和第三人订立保证合同，由第三人承诺在借款人不能偿还贷款时，由其按约定承担一般保证责任或连带保证责任。保证债务履行的第三人称为保证人；被保证债务履行的债务人称为被保证人。

保证具有以下特征。

（1）保证的从属性。保证与所担保的债形成主从关系，保证所担保的债为主债，保证之债为从债，因此订立的保证合同是主合同的从合同。保证是以被担保的债的成立为前提；保证担保的范围不得超越被保证人的债务；被担保的债务解除，保证债务随之解除。

（2）保证的相对独立性。保证债务是独立于主债务的单独债务。保证合同的效力，要依从于自身的生效要件。保证债务虽不能大于或强于主债务，但却可以与主债务不同。例如，保证人可就一部分债务成立保证；主债务不附条件的，保证债务可以附条件。而且主合同有效，保证合同未必有效。

（3）保证的信用性。保证属于人保，即保证人以自己的名义和资产进行担保，而且保证人的资产在保证期间具有浮动性。因此，保证人良好的商业信誉是保证成立并且取得债权人信任的关键。

二、保证人的资格和保证合同

在银行贷款中，保证人以自己的信用和财产来为银行贷款的实现提供担保，并通过保证人与贷款人之间订立的保证合同，实现借款人不能履行义务还款时，由保证人代为履行债务或者承担责任，这样就必然要求保证人必须有代为清偿债务的能力。

1. 保证人的资格

保证人的资格即保证人的条件，是指民事主体成为保证人所应当具备的行为能力和清偿债务的能力，是在订立保证合同时首先应考虑的一个问题（见表 5.1）。倘若保证人不适格，将直接导致合同的无效。

表 5.1　保证人的资格

可以为保证人	不得为保证人
1. 具有代为清偿能力的自然人 2. 具有代为清偿能力的法人 3. 具有代为清偿能力的其他组织	1. 机关法人不得为保证人，但经国务院批准为使用外国政府或国际经济组织贷款进行转贷的除外 2. 以公益为目的的非营利法人、非法人组织

2. 保证合同

保证合同应由保证人与贷款人以书面形式订立，其表现形式既可以为单独订立的书面保证合同，也可以为在主合同中写明保证人的保证责任和担保期限的条款，并由保证人签名盖章。

保证合同的内容应当包括：①被保证的主债权种类、数额；②债务人履行债务的期限；③保证的方式；④保证担保的范围；⑤保证的期间；⑥双方认为需要约定的其他事项。

三、保证方式

根据《民法典》第686条的规定，保证的方式包括一般保证和连带责任保证。

1. 一般保证

当事人在保证合同中约定，债务人不能履行债务时，由保证人承担保证责任的为一般保证。根据《民法典》第687条第2款的规定，一般保证的保证人享有先诉抗辩权，即一般保证的保证人在主合同纠纷未经审判或者仲裁，并就债务人财产依法强制执行仍不能履行债务前，有权拒绝向债权人承担保证责任。根据《民法典》第686条第2款的规定，当事人在保证合同中对保证方式没有约定或者约定不明确的，按照一般保证承担保证责任。

对一般保证，当主债务履行期限届满时，债权人应首先向债务人主张履行债务或赔偿损失的请求，只有当债务人履行不能时，债权人才能向保证人请求。所以一般保证人所承担的保证责任具有从属性和补充性的特征，在债务清偿顺序上是第二顺序的债务人。在审判实践中，如果债权人以债务人和一般保证人为共同被告提起诉讼，则人民法院不能允许一般保证人以顺序利益为由退出诉讼，但在判决书中应明确在对债务人财产依法强制执行后仍不能履行债务时，由一般保证人承担保证责任。

一般保证的保证人权利受到一定限制。虽然之前的担保法律制度赋予了一般保证的保证人享有先诉抗辩权，但根据《民法典》第687条第3款的规定，有下列情形之一的，保证人不得行使上述规定的权利：①债务人下落不明，且无财产可供执行；②人民法院受理债务人破产案件；③债权人有证据证明债务人的财产不足以履行全部债务或者丧失履行债务能力；④保证人书面表示放弃本款规定的权利。

2. 连带责任保证

当事人在保证合同中约定保证人与债务人对债务承担连带责任的，为连带责任保证。连带责任保证的债务人在主合同规定的债务履行期届满没有履行债务的，债权人可以要求债务人履行债务，也可以要求保证人在其保证范围内承担保证责任。

在连带责任保证中，保证人和主债务人是同一顺序的债务偿还人。债权人单独起诉连带责任保证人时，人民法院一般不因保证人与债务人之间有连带责任的约定而不支持债权人的请求，而是在判决保证人承担保证责任或赔偿责任后，在判决书中明确保证人享有追偿权。

微课堂

保证方式

问：一般保证和连带责任保证有什么不同的法律后果。

注意：一般保证或连带责任保证是由债权人与保证人在保证合同中约定的保证担保方式。在实践中，保证合同当事人的约定往往并不明显地表述为一般保证或连带保证，而是以其他方式加以表述，对此应作具体分析。

关联案例

以"一字之差"理解一般保证和连带责任保证

案例一

2021年6月，甲公司向A银行申请贷款100万元，期限一年，由乙公司担保。A银行与乙公司签订的保证合同约定：甲公司到期不能偿还贷款，由乙公司承担偿还责任。还款期限届满，甲公司借故不还。A银行遂起诉乙公司，请求乙公司承担连带责任。

案例二

2021年10月，丙企业向A银行申请贷款200万元，期限一年，由丁企业担保。A银行与丁企业签订的保证合同约定：丙企业到期不偿还贷款，由丁企业承担偿还责任。还款期限届满，丙企业借故不还。A银行遂起诉丁企业，请求丁企业承担连带责任。

问题：在案例一、案例二中两份保证合同均未以"一般保证"或"连带保证"字样对保证责任方式进行直接明确的表述，而A银行分别请求乙公司、丁企业承担的均是连带责任。那么案例一、案例二中A银行的诉求是否成立呢？

解析：《民法典》第687条第1款规定：当事人在保证合同中约定，债务人不能履行债务时，由保证人承担保证责任的，为一般保证。案例一中保证合同约定"甲公司到期不能偿还贷款，由乙公司承担偿还责任"。显然，这一约定与《民法典》第687条第1款规定完全一致，因此，保证责任方式为一般保证。因此，从案例一中可看出，一般保证的保证人是在债务人客观上不能履行债务，或者说客观上履行不能时才承担保证责任，其享有先诉抗辩权，承担的责任是一种补充责任。因此，A银行起诉乙公司，请求乙公司承担连带责任不能成立，乙公司可依据《民法典》第687条提出抗辩。

案例二中保证合同约定"丙企业到期不偿还贷款，由丁企业承担偿还责任"，这与案例一保证合同约定的文句相比较，"不"与"不能"仅一字之差，但是依照《民法典》的精神应当理解为约定不明。根据《民法典》686条第2款的规定，当事人在保证合同中对保证方式没有约定或者约定不明确的，按照一般保证承担保证责任；根据《民法典》第688条第1款的规定，当事人在保证合同中约定保证人和债务人对债务承担连带责任的，为连带责任保证。因此，A银行起诉丁企业，请求丁企业承担连带责任的理由不成立，丁企业应当承担一般保证责任。

四、共同保证

共同保证是指数人共同担保同一债务人的同一债务履行而进行的保证，可分为按份保证和连带保证。

1. 按份保证

共同保证的保证人与债权人约定保证份额的，为按份保证。按份保证的每个保证人仅就其约定的份额向债权人承担保证责任，保证人在承担保证责任后，也只能就其清偿的债务份额向主债务人追偿。

2. 连带保证

共同保证的保证人未与债权人约定保证份额或者约定不明确的，为连带保证。连带保证的每个保证人都有义务向债权人承担全部保证责任，在保证债务未全部清偿前，各保证人的保证责任都不能免除。连带保证的各保证人虽然向债权人负连带保证责任，但在保证人内部之间仍可依一定的份额承担保证责任。所以，连带保证人向债权人承担保证责任后，可以向主债务人追偿，也可以要求其他保证人清偿其应当承担的份额。各保证人应当承担的保证份额，依共同保证人之间的约定而定；保证人之间没有约定或者约定不明确的，应当视为各保证人平均分担保证责任。

> **注意**：如果保证份额的约定只发生在保证人之间，而不是保证人与债权人之间，则这种约定对债权人不具有按份承担保证责任的效力。

五、保证担保的范围和保证期间

保证担保的范围和保证期间实际上就是保证责任的空间范围和时间范围，对于保证关系中的当事人是否应当在保证合同中约定保证担保的范围和保证期间，《民法典》并不作强制性的要求。根据民法中意思自治的原则，在符合法律原则的前提下，对保证担保的范围和保证期间当事人之间有约定的，依照约定；无约定的，则依照法律的规定。

（一）保证担保的范围

保证担保的范围首先依照保证合同中当事人的约定，在当事人对保证担保范围无约定或约定不明时，应依照《民法典》第 691 条的规定加以确定，包括主债权及其利息、违约金、损害赔偿金和实现债权的费用。

（二）保证期间

保证期间为保证责任的存续期间。如果债权人没有在保证期间主张权利，则可免除保证人的保证责任。

1. 保证期间的起算和界定

保证期间从主债务履行期届满之日起算。

当事人对保证期间可以进行约定；当事人未约定保证期间的，或虽有约定，但约定不明的，推定为 6 个月的保证期间。

2. 保证期间与保证债务的诉讼时效

如果债权人没有在保证期间"主张权利"，则保证人免除保证责任。由于保证方式的不同，债权人在保证期间"主张权利"的法律要求也不同。

保证期间是债权人向保证人行使追索权的期间，债权人没有在保证期间主张权利的，保证人免除保证责任。但是一旦债权人在保证期间主张权利，保证期间的未经过的部分则不再计算。这时开始计算保证的诉讼时效期间。

保证债务的诉讼时效指在保证期间内，债权人向保证人主张权利的，保证责任确定，开始计算诉讼时效。一般保证的债权人在保证期间届满前对债务人提起诉讼或者申请仲裁的，从保证人拒绝承担保证责任的权利消灭之日起，开始计算保证债务的诉讼时效。连带责任保证的债权人在保证期间届满前请求保证人承担保证责任的，从债权人请求保证人承担保证责任之日起，开始计算保证债务的诉讼时效。

六、主合同变更对保证责任的影响

在存在保证合同的情况下，无论是主合同主体的变更还是内容的变更，都会影响保证人在主合同变更前已经承担的权利和义务。因此，基于保证的从属性，我国《民法典》对主合同的变更究竟会对保证人的责任产生怎样的影响作出了以下几项明确的规定。

（1）主合同债权转让（债权人变更）。保证期间，债权人依法将主债权转让给第三人的，保证人在原保证担保的范围内继续担保保证责任。保证合同另有约定的，按照约定执行。

（2）主合同债务转让（债务人变更）。保证期间，债权人许可债务人转让债务的，应当取得保证人书面同意，保证人对未经其同意转让的债务，不再承担债务。

（3）主合同内容变更。对于主合同的数量、价款、币种、利率进行变更，而没有经过保证人书面同意的，如果是减轻了保证责任，则保证人在减轻的范围内承担责任；如果是加重了，则保证人对加重债务人债务的部分不承担保证责任。

 **关联案例**

变更借款合同中的借款金额对保证人保证责任的影响

2021 年 1 月初，由甲公司为乙公司担保在信用社贷款 200 万元，借款期限为 3 个月，保证期间为 1 年。在合同履行过程中，乙公司根据需要在银行贷款 220 万元。借款到期后，乙公司无力偿还，信用社遂于 2021 年 7 月起诉到人民法院，要求乙公司偿还借款本息，甲公司承担连带保证责任。甲公司辩称，乙公司变更了借款合同的内容，即变更了借款金额，未经其书面同意，因此，应免除其保证责任。

问题：主合同内容的变更是否对保证人的保证责任产生影响？

解析：未经保证人甲公司书面同意，将乙公司与信用社的借款合同中借款金额由约定的 200 万元变更为 220 万元，无疑加重了保证人甲公司的保证责任。根据《民法典》695 条的规定，保证人甲公司对加重部分不承担保证责任，即甲公司仍应当按照合同的约定对 200 万元本息承担保证责任。

七、保证人的追偿权

保证人的追偿权是指保证人在履行保证债务后，有请求主债务人偿还的权利。保证人所享有的追偿权，在本质上是一种代位请求权，也就是保证人在清偿债务后，代替原债权人的地位，在其与债务人之间形成一种债权债务关系。

 **关联案例**

物的担保和人的担保并存，乙银行如何实现担保债权

甲公司向乙银行借款 100 万元，乙银行要求甲公司提供担保，丙公司以一套设备（价值约 80 万元）为该债务提供抵押担保，并签订了抵押合同，办理了抵押登记；同时，丁公司也为这笔借款提供了保证担保。但当事人对保证担保和物保的范围均未作约定。后因甲公司无力还款，乙银行要求丙公司和丁公司承担担保责任而引起纠纷。

问题：（1）乙银行可否任意选择丙公司或者丁公司承担担保责任？为什么？

（2）若乙银行选择丁公司承担担保责任，则丁公司承担责任后，可否要求丙公司承担相应的份额？为什么？

解析：（1）可以。依据《民法典》第392条的规定，同一债权既有保证人又有第三人提供物保的，债权人可以请求保证人或者物的担保人承担担保责任。本案中，丙公司作为第三人为该债务提供抵押担保，丁公司为该债务提供保证担保，虽未约定担保范围，但是担保物权人乙银行可以选择丙或丁承担担保责任。故乙银行可要求丙公司或丁公司承担担保责任。

（2）不可以。根据《民法典》第700条的规定，提供担保的第三人承担担保责任后，有权向债务人追偿。所以丁公司承担责任后，只能向债务人甲公司追偿，而不可要求丙公司承担相应的份额。

【节前引例分析】

（1）根据法律规定，双方当事人未约定担保范围的，保证人担保全部债务。本案例中，乙银行与保证人丙公司未约定担保范围，丙公司的担保范围应是全部债务，包括主债权（50万元）及利息、违约金、损害赔偿金和实现债权的费用。

（2）根据法律规定，债务人得到债权人同意后可以转让债务。本案例中，甲公司转让债务于丁公司的行为得到债权人乙银行的同意，因此转让有效。

（3）根据法律规定，债务人转让债务除非得到保证人的书面同意继续担当保证人；否则，保证人免除保证责任。本案例中，甲公司转让债务的行为没有告知保证人丙公司，更未得到丙公司的书面同意，所以丙公司不再承担保证责任。

第三节　银行贷款抵押

【引例】

2021年1月1日，中旺贸易公司（下称中旺公司）从某市农业银行（下称农行）贷款100万元，约定2021年6月2日还本付息。农行要求中旺公司提供担保，中旺公司提出以位于某区的办事处房屋抵押，作为贷款担保。2021年5月，因业务需要，中旺公司又在紧邻办事处旁边增建一排平房，作为仓库。清偿期届满时，中旺公司无力还贷，农行数次催告，中旺公司仍不能清偿。

问题：（1）中旺公司以其办事处的房屋设定抵押时，该房屋占用范围内的国有土地使用权是否要一并设定抵押？为什么？

（2）中旺公司紧临办事处新建的一排平房是否属于抵押的财产？为什么？

（3）在中旺公司无力偿还贷款的情况下，农行可以什么方式来实现其债权？

（4）如中旺公司与农行的抵押合同中记载的房屋为4间，而房产抵押登记簿中记载的房屋为5间，则农行实现抵押权时应以哪一个为准？

（5）如中旺公司抵押的房屋后来被有关机关确认为违章建筑，农行能否对房屋行使抵押权？为什么？

（6）假设中旺公司抵押的房屋是经依法批准正在建造中的房屋，当事人办理了抵押登记后，农行能否对房屋行使抵押权？

（7）如中旺公司用于抵押的房屋中包括几间值班室，而这几间值班室属于中旺公司的子公司宏达公司（享有独立的法人资格）所有，那么，农行能否对值班室行使抵押权？为什么？

（8）如中旺公司的办事处擅自用自己的业务章为他人贷款作保证，该保证合同是否有效？为什么？

一、银行贷款抵押概述

银行贷款抵押是指商业银行在发放贷款时，要求借款人以自己或者第三人的财产作为担保，当债务人不履行债务时，银行有权依法以该财产折价或者以拍卖、变卖该财产的价款优先受偿，以保障银行贷款的债权得到最大限度的实现。

因抵押而依法享有的权利为抵押权。在抵押权关系中，享有抵押权的债权人称为抵押权人；提供担保财产的债务人或第三人称为抵押人；抵押人提供的担保财产称为抵押物或抵押财产。

抵押权具有以下特征。

（1）抵押权是意定担保物权。抵押权通过抵押人和抵押权人订立抵押合同来实现。

（2）抵押权的标的物主要是债务人或第三人提供担保的不动产，但是在我国动产也可以用作抵押。

（3）抵押权不移转标的物的占有。一方面抵押人可以以抵押的财产用作担保进行融资；另一方面抵押人在抵押期间自己可以继续对抵押物进行占有、使用和受益，使抵押物的使用价值得以充分发挥。

二、抵押物的范围

抵押权的实现最终是通过依法将抵押的财产进行处分的价款优先受偿，因此能够设定抵押的标准是该项财产依法可以转让，不可转让的财产不能设定抵押。

1. 依法可以抵押的财产

依据《民法典》第395条的规定，债务人或者第三人有权处分的下列财产可以抵押：①建筑物和其他土地附着物；②建设用地使用权；③海域使用权；④生产设备、原材料、半成品、产品；⑤正在建造的建筑物、船舶、航空器；⑥交通运输工具；⑦法律、行政法规未禁止抵押的其他财产。抵押人可以将前款所列财产一并抵押。

2. 依法禁止抵押的财产

根据《民法典》第399条的规定，下列财产不得抵押：①土地所有权；②宅基地、自留地、自留山等集体所有土地的使用权，但是法律规定可以抵押的除外；③学校、幼儿园、医疗机构等为公益目的成立的非营利法人的教育设施、医疗卫生设施和其他公益设施；④所有权、使用权不明或者有争议的财产；⑤依法被查封、扣押、监管的财产；⑥法律、行政法规规定不得抵押的其他财产。

三、最高额抵押

最高额抵押是指抵押人与抵押权人协议，在最高债权额度内，以抵押物对一定时间内连续发生的债权作担保的抵押形式。我国的最高额抵押仅适用于借款合同和债权人与债务人就某项商品在一定期间内连续发生交易而签订的合同。例如，甲企业与乙银行达成协议，规定未来3年内乙银行每月贷款给甲企业1000万元，总额不超过3.6亿元，丙企业以高级大酒店提供抵押并登记。三年后，甲企业欠乙银行的贷款余额为2.8亿元，到期不能清偿。乙银行申请拍卖大酒店，用于清偿所欠债务。

最高额抵押具有下列特征：①抵押担保的是将来的债权，现在尚未发生；②抵押担保的债权额不确定，但设有最高额限制。最高额限制并非债权的实际最高额；③实际发生的债权是连续的、不确定的，即债权人不规定对方实际发生债权的次数和数额；④债权人只可以对抵押财产行使最高限额内的优先受偿权；⑤最高额抵押只需一次登记即可设置。

四、浮动抵押

浮动抵押是指经当事人书面协议，企业、个体工商户、农业生产经营者可以将现有的以及将有的生产设备、原材料、半成品、产品抵押，债务人不履行到期债务或者发生当事人约定的实现抵押权的情形时，债权人有权就实现抵押权时的动产优先受偿。

1. 浮动抵押的特征

相对其他抵押形式，浮动抵押有以下两个特征。

（1）浮动抵押设定后，抵押的财产不断发生变化，直到约定或者法定的事由发生，抵押财产才确定。抵押权设定后，抵押人可以将抵押的原材料投入成品生产，也可以卖出抵押的财产。当发生债务履行期届满未清偿债务、抵押人被宣告破产或者被撤销、当事人约定的实现抵押权的情形或者严重影响债权实现的其他情形发生时，抵押财产确定。也就是说，此时企业有什么财产，这些财产就是抵押财产。

（2）浮动抵押期间，抵押人处分抵押财产不必经抵押权人同意，抵押权人对抵押财产无追及的权利，只能就约定或者法定事由发生后确定的财产优先受偿。抵押财产确定前抵押人卖出的财产不追回，买进的财产算作抵押财产。抵押人以其全部财产设定浮动抵押的，只需要在登记时注明以全部财产抵押，即对抵押财产作概括性描述，不必详列抵押财产清单。以部分财产抵押的，则需要列明抵押财产的类别。

2. 设立浮动抵押应当符合的条件

设立浮动抵押应当符合以下条件。

（1）设立浮动抵押的主体限于企业、个体工商户、农业生产经营者。

（2）设立浮动抵押的财产限于生产设备、原材料、半成品、产品。除此以外的动产不得设立浮动抵押，不动产也不得设立浮动抵押。

（3）设立浮动抵押应当订立书面协议。该协议一般包括担保债权的种类和数额、债务履行期间、抵押财产的范围、实现抵押权的条件等。抵押财产的范围并不要求详细列明。例如，以全部财产抵押的，可以写"以现有的或者将有的全部动产抵押"；以部分财产抵押的，可以写"以现有的和将有的机床、电机、原材料抵押"。

（4）实现抵押权的条件是不履行到期债务或者出现当事人约定的实现抵押权的事由。

（5）债权人有权就实现抵押权时的动产优先受偿。

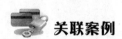 **关联案例**

约定事由出现，依法就浮动抵押实现债权

甲企业欲设立一个生产电力设备的工厂，但是缺乏资金，因此向乙银行贷款。甲乙双方签订了一个贷款协议。协议约定，乙银行向甲企业提供 1000 万元的借款。甲企业将其建设中的项目现有和未来取得的全部资产作为借款的担保，并约定如果在三年内因经营问题，项目工程不能正常运营，则银行有权实现抵押权。此后，乙银行按协议分两次向甲企业发放贷款。当项目建设三年期满时，因甲企业的经营问题而发生严重的财务困难，项目建设就此停滞。同时，乙银行认为双方约定的实现抵押权的事由已经出现，于是要求甲企业偿还所借款项。

问题：（1）甲企业与乙银行之间的约定属于什么担保？

（2）事实上甲企业已无能力偿付乙银行的借款，则乙银行该如何实现其债权？

解析：（1）本案中，因双方的贷款协议已经明确规定，甲企业将建设中的项目现有和未来取得的全部资产作为借款的担保，所以本案涉及的是典型的浮动担保方式。

（2）本案中，甲乙之间约定的实现抵押权的事由已经出现，事实上甲企业因财务状况危机，项目建设停滞，已经无法在三年期满时正常运营，进而无法获取收益以清偿银行的贷款。因此，乙银行在主债务不能受偿时，有权行使贷款协议约定的浮动抵押的权利。

五、抵押合同

抵押合同是抵押权人（通常是债权人）与抵押人（既可以是债务人，也可以是第三人）签订的担保性质的合同。抵押人以一定的财物（既可以是不动产，也可以是动产）向抵押权人设定抵押担保，当债务人不能履行债务时，抵押权人可以依法以处分抵押物所得价款优先受偿。

1. 抵押合同的形式

抵押合同是抵押权人和抵押人协商一致并且经过双方当事人签字盖章的书面协议，所以抵押合同的订立必须采取书面的形式。

2. 抵押合同的内容

根据《民法典》的规定，抵押合同的内容包括：①被担保的主债权种类、数额；②债务人履行债务的期限；③抵押财产的名称、数量等情况；④抵押担保的范围。

3. 流押条款的规定

抵押权人在债务履行期限届满前，与抵押人约定债务人不履行到期债务时抵押财产归债权人所有的，只能依法就抵押财产优先受偿。《民法典》对此做了规定，如果直接规定流押条款无效，会使抵押担保贷款变为无担保贷款，所以，从维护债权人利益的角度出发，规定流押条款的，按照正常的抵押担保物优先受偿。

六、抵押登记

抵押登记是指抵押权人向法律规定的有关部门将其在特定物上所设定的抵押权的事项予以记载的事实。

1. 登记作为抵押权生效要件，不登记抵押权不成立

以建筑物或者建设用地使用权等不动产进行担保的，抵押权从登记时设立。但是需要注意的是，不登记只是抵押权不成立，不影响抵押合同的法律效力。需要登记的事项具体包括：①建筑物和其他土地附着物；②建设用地使用权；③以招标、拍卖、公开协商等方式取得的荒地等土地承包经营权；④正在建造的建筑物。

2. 动产抵押不以登记为生效要件，而以登记为对抗要件

以动产进行抵押的均自抵押合同生效时设立，未登记只是不得对抗善意第三人。需要登记

的事项具体包括：①生产设备、原材料、半成品、产品；②船舶、航空器；③交通运输工具；④其他法律、行政法规未禁止抵押的动产。

3. 登记具有绝对效力

依据《民法典担保制度司法解释》第 47 条的规定，不动产登记簿就抵押财产、被担保的债权范围等所作的记载与抵押合同约定不一致的，人民法院应当根据登记簿的记载确定抵押财产、被担保的债权范围等事项。

七、抵押权的效力

1. 抵押担保债务的范围

当事人在抵押合同中约定抵押担保债务的范围的，按照合同约定办理。如果当事人对此没有约定，则依照法定抵押担保债务的范围来界定，具体为：主债权以及利息、违约金、损害赔偿金和实现抵押权费用。

2. 抵押财产的处分

依据《民法典》第 406 条的规定，抵押期间，抵押人可以转让抵押财产。当事人另有约定的，按照其约定。抵押财产转让的，抵押权不受影响。抵押人转让抵押财产的，应当及时通知抵押权人。抵押权人能够证明抵押财产转让可能损害抵押权的，可以请求抵押人将转让所得的价款向抵押权人提前清偿债务或者提存。转让的价款超过债权数额的部分归抵押人所有，不足部分由债务人清偿。

3. 抵押权是否及于抵押物的孳息

抵押物的孳息是指抵押物所产生的收益，包括天然孳息和法定孳息。天然孳息是指依自然规律所产生的收益，如植物结的果实、母牛生下的小牛。法定孳息是指依法律关系所产生的收益，如房屋出租产生的租金、存款产生的利息。

《民法典》确定了抵押权的实现与抵押物的孳息的关系，主要指：债务人不履行到期债务或者发生当事人约定的实现抵押权的情形，致使抵押物被人民法院依法扣押的，自扣押之日起抵押权人有权收取该抵押物的天然孳息或法定孳息。同时，抵押权人应将扣押抵押物的事实通知应当清偿法定孳息的义务人，没有通知的，抵押权人无权收取该孳息。"收取"的含义是占有而非所有。收取的孳息有三种作用：①冲抵收取费用；②用于清偿债务；③余者返还给抵押人。

4. 抵押权的物上代位性

抵押期间，抵押物毁损、灭失的，如果抵押人有过错，抵押权人有权要求抵押人恢复抵押财产的价值，或者提供与减少的价值相应的担保。抵押人不恢复抵押财产的价值也不提供担保的，抵押权人有权要求债务人提前清偿债务；如果抵押人没有过错，则抵押人不承担补充担保的责任，抵押权随着抵押物的灭失而消灭。

抵押期间，抵押物毁损、灭失或者被征收等，抵押权人可以就获得的保险金、赔偿金或者补偿金等优先受偿；如果抵押担保的债权履行期未届满，则抵押权人可以提存该保险金、赔偿金或者补偿金等。

视野拓展

银行如何防范贷款抵押权与租赁权冲突的风险

5. 抵押权与租赁权

订立抵押合同前抵押财产已出租的，原租赁关系不受该抵押权的影响。这就是通常意义上的"买卖不破租赁"的原则。

抵押权设立后抵押财产出租的，该租赁关系不得对抗已登记的抵押权。一方面，如果将办理了抵押登记的财产出租，实现抵押权后，抵押财产的买受人可以解除原租赁合同，承租人不能要求继续承租抵押的房屋。这是因为，抵押财产办理了登记的，承租人可以从抵押财产登记中查询租赁财产已抵押的情形，就应当对未来实现抵押权而带来的风险有预见。另一方面，如果将没有办理登记的抵押财产出租，承租人不知道也不需要知道财产已抵押的情况，抵押权就不能对抗租赁权，仍应当适用"买卖不破租赁"的原则。

八、抵押权的实现

1. 抵押权实现的方式

在债权履行期届满抵押权人未受清偿时，双方可以依法达成协议，按照所达成的协议实现抵押权；未达成协议的，抵押权人可以请求人民法院拍卖、变卖。抵押权人可以与抵押人协议以抵押物折价或者以拍卖、变卖该抵押物所得的价款优先受偿。抵押物折价或者拍卖、变卖后，所得的价款中超过债权数额的部分归抵押人所有；价款低于债权数额的，不足清偿的部分，由债务人清偿。

2. 抵押权实现的期限

根据《民法典》第419条的规定，抵押权人应当在主债权诉讼时效期间行使抵押权；未行使的，人民法院不予保护。例如，甲公司向乙银行贷款1000万元，约定2021年2月2日一次性还本付息。丙公司以自己的一栋房屋作抵押。到期甲公司没有清偿债务，乙银行每个月都向其催收，但均无效，最后一次催收的时间是2021年8月2日。那么从2021年8月2日起算，乙银行的诉讼时效期间应为3年，所以乙银行应在主债务的诉讼时效期间，即2024年8月2日前行使抵押权，才能得到人民法院的保护。

3. 抵押权实现的顺序

根据《民法典》第414条的规定，同一财产向两个以上债权人抵押的，拍卖、变卖抵押财产所得的价款依照下列规定清偿：①抵押权已经登记的，按照登记的时间先后确定清偿顺序；②抵押权已经登记的先于未登记的受偿；③抵押权未登记的，按照债权比例清偿。

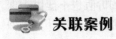

关联案例

同一财产多家抵押，如何实现抵押权

因业务发展需要，A机械工业公司（以下称A公司）以一套价值1000万元的进口机械设备为抵押向当地银行借款，分别从甲银行、乙银行、丙银行和丁信用社各借250万元。甲银行于9月5日和A公司签订抵押合同，9月9日办理了抵押登记；乙银行于9月6日和A公司签订抵押合同，并于当天办理抵押

登记；丙银行于 9 月 1 日和 A 公司签订抵押合同，约定两天后办理抵押登记，但随后不了了之；丁信用社于 9 月 3 日和 A 公司签订抵押合同，并约定丁信用社的债权优先于另外几家银行受偿。后来，A 公司无力偿还到期贷款。

四家银行诉诸人民法院，人民法院拍卖抵押的设备，得款 700 万元。

问题： 甲银行、乙银行、丙银行和丁信用社对拍得的价款如何分配？

解析： 抵押权的标的物主要是债务人或第三人提供担保的不动产，但是在我国动产也可以用作抵押。本案中，抵押物是一套机械设备，属动产抵押。

依照《民法典》第 414 条的规定，本案中就一项财产设定了四个抵押权，甲银行和乙银行的抵押权进行了登记，优先于未登记的丙银行和丁信用社的抵押权。又因为乙银行的抵押权登记在先，乙银行的抵押权顺位在甲银行之前。故乙银行得以就抵押物价款先受偿，甲银行其次。未登记的抵押权彼此不产生对抗效力，丙银行、丁信用社之间按照债权比例平等受偿。故乙银行、甲银行先后受偿 250 万元，丙银行、丁信用社各得 100 万元。这里，丁信用社和 A 公司的优先受偿的约定只是双方的内部约定，不产生对外的排斥效力。该约定不能使丁信用社的债权取得优先于其他债权人。

【节前引例分析】

（1）一并抵押。根据《民法典》第 397 条的规定，以依法取得的国有土地上的房屋抵押的，该房屋占有范围内的土地使用权同时抵押。

（2）不属于抵押财产。根据《民法典》第 417 条的规定，房屋抵押合同签订后，土地上新增的房屋不属于抵押财产。

（3）以设定抵押权的房屋折价或者拍卖、变卖该房屋所得价款优先受偿。

（4）根据《民法典担保制度司法解释》第 47 条的规定，抵押物登记记载的内容与抵押合同约定的内容不一致的，以登记记载的内容为准。

（5）不能行使抵押权。根据《民法典担保制度司法解释》第 49 条的规定，以法定程序确认为违法、违章建筑物抵押的，抵押无效。

（6）可以。根据《民法典担保制度司法解释》第 51 条的规定，以依法获准尚未建造的或者正在建造中的房屋或者其他建筑物抵押的，当事人办理了抵押物登记，人民法院可以认定抵押有效。

（7）不能行使。因为值班室的产权属于子公司所有，而子公司与母公司是两个互相独立的法人，母公司在子公司财产上设定抵押的行为，属于无权处分，因此，抵押无效。

（8）保证合同无效。未经授权的分支机构签订的保证合同无效。

第四节　银行贷款质押

【引例】

为解决流动资金短缺的问题，甲工厂向某市乙合作银行（以下简称乙银行）申请流动资金贷款 1200 万元。经双方协商后，乙银行同意发放借款额度为 260 万元、期限为 6 个月的贷款，但要求甲工厂提供担保。甲工厂以其一处建设用地使用权为抵押，并将建设用地使用权证交由银行保管，同时又把一定数额的记账式国库券、财产保险单也交由银行保管。6 个月期满，甲工厂未能如期归还银行贷款本金和利息，银行决定行使担保权。

问题： 结合前面所学知识和本节的学习，分析本案中的担保有哪些问题。

一、银行贷款质押概述

银行贷款质押是指商业银行在发放贷款时，依据《民法典》规定的质押方式，要求借款人或第三人以某种动产和权利作为质物，来担保贷款债权的实现。

传统民法中质押担保被称为"质权"。根据《民法典》的规定，按照质物的不同种类，可将质押分为动产质押和权利质押。在质押担保的情况下，出质人要将动产或某种权利凭证交付给发放贷款的商业银行，由商业银行占有；在贷款未被清偿前，商业银行有权占有质物。如果借款人到期不清偿贷款，商业银行可以将质物折价或者以拍卖、变卖质物的价款优先受偿。

质押具有以下特征。

（1）质权的标的是动产和可转让的权利，不动产不能设定质权。因此，质权分为动产质权和权利质权。

（2）质权是转移质物的占有权的担保物权。质权的产生必须要求出质人交付质物于质权人。

二、动产质押

动产质押是指债务人（借款人）或者第三人将其动产移交债权人（商业银行）占有，将该动产作为贷款债权的担保。债务人不履行债务时，债权人有权依法以该动产折价或者以拍卖、变卖该动产的价款优先受偿。债务人或者第三人为出质人，债权人为质权人，移交的动产为质物。

设定动产质押，出质人和质权人应当以书面形式订立质押合同。

1. 动产质押合同

签署动产质押合同有以下几项要求。

（1）质押合同的形式。质押合同是质权人和出质人协商一致并且经过双方当事人签字盖章的书面协议。

（2）动产质押合同的主要内容。质押合同应包括：①被担保的主债权种类、数额；②债务人履行债务的期限；③质押财产的名称、数量等情况；④质押担保的范围；⑤质押财产交付的时间、方式。

（3）动产质押合同生效与质权的生效。质押合同自双方当事人签字盖章时生效，属诺成性合同，质权自出质人将质物交付质权人时生效。

2. 动产质押担保的范围

动产质押担保的范围，原则上应当由当事人自由约定。如果没有约定或约定不明时，应当适用法定质押担保的范围，即主债权及利息、违约金、损害赔偿金、质物保管费用和实现质权的费用。质物保管费用是指质权人占有质物，在保管质物期间所支出的费用。例如，对质物进行必要维护所需费用，对质物（如动物）进行饲养所支出的费用。

3. 流质条款的规定

同抵押合同一样，质权人在债务履行期限届满前，与出质人约定债务人不履行到期债务时质押财产归债权人所有的，只能依法就质押财产优先受偿。

4. 动产质权人的权利与义务

动产质权人的具体权利如下。

（1）占有质物的权利。在债务人清偿债务之前，债权人有占有质物的权利，以待债权的实现。

（2）收取孳息的权利。质权人有权收取质押财产的孳息，质押合同另有约定的，按照约定执行。孳息应当先充抵收取孳息的费用，然后充抵主债权的利息和主债权。

（3）保全质押权。因不能归责于质权人的事由可能使质押财产毁损或价值明显减少，足以危害质权人权利的，质权人有权要求出质人提供相应的担保；出质人不提供的，质权人可以拍卖、变卖质押财产，并与出质人通过协议将拍卖、变卖所得价款提前清偿债务或者提存。

（4）优先受偿权。债务履行期届满质权人未受清偿的，可以与出质人协议以质押财产折价，也可以依法拍卖、变卖质押财产所得价款优先受偿。

动产质权人的具体义务如下。

（1）保管质物的义务。质权人占有质物，应负妥善保管的义务。质权人负有妥善保管质押财产的义务；因保管不善致使质押财产毁损、灭失的，应当承担赔偿责任。质权人的行为可能使质押财产毁损、灭失的，出质人可以请求质权人将质押财产提存，或者请求提前清偿债务并返还质押财产。

（2）返还质物的义务。质权人返还质物的义务表现在两个方面：一是债务人履行到期债务的，或者出质人提前清偿所担保的债权的，质权人应当返还质物；二是质权人不能妥善保管质物可能致使其灭失或者毁损的，出质人可以要求质权人将质物提存，或者要求提前清偿债权并返还质物。

5. 动产出质人的权利与义务

动产出质人的具体权利如下。

（1）质押存续期间质物损害的，出质人的赔偿请求权。质权人在质权存续期间，未经出质人的同意，擅自使用、处分质押的财产，给出质人造成损害的，出质人有权要求质权人予以赔偿。

（2）质权实现后，出质人对债务人的追偿权。为债务人质押担保的第三人，在质权人实现质权后，有权向债务人追偿。

（3）债务履行期届满而债务人未清偿债务时，出质人请求质权人及时行使质权的权利。由于市场价格的变化，质物也存在着价格下跌或意外灭失的风险，所以一旦债务履行期届满而债务人未清偿债务时，质权人应及时行使质权，以免给出质人造成损失。一方面，出质人首先要求质权人及时行使质权；另一方面，有证据证明损害是由于质权人怠于行使质权造成的，则质权人应承担赔偿责任。

动产出质人的具体义务如下：①出质人转移质物于质权人占有的义务，质权生效。②出质人提供补充担保的义务。如果质物有损坏或者价值明显减少的可能，则出质人有义务提供相应的补充担保，保证质权的完整性。

微课堂
权利质押

三、权利质押

权利质押为质押的一种，它是以所有权以外的可让与的财产权作为质权的标的，以担保银行贷款债权实现的一种担保方式。

1．权利质押的特征

与动产质押相比较，权利质押具有以下特征。

（1）权利质权的标的为所有权以外的可让与的财产权；动产质权的标的则为动产。

（2）权利质押通常依权利凭证的交付、质权设定的登记或者其他方法，发生占有转移的效力；动产质押则以动产的交付发生转移质物占有的效力。

2．可以出质的权利及质权的设立

债务人或者第三人以《民法典》第440条规定的有权处分的权利出质的，应订立质押合同。出质的权利有的有权利凭证，有的没有权利凭证，因此其质权设立的条件也有所区别。

（1）以汇票、支票、本票、债券、存款单、仓单、提单出质的，有权利凭证的，质权自权利凭证交付质权人时设立；没有权利凭证的，质权自办理出质登记时设立。

（2）以存款单出质的，依据银监会于2007年7月发布的《个人定期存单质押贷款办法》的规定，存单质押担保的范围包括贷款本金和利息、罚息、损害赔偿金、违约金和实现质权的费用。存单质押贷款金额原则上不超过存单本金的90%，贷款人也可以根据存单质押担保的范围合理确定贷款金额，但存单金额应能覆盖贷款本息。

存单质押贷款期限不得超过质押存单的到期日。若为多张存单质押，以距离到期日时间最近者确定贷款期限，分笔发放的贷款除外。

以第三人存单作质押的，贷款人应制定严格的内部程序，认真审查存单的真实性、合法性和有效性，防止出现权利瑕疵的情形。

（3）以证券登记结算机构登记的股权出质的，质权自证券登记结算机构办理出质登记时设立。

（4）以有限责任公司的股权、非公开发行的股东在200人以下的股份有限公司的股权出质的，质权自市场监督管理机构办理出质登记时设立。

（5）以现有和将有的应收账款出质的，质权自中国人民银行征信中心的信贷征信机构办理出质登记时设立。

注意： 这里所说的应收账款，是指未被证券化的（即不以流通票据或者债券为代表的）、以金钱为给付标的的现有以及将来的合同债权。如卖方销售货物后形成的对卖方的价金债权、出租人出租房屋后对承租人的租金债权、借款人对贷款人的借款债权等；收费公路的收费权，农村电网收费权以及城市供水、供热、公交、电信等基础设施项目的收益权，景点、风景区门票等经营性服务收费权；等等。

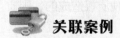 **关联案例**

股权质押合同纠纷

2020年9月，A证券公司（以下称A公司）从B银行借款3100万元，担保方式为以在证券登记结算机构登记的股票质押。双方签订质押合同后将上述股票在证券登记结算机构办理了出质登记，并存放于B银行在证券交易所开设的股票质押贷款业务特别席位（以下简称特别席位）。之后，该笔贷款在2021年3月全部还清。

2021年11月，A公司又从B银行办理了8000万元的质押贷款，并向B银行出具了《承诺函》，承诺仍以存放于特别席位的股票所代表的股权为该笔贷款提供质押担保，B银行又先后分四笔向A公司发放全部贷款，但未就上述股票再次办理出质登记。还款期到，A公司并未清偿贷款本金和利息。在此期间存放于特别席位的股票市值跌至平仓线（融资贷款本息的 120%），B 银行根据规定及时通过特别席位实施平仓，以清偿全部借款本息。

不久，A 公司诉至人民法院认为双方之间的质押关系并未成立，B 银行无权处分存放于特别席位的股票，要求 B 银行承担因此造成的损失。

问题： 怎样看待 A 公司与 B 银行之间的两次质押贷款？

解析： A 公司于 2020 年以证券登记结算机构登记的股票出质的方式第一次向 B 银行办理融资贷款，并在证券登记结算机构办理了质押登记，此时质权设立，质押担保合法有效，因此 B 银行享有质权。2021 年 3 月还清贷款时，质押担保的债权消灭，质权也消灭。所以当 A 公司上述债务于 2021 年 3 月清偿完毕时，B 银行享有的质权也随之消灭。

A 公司在 2021 年 11 月向 B 银行第二次融资贷款时，虽出具了单方承诺，但未签订质押合同，也未在证券登记结算机构重新办理质押登记，因此质权尚未成立，B 银行并不是法律意义上质押股票的权利人，无处分权。虽然第一次质押的股票继续存放在 B 银行在证券交易所开设的股票质押贷款业务特别席位，但该特别席位只是用于质物的存放和处分，并不是质权成立的要件之一。因此，在贷款本息未清偿的情况下，若 B 银行未经 A 公司的同意，则无权通过处分存放于特别席位的股票来清偿贷款债权。所以，对 A 公司所欠 B 银行贷款本息不能通过行使质押权的途径实现，只能通过普通债权的途径实现。

3. 权利质押的实现

对于权利质押的实现，需注意以下几个条件。

（1）汇票、支票、本票、债券、存款单、仓单、提单兑现或者提货日期先于债务履行期的，质权人不经过出质人同意，有权将汇票、支票、本票、债券、存款单上所载款项兑现，有权将仓单、提单所载货物提取，但质权人兑现款项或者提取货物后不能占为己有，必须通知出质人，与出质人协商，或者用兑现的款项、提取的货物提前偿还债务，或者将兑现的款项、提取的货物向与出质人约定的第三人提存。出质人只能在提前清偿债权和向约定第三人提存中选择，不能既不同意提前清偿债权，也不同意向第三人提存。这里的第三人是指质权人和出质人约定的任何公民、法人或者其他组织。

（2）汇票、支票、本票、债券、存款单、仓单、提单兑现或者提货日期后于债务履行期的，若债务履行期届至时债务人未清偿担保的债权，则质权人有权实现其债权；若汇票、支票、本票、债券、存款单、仓单、提单所载的兑现或提货日期尚未届至，则提前兑现或提货是加重了第三债务人的义务，是违反法律有关规定的。因此，质权人只能在汇票、支票、本票、债券、存款单兑现日期届至时兑现其上所载的款项，在仓单、提单提货日期届至时提取其上所载的货物。

（3）股票出质后不能转让，但出质人与质权人协商一致，都同意转让的除外。合法转让股票所得的价款应当先向质权人提前偿付所担保的债权，或者向与质权人约定的第三人提存。

【节前引例分析】

本案中既有抵押担保又有质押担保。

（1）依据《民法典》第 395 条和第 402 条的规定，以建筑物或者建设使用权等不动产进行担保的，抵押权从登记时设立。本案中以建设用地使用权为抵押，并未办理抵押登记，所以抵押权并未设立。而甲工厂将建设用地使用权证交由银行保管并不能产生抵押的效力。

（2）根据《民法典》的规定，以汇票、支票、本票、债券、存款单、仓单、提单出质的，有权利凭证的，质权自权利凭证交付质权人时设立；没有权利凭证的，质权自办理出质登记时设立。以记账式国库券质押担保的，由于没有权利凭证，所以应到中央国债登记结算公司办理出质登记，这样质押权才能设立。

（3）财产保险单不属于《民法典》规定的法定权利质押的范围，因此该质押担保无效。

第五节　银行保函和备用信用证

【引例】

G银行于2018年3月1日开立一份以B为受益人的备用信用证，规定于当年4月1日生效。当年3月14日，申请人指示开证行撤销备用信用证。

问题： 依据《ISP 98》(《国际备用信用证惯例》) 的规定，分析上述做法是否可行。

在国际经济贸易活动中，交易双方往往缺乏了解和信任，这给达成交易和履行合同造成一定的障碍。为解决这些问题，出现了由信誉卓著的银行以及其他金融机构开具的银行保函或备用信用证，以担保保证申请人履行双方签订的商务合同或其他合同项下的某种责任或义务。

一、银行保函

保函（letter of guarantee，L/G）又称保证书，是指银行、保险公司、担保公司或担保人应申请人的请求，向受益人开立的一种书面信用担保凭证，保证在申请人未能按双方协议履行其责任或义务时，由担保人代其履行一定金额、一定时限范围内的某种支付或经济赔偿责任。

银行保函是指国际间银行办理代客担保业务时，应申请人的要求，向受益人开出的保证文件。银行保函的基本当事人为申请人、受益人、担保人；其他可能涉及的当事人为通知行、转开行、保兑行、反担保人。

1. 银行保函的法律特征

对于银行应申请人的申请而开立的有担保性质的书面承诺文件，一旦申请人未按其与受益人签订的合同的约定偿还债务或履行约定义务时，由银行履行担保责任。银行保函有以下两个特征。

（1）银行保函依据商务合同开出，但不依附于商务合同，具有独立法律效力。当受益人在保函项下合理索赔时，担保行就必须承担付款责任，而不论委托人是否同意付款，也不管合同履行的实际事实。

（2）以银行信用作为保证，更易于为合同双方接受。

2. 银行保函当事人之间的法律关系

银行保函业务中涉及的主要当事人有三个：申请人、受益人和担保银行。此外，往往还有反担保人、通知行及保兑行等。

（1）申请人与受益人之间基于彼此签订的合同而产生的债权债务关系或其他权利义务关系。此合同是他们之间权利和义务的依据，相对于保函协议书和保函而言是主合同。主合同是其他两个合同产生和存在的前提。如果此合同的内容不全面，则会给银行的担保义务带来风险。因而银行在接受担保申请时，应要求申请人提供其与受益人之间签订的合同。

（2）申请人与银行之间的法律关系是基于双方签订的保函委托书而产生的委托担保关系。保函委托书中应对担保债务的内容、数额、担保种类、保证金的交存、手续费的收取、银行开立保函的条件及时间、担保期间、双方违约责任、合同的变更、解除等内容予以详细约定，以明确委托人与银行的权利义务。保函委托书是银行向申请人收取手续费及履行保证责任后向其追偿的凭证。因此，银行在接到申请人的担保申请后，应对申请人的资信、债务及担保的内容和经营风险进行认真的评估审查，以最大限度降低自身风险。

（3）担保银行和受益人之间的法律关系是基于保函而产生的保证关系。保函是一种单务合同，受益人可以以此享有要求银行偿付债务的权利。在大多数情况下，保函一经开立，银行就要直接承担保证责任。

3. 见索即付保函

银行保函是由银行开立的承担付款责任的一种担保凭证，银行根据保函的规定承担绝对付款责任。银行保函大多属于"见索即付"（无条件保函），是不可撤销的文件。

见索即付保函是指对由银行出具的，以书面形式表示在受益人交来符合保函条款的索赔书或保函中规定的其他条件时，承担无条件的付款责任。银行保函的当事人有委托人（要求银行开立保证书的一方）、受益人（收到保证书并凭以向银行索偿的一方）、担保人（保函的开立人）。见索即付保函一经开立，银行将成为第一付款人，会承担很大的风险。因此，为降低风险，银行在开立见索即付保函时应注意以下问题。

（1）保函应将赔付条件具体化，应有具体担保金额、受益人、委托人、保函有效期限等。

（2）银行应要求委托人提供相应的反担保或一定数量的保证金，银行在保证金的额度内出具保函。

（3）银行向境外受益人出具保函，因属对外担保，所以还必须注意诸如报经外汇管理局批准等对外担保的法律规定。

（4）银行开立保函，还应该对基础合同的真实性进行认真审核，以防诈骗。

二、备用信用证

备用信用证（Standby Letters of Credit，SBLC）又称担保信用证、履约信用证、商业票据信用证，是开证行根据申请人的请求，对受益人开立的，承诺承担某项义务的凭证。开证行保证在开证申请人未履行其应履行的义务时，受益人只要按照备用信用证的规定向开证银行开具汇票（或不开汇票），并提交开证申请人未履行义务的声明或证明文件，即可取得开证行的偿付。备用信用证的基本当事人为申请人、开证行、受益人；其他可能涉及的当事人为通知行、保兑行、议付行。

1. 备用信用证的法律特征

备用信用证具有以下几个特点。

（1）不可撤销性。备用信用证在开立后即是一个不可撤销的、独立的、跟单的及具有约束力的承诺。除非在备用信用证中另有规定，或经对方当事人同意，否则开证人不得修改或撤销其在该信用证下的义务。

（2）跟单性。开证人的义务要取决于单据的提示，以及对所要求单据的表面审查。

（3）独立性。备用信用证下开证人义务的履行并不取决于以下几点：①开证人从申请人那里获得偿付的权利和能力；②受益人从申请人那里获得付款的权利；③备用信用证中对任何偿付协议或基础交易的援引；④开证人对任何偿付协议或基础交易的履约或违约的了解与否。

（4）强制性。备用信用证在开立后即具有约束力，无论申请人是否授权开立，开证人是否收取了费用，或受益人是否收到或因信赖备用信用证而采取了行动，它对开证行都是有强制性的。

2. 备用信用证的适用条款

1995年12月，联合国大会通过了由联合国国际贸易法委员会起草的《独立担保和备用信用证公约》；1999年1月1日，国际商会的第590号出版物《国际备用信用证惯例》（简称《ISP 98》）作为专门适用于备用信用证的权威国际惯例，正式生效实施。

根据《国际备用信用证惯例》的界定，备用信用证在开立后即是一项不可撤销的、独立的、要求单据的、具有约束力的承诺。《国际备用信用证惯例》是专门用来规范备用信用证的，是其独立存在的依据。信用证修订时还要受到《跟单信用证统一惯例》（简称《UCP 600》）的限制和制约。

三、银行保函与备用信用证的比较

银行保函与备用信用证是两种最常见的涉外担保方式，它们的相同之处有以下几点。

（1）定义和法律当事人基本相同。二者基本上都是由银行应申请人的请求或指示，向受益人开立的书面担保文件，承诺对提交的符合其条款规定的书面索赔声明或其他单据予以付款。二者的法律当事人一般包括申请人、开证人（或担保人）、受益人。

（2）性质基本相同。国际经济交易中广为使用的见索即付保函吸收了备用信用证的特点，备用信用证与见索即付保函在性质上日趋相同。

（3）用途基本相同。备用信用证和银行保函都是国际结算和担保的重要形式。

（4）在要求提交的单据方面，都要求提交索偿声明。

银行保函与备用信用证的不同之处有以下几点。

（1）银行保函与备用信用证受到不同的国际惯例的约束。银行保函的国际惯例有《见索即付保函统一规则》（国际商会458号出版物）。备用信用证的国际惯例是《国际备用信用证惯例》。

（2）《见索即付保函统一规则》（国际商会458号出版物）规定，保函项下受益人索赔的权利不可转让；而《国际备用信用证惯例》中有备用信用证受益人的提款权利转让办法的有关条款，意味着备用信用证是允许转让的。

（3）银行保函有反担保作保证，备用信用证方式下无此项目。

（4）银行保函有负第一性付款责任的，也有负第二性付款责任的；而备用信用证总是负第一性付款责任的。

（5）单据要求不同。备用信用证一般要求受益人在索赔时提交即期汇票和证明申请人违约的书面文件，而银行保函则不要求受益人提交汇票。

【节前引例分析】

尽管备用信用证是为担保申请人和受益人之间的基础合同而开立，且备用信用证条款中常引述基础合同，但备用信用证一经开立，即独立于基础合同。也就是说，开证人对受益人的付款责任是以受益人提交的与备用信用证条款表面相符的"单据"为依据，而不介入确定申请人是否违约的事实。可见，"凭单付款"这一"单据化"特征，是包括备用信用证在内的所有跟单信用证的共同本质。G 银行必须拒绝该项指示。因此，备用信用证自 3 月 1 日开立后即不可撤销，而备用信用证的生效日，即 4 月 1 日代表的是可凭备用信用证提出索款要求的最早日期。

知识点测试

一、单项选择题

1. 甲企业与乙银行签订借款合同，借款金额为 10 万元人民币，借款期限为 1 年，由丙企业作为借款保证人。合同签订 3 个月后，甲企业因扩大生产规模急需资金，遂与乙银行协商，将贷款金额增加到 15 万元，甲企业和乙银行通知了丙企业，丙企业未予答复。后甲企业到期不能偿还债务。该案中的保证责任应为（　　）。

    A．丙企业不再承担保证责任，因为甲企业、乙银行变更合同条款未得到丙企业的同意

    B．丙企业对 10 万元应承担责任，增加的 5 万元不再承担保证责任

    C．丙企业应承担 15 万元的保证责任，因为丙企业对于甲企业和乙银行的通知未予答复，视为默认

    D．丙企业不再承担保证责任，因为是甲企业、乙银行变更了合同的数额条款而导致保证合同无效

2. 甲向乙借款 20 万元做生意，由丙以价值 15 万元的房屋作抵押，并订立了抵押合同。因办理登记手续费过高，经乙同意甲未办理登记手续。甲又将自己的一辆价值 6 万元的车质押给乙，双方订立了质押合同。乙认为将车放在自家附近不安全，遂决定仍放在甲处。一年后，甲因亏损无力还债，乙诉至人民法院要求行使抵押权、质权。本案中抵押权和质权的效力是（　　）。

    A．抵押权、质权均具有法律上的效力　　　　B．抵押权、质权不具有法律上的效力

    C．抵押权有效、质权无效　　　　　　　　　D．质权有效、抵押权无效

3. 依照我国《民法典》的规定，下列可以抵押的财产是（　　）。

    A．自留山　　　　　B．某中学的小汽车　　　　C．某大学的办公楼　　　　D．宅基地使用权

4. 甲居于某城市，因业务需要，以其坐落在市中心的一处房产（价值 460 万元）作抵押，分别从乙银行和丙银行各贷款 200 万元。甲与乙银行于 6 月 5 日签订了抵押合同，6 月 10 日办理了抵押登记；甲与丙银行于 6 月 8 日签订了抵押合同，同日办理了抵押登记。后因甲无力还款，乙银行、丙银行行使抵押权，对甲的房产依法拍卖，只得价款 350 万元。乙银行、丙银行对拍卖款应如何分配？（　　）

    A．乙银行、丙银行各 175 万元　　　　　　B．乙银行 200 万元、丙银行 150 万元

    C．丙银行 200 万元、乙银行 150 万元　　　D．丙银行 180 万元、乙银行 170 万元

5. 某银行与甲公司签订贷款合同，由甲公司向某银行借款 100 万元，乙公司为上述贷款合同提供连带责任保证。合同签订后，某银行按约向甲公司发放了贷款。但甲公司在贷款期限届满后未履行还款责任，乙公司也未履行担保责任。此后，某银行与丙公司签订了一份债权转让协议，约定：某银行将上述贷款合同产生的债权全部转让给丙公司。债权转让协议签订后，丙公司支付给某银行 100 万元。下列所述正确的是（　　）。

    A．该债权发生移转，保证人乙公司免除了保证责任

    B．该债权发生移转，保证人乙公司应在原保证担保的范围内继续承担保证责任

    C．该债权移转必须得到保证人乙公司的同意，保证人乙公司才在原保证担保的范围内继续承担保证责任

    D．该债权移转如果不通知保证人乙公司，则乙公司不再承担保证责任

6. 在抵押期间，由（　　）收取孳息。

A. 债权人　　　　　　B. 债务人　　　　　　C. 抵押人　　　　　　D. 抵押权人

7. 下列可以抵押的财产是（　　）。

A. 国有土地所有权　　　　　　　　　　B. 耕地

C. 公益单位的公益设施　　　　　　　　D. 尚在建造的建筑物

8.（　　）出质需登记才能生效。

A. 应收账款　　　　B. 票据　　　　C. 存款单　　　　D. 仓单

9. 甲欠乙10万元，甲将一批化工原料出质给乙。乙将原料置于院内，任由风吹日晒雨淋，有致化工原料逐渐变质的风险。甲见状，不可提出（　　）请求。

A. 解除质押合同　　　　　　　　　　　B. 提存化工原料

C. 提前清偿债务　　　　　　　　　　　D. 要求乙加强保护措施

10. 甲公司向银行贷款，并以所持乙上市公司股份用于质押。根据我国民事法律制度的规定，质押合同的生效时间是（　　）。

A. 借款合同签订之日　　　　　　　　　B. 质押合同签订之日

C. 向证券登记机构申请办理出质登记之日　D. 证券登记机构办理出质登记之日

二、多项选择题

1. 甲向乙信用社贷款12万元，丙、丁、戊为连带保证人。借款期届满，甲无力偿还债务，丙代为偿还12万元。对此，丙可以取得下列（　　）权利。

A. 可以请求甲偿还12万元

B. 可以请求丁、戊偿还各自应负担的4万元

C. 可以请求甲偿还，不足部分再向丁、戊请求偿还

D. 可以请求丁、戊偿还各自应负担的4万元，并可同时请求甲偿还4万元

2. 一般保证的保证人在主合同纠纷未经审判或仲裁，并就债务人财产依法强制执行仍不能履行债务前，对债权人可以拒绝承担保证责任。在下列情形中，保证人不得行使上述权利的有（　　）。

A. 债务人住所变更，致债权人要求其履行债务发生重大困难的

B. 人民法院受理债务人破产案件，中止执行程序的

C. 保证人放弃债务人对债务的抗辩权的

D. 保证人以书面形式放弃上述规定权利的

3. 甲公司向乙银行贷款，丙公司作为甲公司的连带责任保证人，同时甲公司将自己所有的办公楼作为抵押，丁公司也以自己所有的厂房作为抵押担保乙银行对甲公司的债权。甲公司、丙公司和丁公司未与乙银行约定它们之间的担保顺序和比例。甲公司到期无力还本付息。乙银行应如何实现自己的债权？（　　）

A. 乙银行应当先就甲公司提供的办公楼行使抵押权

B. 仍有未实现的债权的，乙银行可以就丁公司提供的厂房行使抵押权

C. 可以要求丙公司承担保证责任

D. 同时就丁公司的厂房行使抵押权和要求丙公司承担保证责任来实现自己的债权

4. 根据《民法典》的规定，下列可以作为质押贷款出质的有（　　）。

A. 应收账款　　　　　　　　　　　　　B. 汇票、支票、本票、仓单、提单

C. 可以转让的基金份额、股权　　　　　D. 可以转让的注册商标专用权、专利权

5. 和兴公司从银行贷款1000万美元，由中实公司为保证人，双方在保证合同中约定"还款期届满，和兴公司不能偿还银行贷款本金和利息，则由中实公司承担偿还责任"，但没有对保证担保的范围进行约定。下列表述中正确的是（　　）。

A．本案为连带责任保证，还款期届满和兴公司不清偿借款债务的，则由中实公司承担保证责任

B．本案关于保证担保的方式约定不明，应认为属于连带责任保证

C．本案属于一般保证，中实公司享有先诉抗辩权

D．本案中双方没有对保证担保的范围进行约定，则应确定保证担保的范围为：主债权及利息、违约金、损害赔偿金和实现债权的费用

6．下列属于法定孳息的是（　　）。

A．植物结的果实　　　　　　　B．房屋出租的租金

C．本金存入银行的利息　　　　D．母牛生下的小牛

7．甲公司向乙银行借款，以自己所有的办公楼抵押，甲公司欲将办公楼转让给丙公司。下列说法正确的是（　　）。

A．抵押期间，甲公司可以转让办公楼，不需要通知乙银行

B．抵押期间，甲公司可以转让办公楼，但应当及时通知乙银行

C．如果乙银行能够证明抵押的办公楼转让可能损害抵押权的，可以请求甲公司将转让所得的价款向乙银行提前清偿债务或者提存

D．抵押期间，甲公司不能转让办公楼

8．关于保证期间，下列说法正确的有（　　）。

A．保证期间从主债务履行期届满之日起算

B．当事人对保证期间可以进行约定，但最长不得超过2年

C．当事人未约定保证期间的，或虽有约定，但早于或等于主债务履行期限的，视为无约定，推定为6个月的保证期间

D．保证期间应从保证人在保证合同中签章之日起计算

9．可以作为权利质押的标的的是（　　）。

A．存款单　　　B．票据　　　　C．可以转让的股权　　D．仓单

10．下列哪项出质需登记才能生效？（　　）。

A．应收账款　　B．汇票　　　　C．本票　　　　　　D．股权

三、判断题

1．动产质押质权自出质人将质物交付质权人时生效。（　　）

2．国家机关在任何情况下都不能充当保证人。（　　）

3．不动产抵押合同需要登记才能生效。（　　）

4．只要在保证合同中约定保证方式为"一般保证"，则保证人在任何情况下都享有先诉抗辩权。（　　）

5．同一财产向两个以上的债权人抵押的，在未办理抵押权登记的情况下，按债权比例清偿。（　　）

6．同一财产向两个以上的债权人抵押的，已登记的先于未登记的受偿。（　　）

7．以汇票、本票、支票出质的质押合同，需登记才能生效。（　　）

8．抵押和质押的主要区别体现在是否转移对担保物的占有。（　　）

9．抵押物被人民法院扣押后，由抵押人收取孳息。（　　）

10．担保合同无效，主债权债务合同必然无效。（　　）

四、案例分析题

案例一

甲向乙银行借款两万元，并由丙从中作保，三人均在借款合同上签字。后甲请求乙银行推迟还款期限1年，乙银行同意，但提出推迟1年期间的利息为30%，甲同意，并签订了变更合同协议。甲、乙将变更

合同的内容告知了丙。丙当时碍于情面，口头表示同意。后因甲到期不能还款，遂发生纠纷。

问题：丙应承担什么责任？

案例二

2020年8月，甲厂向A银行借款20万元，期限为一年，以本厂的一辆价值40万元的轿车作抵押，并到车辆管理部门办理了抵押登记；同年9月，甲厂又以该轿车作抵押物，向B银行借款15万元，期限为半年，双方也到车辆管理部门办理了抵押登记手续。2015年2月，甲厂用来抵押的轿车因火灾被烧毁，获保险公司赔偿金40万元。2021年3月，甲厂向B银行的借款到期，B银行向甲厂追讨15万元借款；否则，便拍卖被抵押的轿车。A银行获悉后，认为甲厂未经其同意便将抵押给该厂的轿车抵押给B银行，侵犯了其抵押权。甲厂答复说汽车已被烧毁，抵押权没了标的物，自然也没了抵押权。

问题：（1）甲厂用已作抵押的汽车再次抵押是否有效？

（2）汽车被毁，抵押权人如何实现其抵押权？

案例三

小陈为向建设银行申请个人消费贷款，用其一辆夏利轿车作抵押。该车价值15万元。借款合同签订当日，双方就该车办理了抵押登记手续。后小陈在驾车外出途中，被一辆货车追尾，造成夏利轿车严重损坏，价值减至9万元。经查，造成该起交通事故的全部责任在货车司机。此外，货车司机已准备赔偿小陈经济损失5万元。

问题：（1）如果建设银行要求小陈另外提供担保，以确保其到期还本付息，那么这种要求是否合理？

（2）对于赔偿费5万元，建设银行能否用其作为担保？为什么？

课 外 实 训

背景资料

离婚夫妻的借款偿还

丈夫甲和妻子乙共同购买商品房一套，从丙银行取得期限为20年的按揭贷款20万元。2018年12月，丈夫甲和妻子乙经人民法院调解离婚，调解书约定：丈夫甲和妻子乙共同购买的商品房归妻子乙所有，按揭贷款也由妻子乙负责偿还。后因妻子乙不能偿还贷款，丙银行起诉了甲和乙，要求他们偿还欠款。丈夫甲辩称，双方离婚时已对财产和债务进行了分割，房屋归女方乙所有，借款由女方乙负责偿还理所当然。人民法院的调解书对此已确认。甲坚持认为，购买商品房的按揭贷款应当由女方乙负责偿还。离婚时，男女双方对财产和债务进行了分割，债权人就不能要求另一方承担还款责任吗？

实训方式

实训方式采用课堂讨论，讨论方向的提示如下。

（1）结合第三章的所学知识，讨论丈夫甲、妻子乙离婚时债务转移的协议对债权人丙银行是否发生法律效力。

（2）结合本章知识，讨论银行办理房屋按揭贷款应审核哪些内容，需不需要审核贷款人的婚姻状况。

（3）银行面对案例中的问题应该如何处理？

实训步骤

案例展示→分组讨论→查找相关法律依据→选派代表提出分析意见→教师总结。

实训目的

（1）明确法律意识与规范意识在生活中的重要性。

（2）分析和总结按揭贷款中的法律风险。

（3）使读者能够灵活处理实践中的具体法律问题。

第六章

证券、证券投资基金和期货法律规范

【学习指导】

学习要点

1. 了解证券的基本知识、掌握证券法的基本原则。
2. 明确股票和债券发行的条件。
3. 熟悉证券上市的条件与审核制度，以及禁止的交易行为。
4. 了解证券交易所、证券公司的设立条件以及业务范围。

衔接的主要核心专业课程

金融基础、金融创新、证券投资、证券市场基础、证券交易实务等。

课外要求

借助网络或其媒体关注股票或债权相关知识和涉法问题。

第一节　证券法概述

【引例】

王大妈投资国债，几年下来有了一定的收益，最近又听从友人的建议投资了股票。有人告诉王大妈，她买卖的股票实际上就是一种合同。

问题："股票就是一种合同"这种说法对吗？

一、证券和证券的法律本质

将证券活动纳入法治行列，既有利于保护投资者的利益，又有利于促进证券市场的良性循环。

（一）证券概述

证券活动是金融投资市场的一种重要形式，国家通过将证券活动纳入立法范畴，从法律角度对它的概念和种类进行规范化，从而使它区别于传统意义上对证券的理解和研究。

1. 证券的概念和种类

我国《证券法》上的证券是指股票、公司债券、存托凭证和国务院依法认定的其他证券，是指按《证券法》的规定发行的具有一定财产价值的，可以进入证券市场流通转让的有价证券，其财产价值表现在：①持有人可以得到一定的收益，取得一定的财产；②可以依法进入流通市场，进行有偿转让，即可以自由买卖；③可以作为质押权的标的，即具有有价性。

2. 债券和股票的关系

我国《证券法》所调整的证券主要为股票和债券两种形式。债券与股票作为两种最基本的有价证券，它们之间既有相同点又有区别。

两者的相同点是：都是筹资工具和投资工具；都具有一定的流动性；都是虚拟资本等。

两者也存在明显的差异，主要表现在以下几个方面。

（1）性质不同。股票是一种所有权证书，所筹资金构成公司资本；债券是一种借款凭证，所筹资金构成公司债务。前者的购买人是股东，后者的购买人则是债权人。

（2）风险与收益不同。债券一般有偿还义务，到期收回本金，债息一般固定；而股票一般不退还本金，故股票风险与收益均高于债券。

（3）发行主体范围不同。股票发行一般只限于股份有限公司；而债券可由政府、金融机构及各类企业、公司发行，范围较宽。

（二）证券的法律本质

证券是各类财产所有权或债权凭证的通称，是用来证明证券持有人有权依票面所载内容，取得相关权益的凭证。所以，从法律意义上来说，证券本质上是一种交易契约或合同，该契约或合同赋予合同持有人根据该契约或合同的规定，对契约或合同规定的标的采取相应的行为，并获得相应的收益的权利。

二、证券法的概念及调整对象

《证券法》作为调整证券活动的基本法律形式，确立了我国证券市场法律法规的基本纲领，是我国证券市场管理的根本大法，完善了我国证券法制建设的基本框架。

（一）证券法的概念

证券法指调整证券发行、交易和证券监管过程中发生的各种社会关系的法律规范的总称，是由不同层次、具有相互交错关系构成的法律体系。该体系大体上由以下三部分组成。

1. 证券基本法

我国《证券法》自 1998 年颁布和实施以来，经过三次修正和两次修订，现行《证券法》于 2019 年 12 月 28 日修订通过，自 2020 年 3 月 1 日起施行，修订后的《证券法》共 14 章 226 条。作为国家重要的法律之一，《证券法》是证券交易法律体系的核心，是证券交易管理的基本法律规范。

2. 证券规则

证券规则是根据证券交易法而制定的有关法规、规则。这些法规、规则对证券交易法的基本规定进行了补充，具有实用性和可操作性，也是进行证券管理的重要法律文件。

3. 与证券交易法相关的其他法律

与证券交易法相关的其他法律包括其他的国家基本法、某些部门法和其他法律文件。它们的内容与证券交易法有密切关系，如《刑法》中有关打击证券犯罪的规定，《公司法》中关于设立股份有限公司及发行股票和公司债券的规定，等等。

（二）证券法的调整对象

证券法的调整对象是证券发行和交易以及对证券市场监管所产生的法律关系。

（1）证券发行关系，是指证券发行人因证券募集、发售有价证券而与投资者及其相对人之间形成的一种权利义务关系。证券发行是证券交易的前提。

（2）证券交易关系，是指证券持有人在证券市场转让证券，与其他证券买受人所发生的权利义务关系。证券法最主要的任务是规范证券交易活动，确定证券交易的基本规则。

（3）证券监督管理关系，主要表现在两个方面：一是根据证券监督管理机构对证券发行人、证券经营机构、证券投资者、证券交易所等证券市场参与者的活动监督管理关系；二是证券业协会自律管理关系。

三、证券法的基本原则

证券法的基本原则贯穿于证券法律关系始终，构成证券法基础的法律原则。

（一）公开、公正、公平原则

我国《证券法》总则第 3 条规定："证券的发行、交易活动，必须遵循公开、公平、公正的原则。"这是证券法的基本原则。

1．公开原则

美国法官布兰戴斯有句名言："阳光是最好的防腐剂，街灯是最好的警察。"这句话强调了公开原则的重要性。公开是指有关证券发行、交易的信息要依法如实披露、充分披露、持续披露，让投资者在充分了解真实情况的基础上自行作出投资判断。其基本要求是，公开的信息必须真实、准确、完整，不得有虚假记载、误导性陈述或者重大遗漏。信息公开要及时，要有使用价值。除了信息公开外，证券法律、法规及相关政策也要公开，市场监管活动与执法活动也应公开。

2．公平原则

公平是指证券市场的参与者在法律上地位平等，在市场中机会平等。其基本要求是，每个合格的主体都有进入证券市场的机会，每个参与证券发行和交易的当事人在事实上都享有同等的获利机会和承担相应的市场风险。

3．公正原则

公正原则是指在证券发行和交易中，应遵循和执行统一的规则。其基本要求是，按照同一规则对所有的当事人进行证券的发行和交易，在同一次证券发行和交易中，对所有投资者的条件、机会都是相同的，不得因人而异。禁止任何人在证券发行或交易中以其特权或优势获得不公正利益。

（二）政府监管与自律管理相结合原则

政府监管是指国家通过立法对证券市场业务和从事证券业的机构或个人的监管。根据我国证券立法的规定，政府对证券市场的监管主要是从证券业务的资格审查、证券信息的公开、证券交易管理等方面进行监管。

自律性监管是指依靠证券交易所、各类协会、委员会等组织机构和这些机构制定的业务规则、从业准则等进行的自我监督和管理。我国证券业自律性组织主要有上海证券交易所、深圳证券交易所、中国证券业协会。

【节前引例分析】

证券是用来证明证券持有人有权依票面所载内容，取得相关权益的凭证，是各类财产所有权或债权凭证的通称。所以，从法律意义上来说，证券本质上是一种交易契约或合同，该契约或合同赋予合同持有人根据该契约或合同的规定，对契约或合同规定的标的采取相应的行为，并获得相应收益的权利。因此股票作为证券的一种形式，持有人可因持有的股票获得相应的交易权和收益权，同时也应履行相应的义务。

第二节 证券发行

【引例】

某股份有限公司是一家上市公司，为筹集资金发行新股，招股说明书中写明所筹集资金的用途是更新一条自动化生产线，新股顺利上市。但是股东却发现公司将这笔资金用于办公大楼的建造，遂向董事会提出异议。董事会认为，改变资金的用途是董事会的正式决议，监事会也同意，上级部门也批准了，是合法、有效的决议。

问题：（1）董事会的决议效力如何？

（2）这一行为对公司股票的发行有何影响？

（3）该公司对这一行为应承担何种责任？

一、证券发行的特征

证券发行是指经批准符合条件的证券发行人，按照一定程序将有关证券发售给投资者的行为。由于新发行的证券是初次面市，所以有时也将证券发行市场称为"一级市场"，比如首次公开募股（Initial Public Offerings，IPO）。与此相对应，证券流通市场被称为"二级市场"。

证券发行具有以下特征。

1. 直接融资性

证券发行的最大功能是以筹集资金为目的，直接联结资金需求者和供给者，迅速地将社会闲散资金转化为生产建设资金。与银行系统的间接融资活动相比，证券发行的直接融资更能为资金缺少者提供具有长期性、持续性的生产经营资金。同时，证券发行的直接融资性也表现出其大众化、社会化的特点。

2. 商业性

证券发行是一种商业行为。从法律角度讲，也是一种民事行为，是证券发行人向社会投资者出售证券的要约。从法律关系上看，证券发行人通过发行各种证券品种，取得资金的使用权，成为投资收益请求权的相对人；证券投资者通过购买证券，出让其资金使用权，取得与证券相关的权益，如股票所代表的股东权、债券所代表的债务清偿请求权等。

3. 规范性

证券发行是发行人向社会公众进行集资的行为。为保护社会公众的利益，我国《证券法》对证券发行的准备、证券发行的参与人和证券发行行为设有严格的程序、规则。

二、证券发行的相关法律制度

证券发行是证券交易的首要环节，《证券法》及相关法律和法规对证券发行中的各个环节都做了规范化的要求。具体如下。

1. 预披露制度

《公司法》《证券法》《企业债券管理条例》等法律法规均确定了证券发行的信息披露制度。例如，在《公司法》第 154 条中就规定了关于发起人向社会公开募集股份，必须公告招股说明书，并制作认股书的要求。依照《证券法》第 20 条的规定，发行人申请首次公开发行股票的，在提交申请文件后，应当按照国务院证券监督管理机构的规定预先披露有关申请文件。

2. 保荐人制度

发行人申请公开发行股票、可转换为股票的公司债券，依法采取承销方式的，或者公开发行法律、行政法规规定实行保荐制度的其他证券的，应当聘请证券公司担任保荐人，即证券公司既是担保人又是推荐人。保荐人应当遵守业务规则和行业规范，履行诚实守信、勤勉尽责、对发行人的申请文件和信息披露资料进行审慎核查、督导发行人规范运作的职责。

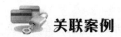 **关联案例**

保荐人未做到勤勉尽责

据中国证监会官网 2020 年 8 月 20 日消息　2020 年 8 月 18 日招商证券因投行业务被中国证监会出具警示函。

经查，中国证监会发现招商证券及保荐代表人林联偲、康自强在保荐武汉科前生物股份有限公司科创板首次公开发行股票申请过程中，存在未发现 2016—2017 年期间通过列支研发费用或其他费用将资金从发行人账户最终转到财务总监个人卡，用于发放部分高管薪酬、奖金或支付无票据费用的情形；未发现员工李名义是经销商金华康顺的实际经营者；在首次提交的申报材料中未充分揭示非洲猪瘟疫情可能造成的业绩波动风险等问题。中国证监会决定对招商证券和保荐代表人林联偲、康自强分别采取出具警示函的行政监督管理措施。

本案违反《证券法》第 10 条"保荐人应当遵守业务规则和行业规范，诚实守信，勤勉尽责，对发行人的申请文件和信息披露资料进行审慎核查，督导发行人规范运作"的规定，以及《证券发行上市保荐业务管理办法》第 5 条"保荐机构及其保荐代表人、其他从事保荐业务的人员应当遵守法律、行政法规和中国证监会、证券交易所、中国证券业协会的相关规定，恪守业务规则和行业规范，诚实守信，勤勉尽责，尽职推荐发行人证券发行上市，持续督导发行人履行规范运作、信守承诺、信息披露等义务"的规定。

3. 注册制度

证券发行注册制是指发行人申请发行证券时，必须依照法律、行政法规规定的条件，并将

应当公开的各种资料完全准确地向证券监管机构或国务院授权的部门进行申报。证券监管机构或国务院授权的部门只对申报文件的全面性、准确性、真实性和及时性作形式审查，不对发行人的资质进行实质性审核和价值判断而将发行公司股票的良莠留给市场来决定。

按照国务院的规定，对于公开发行证券的申请，证券交易所等可以审核，判断发行人是否符合发行条件、信息披露要求，督促发行人完善信息披露内容。注册制的核心是只要求证券发行人提供的材料不能存在虚假、误导或者遗漏。

三、公开发行证券

公开发行证券是一种按证券发行对象划分的证券发行方式。公开发行证券应当依法进行注册。

依照《证券法》的规定，属于公开发行证券的情形有：①向不特定对象发行证券；②向特定对象发行证券累计超过 200 人，但依法实施员工持股计划的员工人数不计算在内；③法律、行政法规规定的其他发行行为。

非公开发行证券，不得采用广告、公开劝诱和变相公开方式。

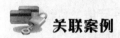 **关联案例**

某文化传播公司利用淘宝网非法发行股票被及时叫停

据中国证监会官网 2013 年 9 月 6 日消息　某文化传播公司利用淘宝网平台，开设"会员卡在线直营店"，公开销售"凭证登记式会员卡"，以售卡附赠股权的方式转让其原始股共 161 笔，涉及 153 人，累计获得转让款 18 万余元。查明情况后，中国证监会要求其立即停止违法行为并及时纠正，责令其按照募资说明承诺的条款主动退还所募资金，同时通过互联网进行公开澄清并消除不良影响。

点评：这是一起典型的利用网络平台违反《证券法》向社会公众非法公开发行股票的典型案例。网络购物和社交网站的快速发展大大方便了人民生活，但与此同时，部分非法发行活动也开始悄悄利用这些渠道，为自己披上光鲜亮丽的外衣，引诱投资者上当受骗。

四、股票发行

股票发行是指符合条件的发行人以筹资或实施股利分配为目的，按照法定的程序，向投资者或原股东发行股份或无偿提供股份的行为。

（一）股票发行的条件

股票发行是指符合股票发行条件的股份有限公司以筹集资金为直接目的，依照法律规定的条件和程序，向社会投资者要约出售代表一定股东权利的股票的行为。股票的发行必须依据我国《公司法》《证券法》的有关新股发行的规定。

公司首次公开发行新股，应当符合下列条件：①具备健全且运行良好的组织机构；②具有持续经营能力；③最近 3 年财务会计报告被出具无保留意见审计报告；④发行人及其控股股东、实际控制人最近 3 年不存在贪污、贿赂、侵占财产、挪用财产或者破坏社会主义市场经济秩序的刑事犯罪；⑤经国务院批准的国务院证券监督管理机构规定的其他条件。

上市公司发行新股，应当符合经国务院批准的国务院证券监督管理机构规定的条件，具体管理办法由国务院证券监督管理机构规定；公开发行存托凭证的，应当符合首次公开发行新股的条件以及国务院证券监督管理机构规定的其他条件。

公司对公开发行股票所募集资金，必须按照招股说明书或者其他公开发行募集文件所列资金用途使用；改变资金用途，必须经股东大会作出决议。擅自改变用途，未作纠正的，或者未经股东大会认可的，不得公开发行新股。

（二）股票发行的程序

根据《证券法》和《公司法》的规定，申请公开发行股票的程序如下。

1. 决议

股份有限公司发行新股是公司的增资行为，应当由股东大会作出决议，经出席股东大会的股东所持表决权的 2/3 以上通过。

2. 申请

股东大会作出发行新股的决议后，董事会应聘请会计师事务所、资产评估机构、律师事务所等专业机构，对公司做尽职调查，包括对公司的资信、财务状况进行评估，并就有关事项出具尽职调查报告，然后，向证券交易所递交募股申请及相关文件。

3. 受理

证券交易所受理发行人注册申请后，主要通过向发行人提出审核问询、发行人回答问题方式开展审核工作，判断发行人是否符合发行条件、上市条件和信息披露要求。

4. 报送

证券交易所经审核认为发行人符合发行条件和信息披露要求的，将审核意见、发行人注册申请文件及相关审核资料报中国证监会注册，依法履行发行注册程序。

5. 接收与公开披露

中国证监会接收交易所报送的审核意见、发行人注册申请文件及相关审核资料后，按规定将发行人注册申请文件在中国证监会和交易所网站进行披露，并依法推进注册工作。

6. 召开注册审议会

中国证监会接收证券交易所审核意见、发行人注册申请文件及相关审核资料后，在 5 个工作日内，组织召开注册审议会。注册审议会主要关注交易所发行上市审核内容有无遗漏，审核程序是否符合规定，以及发行人在发行条件和信息披露要求的重大方面是否符合相关规定。

7. 作出同意注册或不予注册的决定

根据注册审议会作出的同意注册或不予注册结果，及时履行内部审批程序，由中国证监会对发行人的注册申请作出同意注册或不予注册的决定。

8. 申请经注册后的公告

证券发行申请经注册后，发行人应当依照法律、行政法规的规定，在证券公开发行前公告公开发行募集文件，并将该文件置备于指定场所供公众查阅。发行证券的信息依法公开前，任何知情人不得公开或者泄露该信息。

发行人不得在公告公开发行募集文件前发行证券。

（三）股票承销

股票承销即《证券法》中的证券承销，是指股票的公开销售。股票的公开销售是指发行人的股票，按照法律规定的销售方式，向社会不特定的投资者公开出售，并将代表一定股东利益的凭证即股票交付给投资者的行为。

1. 股票的代销与包销

依照《证券法》第 26 条的规定，发行人向不特定对象发行的证券，法律、行政法规规定应当由证券公司承销的，发行人应当同证券公司签订承销协议。公开发行证券的发行人有权依法自主选择承销的证券公司。

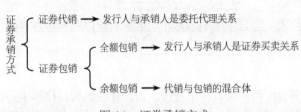

图 6.1 证券承销方式

证券承销业务采取代销和包销两种方式，见图 6.1。

证券代销是指证券公司代理发行人发售证券，在承销期结束时，将未售出的证券全部退还发行人的承销方式。发行人与承销人是委托代理关系，行为后果归于发行人。因此，承销人仅为证券的推销者，不垫付资金，对不能售出的证券也不承担责任，证券发行风险由发行人自行承担。与包销相比，承销人所收取的费用较少。

证券包销是指证券公司将发行人的证券按照协议全部购入或者在承销期结束时将售后剩余证券全部自行购入的承销方式。分为全额包销和余额包销。全额包销是指证券承销人依约将发行人的证券全部购入的承销方式。此时，证券承销人与发行人属于证券买卖关系，承销人支付对价，取得证券的所有权。余额包销指证券承销人依约在证券承销期届满后，将尚未售出的证券全部购入的承销方式。它是代销与包销的混合体。无论是全额包销还是余额包销，证券承销人均承担证券发行风险，故包销费用高于代销。

2. 证券公司在股票承销中的责任

（1）证券公司承销证券，应当对公开发行募集文件的真实性、准确性、完整性进行核查。发现有虚假记载、误导性陈述或者重大遗漏的，不得进行销售活动；已经销售的，必须立即停止销售活动，并采取纠正措施。

（2）证券公司承销证券，不得存在以下三种行为：①进行虚假的或者误导投资者的广告宣传或者其他宣传推介活动；②以不正当竞争手段招揽承销业务；③其他违反证券承销业规定的行为。因前述行为给其他证券承销机构或者投资者造成损失的，应当依法承担赔偿责任。

（3）证券的代销、包销期限最长不得超过 90 日。证券公司在代销、包销期内，对所代销、包销的证券应当保证先行出售给认购人，证券公司不得为本公司预留所代销的证券和预先购入并留存所包销的证券。

（四）股票的发行价格

关于股票发行价格，《证券法》没有明确的规定，依据《公司法》127 条的规定，股票发行价格可以按票面金额，也可以超过票面金额，但不得低于票面金额，故股票发行价格只能是平价发行和溢价发行两种。

（1）平价发行。它是指发行人以股票票面金额作为发行价格。新创立的公司通常采取这种发行价格，以保证公司能够筹得足额的资金。由于股票上市后其交易价格要高于发行价格，面额发行价格较为投资者所认同，但发行人筹资的金额较小，因而在实践中较少采用此种价格。

（2）溢价发行。它是指以超出股票票面金额的价格进行的发行。溢价发行一般发生在新股发行中。依据《证券法》第 32 条的规定，股票发行采取溢价发行的，其发行价格由发行人与承销的证券公司协商确定，以防止定价不适当而影响投资者的利益。同时，证券管理部门还要对股票的发行价格的确定进行适当的监管。

五、债券发行

债券发行是发行人以借贷资金为目的，依照法律规定的程序向投资者要约发行代表一定债权和兑付条件的债券的法律行为。债券可以分为公司债券、金融债券、国债和公司可转换债券。这里主要介绍公司债券发行和公司可转换债券发行。

1. 公司债券的发行

根据《公司法》的规定，我国债券发行的主体主要是公司制企业。公司债券是指依照法律所规定的条件和程序发行的，约定在一定期限内还本付息的有价证券。

根据《证券法》第 15 条的规定，公开发行公司债券，应当符合下列条件：①具备健全且运行良好的组织机构；②最近 3 年平均可分配利润足以支付公司债券 1 年的利息；③国务院规定的其他条件。

公开发行公司债券筹集的资金，必须按照公司债券募集办法所列资金用途使用；改变资金用途，必须经债券持有人会议作出决议。公开发行公司债券筹集的资金，不得用于弥补亏损和非生产性支出。

2. 可转换公司债券的发行

可转换公司债券是指可以在特定的时间按照特定的条件转换成普通股票的特殊公司债券。可转换公司债券具有债券和股票的双重特点，因而它既有公司债券的特点，如债权性，也具有股票的特点，如股权性，同时还具有可转换性的特点。

根据《证券法》的规定，上市公司发行可转换为股票的公司债券，除应当符合《证券法》关于公司债券筹集的资金使用用途的规定外，还应当遵守《证券法》关于上市公司发行新股的条件的规定。但是，按照公司债券募集办法，上市公司通过收购本公司股份的方式进行公司债券转换的除外。

【节前引例分析】

（1）董事会的决议是无效的。根据《证券法》第 14 条的规定，公司对公开发行股票所募集资金，必须按照招股说明书或者其他公开发行募集文件所列资金用途使用；改变资金用途，必须经股东大会作出决议。擅自改变用途，未作纠正的，或者未经股东大会认可的，不得公开发行新股。

（2）这一行为会影响某股份有限公司的新股正常发行。依据《证券法》第14条的规定，擅自改变用途，未作纠正的，或者未经股东大会认可的，不得公开发行新股。

（3）作为发行人的某股份有限公司擅自改变公开发行证券所募集资金的用途，对公司责令改正，处以相应的罚款；对直接负责的主管人员和其他直接责任人员给予警告并处以相应的罚款；对于发行人的控股股东、实际控制人如果从事或者组织、指使从事前述违法行为的，给予警告并处以相应罚款；同时对直接负责的主管人员和其他直接责任人员也处以相应的罚款。

第三节　证券交易

【引例】

众华会计师事务所未勤勉尽责案

据中国证监会2020年5月9日公布的2019年20起典型型违法案例中所载，2015年，众华会计师事务所在为宁波圣莱达电器股份有限公司（2018年被行政处罚）提供审计服务过程中，未对其虚构财政补助等事项予以必要关注，出具的审计报告存在虚假记载。2019年5月，众华会计师事务在为江苏雅百特科技股份有限公司（2017年被行政处罚）提供审计服务过程中，未审慎核查工程项目真实性被行政处罚。

一、证券交易的一般规定

证券交易是指证券发行人公开发行的证券在证券交易所挂牌进行集中交易的法律行为。证券交易形成的市场为证券的交易市场，或称为证券的二级市场。

1. 对证券交易对象的禁止性规定

证券交易的对象首先必须是合法的证券，即证券交易当事人依法买卖的证券；必须是依法发行并交付的证券，非依法发行的证券不得买卖。

（1）依法发行的证券，《公司法》和其他法律对其转让期限有限制性规定的，在限定的期限内不得转让。这表明，合法发行但处于法定限制交易期间的证券仍然不能进行交易。

（2）证券交易场所、证券公司和证券登记结算机构的从业人员，证券监督管理机构的工作人员以及法律、行政法规规定禁止参与股票交易的其他人员，在任期或者法定限期内，不得直接或者以化名、借他人名义持有、买卖股票或者其他具有股权性质的证券，也不得收受他人赠送的股票或者其他具有股权性质的证券。任何人在成为前述所列人员时，其原已持有的股票或者其他具有股权性质的证券，必须依法转让。

（3）对于实施股权激励计划或者员工持股计划的证券公司的从业人员，《证券法》规定可以按照国务院证券监督管理机构的规定持有、卖出本公司股票或者其他具有股权性质的证券。

2. 对特定人员买卖证券的规定

为证券发行出具审计报告或者法律意见书等文件的证券服务机构和人员，在该证券承销期内和期满后6个月内，不得买卖该证券。

为发行人及其控股股东、实际控制人，或者收购人、重大资产交易方出具审计报告或者法律意见书等文件的证券服务机构和人员，自接受委托之日起至上述文件公开后 5 日内，不得买卖该证券。实际开展上述有关工作之日早于接受委托之日的，自实际开展上述有关工作之日起至上述文件公开后 5 日内，不得买卖该证券。

3. 对特定人员持股转让的规定

上市公司、股票在国务院批准的其他全国性证券交易场所交易的公司持有 5%以上股份的股东、董事、监事、高级管理人员，将其持有的该公司的股票或者其他具有股权性质的证券在买入后 6 个月内卖出，或者在卖出后 6 个月内又买入，由此所得收益归该公司所有，公司董事会应当收回其所得收益。公司董事会违反规定的，负有责任的董事依法承担连带责任。

股东有权要求董事会在 30 日内执行。公司董事会未在上述期限内执行的，股东有权为了公司的利益以自己的名义直接向人民法院提起诉讼。

提示：这里所称董事、监事、高级管理人员、自然人股东持有的股票或者其他具有股权性质的证券，包括其配偶、父母、子女持有的及利用他人账户持有的股票或者其他具有股权性质的证券。

二、证券上市交易和终止上市

《证券法》赋予证券交易所对证券上市和终止上市的规则制定权和审核权。

1. 证券上市交易的条件

证券上市是指发行人的股票、债券等按照法定条件和程序，在证券交易所或其他依法设立的证券交易所公开挂牌交易的行为，是连接证券发行与证券场内交易的桥梁。

证券上市还确立了证券交易所与上市公司之间的自律性的监管关系。

《证券法》第 47 条规定："申请证券上市交易，应当符合证券交易所上市规则规定的上市条件。证券交易所上市规则规定的上市条件，应当对发行人的经营年限、财务状况、最低公开发行比例和公司治理、诚信记录等提出要求。"由此可以看出，《证券法》取消了直接在法律条款中规定证券上市的具体条件，明确由证券交易所对证券上市条件和终止上市情形作出具体规定。

2. 终止证券上市

终止证券上市即退市，是指上市公司由于未满足证券交易所有关财务等其他上市标准而主动或被动终止上市的情形，即由一家上市公司变为非上市公司。

《证券法》对终止上市的规定体现在以下三个方面。

（1）决定。证券交易所依法通过制定业务规则，规定终止上市的情形。当上市交易的证券出现终止上市情形的，证券交易所有权决定证券终止上市。

（2）公告。对于证券交易所决定终止证券上市交易的，应当及时公告，并报国务院证券监督管理机构备案。

（3）救济权的行使。上市公司对证券交易所作出的不予上市交易、终止上市交易决定不服的，可以向证券交易所设立的复核机构申请复核。

《证券法》协调平衡入市与退市机制，取消暂停上市环节，触发条件的直接退市，用多层次资本市场体系支撑退市机制。新的退市制度可以引导投资者主动抛售垃圾股，崇尚价值投资和长期投资。从这方面来说，取消暂停上市将会带来明显的制度功效。

关联案例

"保千里"成《证券法》2020年3月1日修订实施后退市第一股

据《中国证券报》2020年4月1日报道（孙翔峰 周松林）因为触及了净资产、净利润和审计报告意见类型三项财务类强制退市指标，保千里被终止上市。

2017年、2018年连续两年净资产为负和连续两年年报被出具"无法表示意见"，保千里股票自2019年5月24日起被实施暂停上市。2020年3月13日，保千里披露了2019年年度报告。公司2019年净利润为-9.32亿元，2019年末净资产为-59.79亿元，2019年财务报表继续被出具"无法表示意见"。公司相关财务指标触及了《上海证券交易所股票上市规则》中规定的净资产、净利润和审计报告意见类型三种应予强制终止上市的情形。

4月1日，上海证券交易所作出了对保千里股票实施终止上市的决定。

点评： 保千里是我国《证券法》2020年3月1日修订实施后的退市第一股。《证券法》首次明确不再在法律层面具体规定证券退市的法定情形及暂停上市等实施程序，而是将证券退市环节和指标的业务规则制定和执行权，授权由证券交易所行使。这有利于实现市场化、多元化的退市方式，同时将全面加快资本市场优胜劣汰功能，优化资本市场资源配置能力，对劣质企业形成强有力的威慑，更加有效地保护投资者权益。

三、信息披露制度

信息披露制度，又称信息公开制度，是指上市公司为保障投资者利益和接受社会公众的监督而依法必须将其自身的财务、经营状况和变化信息及其他相关文件资料和法律规定的重大事件向证券监督管理部门和证券交易所报告，并向社会公开或公告，以便于投资者充分了解情况的制度。既包括发行前的披露也包括上市后持续的信息披露。

信息披露义务人披露的信息，应当真实、准确、完整，简明清晰，通俗易懂，不得有虚假记载、误导性陈述或者重大遗漏。

（一）信息披露义务人应履行的法定义务

1. 定期报送和公告的义务

信息披露义务人应当按照国务院证券监督管理机构和证券交易场所规定的内容和格式编制定期年度报告和中期报告，并按照规定的时间报送和公告。其中年度财务会计报告应当经符合《证券法》规定的会计师事务所审计。

微课堂

信息披露义务

2. 报送临时报告并公开的义务

因发生可能对上市公司、证券交易价格产生重大影响的信息，公司应当立即将有关该重大事件的情况向国务院证券监督管理机构和证券交易场所报送临时报告，并予公告，说明事件的起因、目前的状态和可能产生的法律后果。

重大影响的信息是指发生可能对上市公司、股票在国务院批准的其他全国性证券交易场所交易的公司的股票交易价格产生较大影响，而投资者尚未得知的信息。

（1）可能对上市公司、股票交易价格产生重大影响的重大事件：①公司的经营方针和经营范围的重大变化；②公司的重大投资行为，公司在1年内购买、出售重大资产超过公司资产总额30%，或者公司营业用主要资产的抵押、质押、出售或者报废一次超过该资产的30%；③公司订立重要合同、提供重大担保或者从事关联交易，可能对公司的资产、负债、权益和经营成果产生重要影响；④公司发生重大债务和未能清偿到期重大债务的违约情况；⑤公司发生重大亏损或者重大损失；⑥公司生产经营的外部条件发生的重大变化；⑦公司的董事、1/3以上监事或者经理发生变动，董事长或者经理无法履行职责；⑧持有公司5%以上股份的股东或者实际控制人持有股份或者控制公司的情况发生较大变化，公司的实际控制人及其控制的其他企业从事与公司相同或者相似业务的情况发生较大变化；⑨公司分配股利、增资的计划，公司股权结构的重要变化，公司减资、合并、分立、解散及申请破产的决定，或者依法进入破产程序、被责令关闭；⑩涉及公司的重大诉讼、仲裁，股东大会、董事会决议被依法撤销或者宣告无效；⑪公司涉嫌犯罪被依法立案调查，公司的控股股东、实际控制人、董事、监事、高级管理人员涉嫌犯罪被依法采取强制措施；⑫国务院证券监督管理机构规定的其他事项。公司的控股股东或者实际控制人对重大事件的发生、进展产生较大影响的，应当及时将其知悉的有关情况书面告知公司，并配合公司履行信息披露义务。

（2）可能对上市公司债券交易价格产生重大影响的重大事件：①公司股权结构或者生产经营状况发生重大变化；②公司债券信用评级发生变化；③公司重大资产抵押、质押、出售、转让、报废；④公司发生未能清偿到期债务的情况；⑤公司新增借款或者对外提供担保超过上年末净资产的20%；⑥公司放弃债权或者财产超过上年末净资产的10%；⑦公司发生超过上年末净资产10%的重大损失；⑧公司分配股利，作出减资、合并、分立、解散及申请破产的决定，或者依法进入破产程序、被责令关闭；⑨涉及公司的重大诉讼、仲裁；⑩公司涉嫌犯罪被依法立案调查，公司的控股股东、实际控制人、董事、监事、高级管理人员涉嫌犯罪被依法采取强制措施；⑪国务院证券监督管理机构规定的其他事项。

3. 上市公司的发行人的董事、监事和高级管理人员的信息披露义务

上市公司的发行人及其董事、监事和高级管理人员应当保证发行人及时、公平地披露信息，所披露的信息应真实、准确、完整。作为信息披露的主要义务人，应当履行的信息披露义务如表6.1所示。

表6.1 上市公司发行人及法律规定的相关人员的信息披露义务

人 员	监督义务和信息披露
发行人	①无法保证证券发行文件和定期报告内容的真实性、准确性、完整性或者有异议的，应当在书面确认意见中发表意见并陈述理由，发行人应当披露 ②发行人不予披露的，董事、监事和高级管理人员可以直接申请披露
董事、高级管理人员	对证券发行文件和定期报告签署书面确认意见
监事	①监事会对董事会编制的证券发行文件和定期报告进行审核并提出书面审核意见 ②监事签署书面确认意见

4. 其他应履行的信息披露义务

（1）"公开承诺"的义务。发行人及其控股股东、实际控制人、董事、监事、高级管理人员等作出公开承诺的，应当披露。不履行承诺给投资者造成损失的，应当依法承担赔偿责任。

（2）不得误导投资者的义务。除依法需要披露的信息之外，信息披露义务人可以自愿披露与投资者作出价值判断和投资决策有关的信息，但不得与依法披露的信息相冲突，不得误导投资者。

5. 履行信息披露义务的途径和场所

依法披露的信息，应当在证券交易场所的网站和符合国务院证券监督管理机构规定条件的媒体发布，同时将其置备于公司住所、证券交易场所，供社会公众查阅。

（二）对信息披露的监督和管理

对信息披露的监督和管理实行政府统一监管和自律性监管相结合。

1. 监督管理机构

国务院证券监督管理机构对信息披露义务人的信息披露行为进行监督管理。

证券交易场所应当对其组织交易的证券的信息披露义务人的信息披露行为进行监督，督促其依法及时、准确地披露信息。

2. 违反信息披露规定的法律责任

信息披露义务人未按照规定披露信息，或者公告的证券发行文件、定期报告、临时报告及其他信息披露资料存在虚假记载、误导性陈述或者重大遗漏致使投资者在证券交易中遭受损失的，应承担赔偿责任。

发行人的控股股东、实际控制人、董事、监事、高级管理人员和其他直接责任人员以及保荐人、承销的证券公司及其直接责任人员，应当与发行人承担连带赔偿责任，但是能够证明自己没有过错的除外。

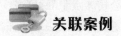 **关联案例**

HY 股份信息披露虚假记载和误导性陈述案

2019 年 6 月 12 日，HY 集团股份有限公司披露合作进行防治非洲猪瘟的"今珠多糖注射液"产业化运营，股价涨停。经查，该公司在合作事宜和产业化运营方面，存在虚假记载；披露的预防有效率、专利技术及业绩预测等缺乏依据，存在误导性陈述，依法被中国证监会广东省监管局予以行政处罚。

解析： 这是典型的虚假、误导性陈述行为，属于信息披露违法行为。本案表明，上市公司蹭热点、炒概念严重破坏信息披露制度的严肃性，严重误导投资者，依法应予严处。

四、禁止的交易行为

证券交易的禁止行为是指法律规定证券市场的参与者在证券交易过程中被限制和禁止从事的行为。

（一）内幕交易

所谓内幕交易行为，是指内幕信息的知情人员或者非法获取内幕信息的人员，在涉及证券的发行、交易或者其他对证券的价格有重大影响的信息尚未公开前，买入或者卖出该证券，或者泄露该信息，以获取利益或减少损失的行为。从法律的角度来说，内幕交易是一种利用证券市场信息不对称及条件便利以实施非法占有为目的的特殊侵权行为。

1. 内幕人员

内幕人员是指知悉证券交易内幕信息的知情人员，包括以下人员：①发行人及其董事、监事、高级管理人员；②持有公司 5%以上股份的股东及其董事、监事、高级管理人员，公司的实际控制人及其董事、监事、高级管理人员；③发行人控股或者实际控制的公司及其董事、监事、高级管理人员；④由于所任公司职务或者因与公司业务往来可以获取公司有关内幕信息的人员；⑤上市公司收购人或者重大资产交易方及其控股股东、实际控制人、董事、监事和高级管理人员；⑥因职务、工作可以获取内幕信息的证券交易场所、证券公司、证券登记结算机构、证券服务机构的有关人员；⑦因职责、工作可以获取内幕信息的证券监督管理机构工作人员；⑧因法定职责对证券的发行、交易或者对上市公司及其收购、重大资产交易进行管理可以获取内幕信息的有关主管部门、监管机构的工作人员；⑨国务院证券监督管理机构规定的可以获取内幕信息的其他人员。

2. 内幕信息

内幕信息，是指证券交易活动中涉及公司的经营、财务或者对公司证券的市场供求关系有重大影响的尚未公开的信息。认定内幕信息的标准有二：一是对公司证券的市场价格有重大影响的信息；二是尚未公开的信息，即重大性原则与非公开性原则。这里的内幕信息主要是指《证券法》第 80 条和第 81 条中关于影响股票交易价格和关于影响债券交易价格的上市公司作临时报告所依据的所有重大事件。[①]

3. 对内幕交易禁止的规定

（1）禁止交易的主体包括证券交易内幕信息的知情人和非法获取内幕信息的人。

（2）内幕交易的行为包括：一是在内幕信息公开前，买卖该公司证券的行为；二是泄露该信息，或者建议他人买卖该证券的行为。

内幕交易行为的构成要件包括违法性、损害事实、因果关系和主观过错四个方面。内幕交易行为给投资者造成损失的，应当依法承担赔偿责任。

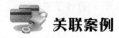 **关联案例**

周某某内幕交易案

周某某在担任上海证券交易所上市公司监管一部总监助理期间，利用其职务上的便利，使用自己的工作账号和密码进入上海证券交易所的上市公司信息披露电子化系统，浏览并获取上市公司提交审核的有关业绩增长、分红、重大合同等利好信息后，用办公室外网计算机，登录其实际控制的证券账户并买入相关股票 15 只，买入总金额共计 852 万余元，卖出总金额 871 万余元，非法获利 17 万余元，以内幕交易罪获刑。

解析： 内幕交易违反证券市场公开、公平、公正的证券交易原则，严重扰乱证券市场秩序，损害广大投资者合法利益。根据《证券法》的规定，证券交易内幕信息的知情人员和非法获取内幕信息的人员，在内幕信息公开前，不得买卖该公司的证券，或者泄露该信息，或者建议他人买卖该证券。本案中，周某某作为证券交易内幕信息知情人员，利用其职务便利，在涉及对证券交易价格有重大影响的信息尚未公开前买入该证券，于次日信息公告披露后卖出该证券，属于典型的内幕交易，其行为也同时触犯了刑法，构成内幕交易罪。

[①] 这里的"重大事件"已经在前面"信息披露义务人应履行的法定义务"中关于"报送临时报告并公开的义务"里进行了详细的阐述。

（二）操纵市场

所谓操纵市场，即操纵证券市场，又称操纵行情，是指操纵人利用掌握的资金、信息等优势，采用不正当手段，人为地制造证券行情，操纵或影响证券交易价格和证券交易量，以诱导证券投资者盲目进行证券买卖，从而为自己谋取利益或者转嫁风险的行为。

操纵证券市场的行为包括：①单独或者通过合谋，集中资金优势、持股优势或者利用信息优势联合或者连续买卖；②与他人串通，以事先约定的时间、价格和方式相互进行证券交易；③在自己实际控制的账户之间进行证券交易；④不以成交为目的，频繁或者大量申报并撤销申报；⑤利用虚假或者不确定的重大信息，诱导投资者进行证券交易；⑥对证券、发行人公开作出评价、预测或者投资建议，并进行反向证券交易；⑦利用在其他相关市场的活动操纵证券市场；⑧操纵证券市场的其他手段。

操纵证券市场行为给投资者造成损失的，应当依法承担赔偿责任。

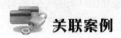 **关联案例**

罗山东等人操纵证券市场案

据2020年1月3日中国证监会发布会通报　2016年起罗山东、龚世威、王杰三人分别组建了包括操盘手、财务人员、筹资人在内的犯罪团伙，在浙江、湖南、广东等地设立12个操盘窝点，单独或者合谋，利用资金、持股优势，累计动用上百亿元资金，使用数百个证券账户，采取联合或连续买卖、对倒（敲）撤回申报、盘中拉升、控制开（收）盘价等方式，操纵8只股票。同时，还采取勾结"黑嘴"推票、盗用他人账户等多种手法，为自己的操纵行为"接盘"，非法获利4亿余元。

2018年6月，根据上海交易所发现的多只股票异动线索，公安部经侦局会同中国证监会稽查局，联合部署浙江省金华市公安局和有关稽查单位共同开展研判，通过对涉及的交易、资金等数据开展全方位分析，全面摸清了涉嫌操纵账户和实际控制人、团伙架构、作案手法。2018年年底，一举打掉了罗山东、龚世威和王杰3个犯罪团伙。

解析：这是一起典型的利用资金、持股优势，单独或者合谋操纵证券市场案。这起案件给市场传递了一个非常明确的信号：与新《证券法》的实施相配合，利用刑事手段从严从重严厉打击操纵市场、上市公司财务造假等证券领域犯罪，提高上市公司质量、净化市场环境、保护投资者合法权益，为资本市场改革发展保驾护航。

（三）虚假陈述

所谓虚假陈述，是指证券市场主体及其工作人员以及其他有关人员，<u>在证券发行和证券交易过程中做出不实、严重误导、有重大遗漏等任何形式的虚假陈述或者误导性信息行为</u>，从而客观上扰乱证券市场，使投资者在不了解事实真相的情况下作出证券投资决定。

《证券法》明确禁止任何单位和个人编造、传播虚假信息或者误导性信息，扰乱证券市场。

1. 虚假陈述的主要表现类型

虚假陈述主要表现为虚假记载、误导性陈述、重大遗漏、不正当披露信息四种类型。

（1）虚假记载是指信息披露义务人在披露信息时，将不存在的事实在信息披露文件中予以记载的行为。虚假记载的方式很多，尤其在财务报表中经常出现。财务报表虚构事实主要有以下几类：①虚增资产负债比例，虚构公司偿债能力；②虚构投资者权益，夸大公司实力；③虚报利润、虚构资产价值；④虚构成本费用率，夸大公司效益。

（2）误导性陈述是指虚假陈述行为人在信息披露文件中或者通过媒体，作出使投资者对其投资行为发生错误判断并产生重大影响的陈述。如某人参加某上市公司的业务交流活动中，该上市公司在他们的宣传手册、投资者调研、路演中持续、有针对性地宣传很快要扩大经营规模，进入一个全新的领域，预计两年内可实现利润翻番的目标，股价很快就会实现一波大涨。结果客户购买了该公司股票后，该公司并未按照之前描述的内容经营，也没有向新领域发展，股价一路大跌，使客户损失了一大笔钱。

（3）重大遗漏是指信息披露义务人在信息披露文件中，未将应当记载的事项完全或者部分予以记载。如某股份有限公司对其涉及的对公司有重大影响的诉讼案件在招股说明书上只字不提，使投资者难以了解资金投向的风险，这种行为就属于重大遗漏。

（4）不正当披露是指信息披露义务人未在适当期限内或者未以法定方式公开披露应当披露的信息。

2. 对特定主体的禁止性规定

（1）证券交易场所、证券公司、证券登记结算机构、证券服务机构及其从业人员，证券业协会、证券监督管理机构及其工作人员，在证券交易活动中不得作出虚假陈述或者信息误导。

（2）各种传播媒介传播证券市场信息必须真实、客观，禁止误导。传播媒介及其从事证券市场信息报道的工作人员不得从事与其工作职责发生利益冲突的证券买卖。

编造、传播虚假信息或者误导性信息，扰乱证券市场，给投资者造成损失的，应当依法承担赔偿责任。

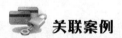 **关联案例**

违反职业操守进行虚假陈述

某股份有限公司为上市公司。该公司公布的财务报告谎称上年度"公司实现利润5.7亿元，资本公积金增加6.57亿元"。据此计算，该公司利益比上一年增加了1000倍。对于此财务报告，甲会计师事务所事先出具了该公司的资产评估报告，同时甲、乙会计师事务所事先都出具了无保留意见的审计报告。

证券监督管理机构当地派出机构在对该公司进行了认真调查后，认定该公司及甲和乙会计师事务所已经违反了证券法律、法规及《会计法》的有关规定，构成了严重的虚假陈述行为，因此作出了具体的处罚决定；同时将已明显触犯《刑法》的主要责任人员移交司法机关予以处理。

（四）损害客户利益

所谓损害客户利益，是指证券公司及其从业人员在证券发行、交易及相关活动中违背客户真实意愿、诱使投资者买卖证券、不履行相关法定义务等给客户造成损失的行为。

损害客户利益的行为如下。

（1）违背客户的委托为其买卖证券。这种行为的构成主要有三个要件：第一，客户发出了买入或卖出证券的委托；第二，证券公司为客户买入或者卖出了证券；第三，证券交易结果不符合委托的内容。

（2）不在规定时间内向客户提供交易的书面确认文件。这主要是指买卖成交后，证券公司没有在规定时间内制作买卖成交报告单并交付客户。

（3）挪用客户所委托买卖的证券或者客户账户上的资金。这主要是指证券公司或者其从业人员擅自将客户账户上的证券或资金挪作他用，如将客户账户上的证券用于质押，将客户账户上的资金用于自营或者转借给他人，等等。

（4）未经客户的委托，擅自为客户买卖证券，或者假借客户的名义买卖证券。擅自为客户买卖证券是指证券公司或者其从业人员未经客户委托授权，擅自为客户买入证券或者卖出客户账户上的证券。假借客户的名义买卖证券，是指不动用客户账户上的证券和资金，而是借客户的账户为自己或者他人进行证券买卖。

（5）为牟取佣金收入，诱使客户进行不必要的证券买卖。所谓不必要的交易，是指对客户的经济利益来说没有什么必要，既不能获得多少利润，也不能减少多少损失的交易。

（6）其他违背客户真实意思表示，损害客户利益的行为。

有上述行为给客户造成损失的，行为人应当依法承担赔偿责任。

提示： 任何单位和个人不得违反规定，出借自己的证券账户或者借用他人的证券账户从事证券交易。

五、上市公司收购

上市公司收购是指收购人通过法定方式，取得上市公司一定比例的发行在外的股份，以实现对该上市公司控股或者合并的行为。它是公司并购的一种重要形式，也是实现公司间兼并控制的重要手段。

（一）上市公司收购法律关系的主体和客体

投资者通过证券交易所的证券交易，持有或者通过协议、其他安排与他人共同持有一个上市公司已发行的有表决权股份达到《证券法》规定的比例时，即形成了对上市公司的收购。

1. 上市公司收购的主体

本质上上市公司收购为证券买卖，具有证券交易的性质。公司收购通常涉及三方利益关系人，即收购方、出售者及目标公司或上市公司。

2. 上市公司收购的客体

上市公司发行在外的股票，即公司发行在外而且被投资者持有的公司股票，不包括公司库存股票和公司以自己名义直接持有的本公司发行在外的股票。

> **议一议**
>
> 可转换公司债券具有什么样的特征？

公司收购客体不包括公司债券。债券持有人因持有的债券到期可要求债券发行人还本付息，但对债券发行人内部事务没有表决权。投资者即使大量持有某种公司债券，也不足以影响公司的股本结构和公司决策权。但若投资者收购在未来可以转换为公司股票的公司债券，且公司债券持有人申请将所持公司债券转换为股票时，债券持有人即转变为股票持有人，可直接参与公司事务。所以，可转换公司债券也可视为公司收购的特殊客体。

（二）投资者持有表决权股份达到5%的报告和公告制度

（1）通过证券交易所的证券交易，投资者持有或者通过协议、其他安排与他人共同持有一个上市公司已发行的有表决权股份达到5%时，应当在该事实发生之日起3日内，向国务院证券监督管理机构、证券交易所作出书面报告，通知该上市公司，并予公告，在上述期限内不得再行买卖该上市公司的股票，但国务院证券监督管理机构规定的情形除外。

（2）投资者持有或者通过协议、其他安排与他人共同持有一个上市公司已发行的有表决权股份达到5%后，①其所持该上市公司已发行的有表决权股份比例每增加或者减少5%，应当在该事实发生之日起3日内，向国务院证券监督管理机构、证券交易所进行报告和公告，在该事实发生之日起至公告后3日内，不得再行买卖该上市公司的股票，但国务院证券监督管理机构规定的情形除外；②其所持该上市公司已发行的有表决权股份比例每增加或者减少1%，应当在该事实发生的次日通知该上市公司，并予公告。

违反上述规定买入上市公司有表决权的股份的，在买入后的36个月内，对该超过规定比例部分的股份不得行使表决权。

 **关联案例**

甲公司于2019年8月21日至2月27日期间，利用65个个人股东账户大量买进乙上市公司有表决权的股票。截至2019年9月27日，甲公司共计持有乙上市公司有表决权的股票7 345 566股，占该只股票总股本的7.08%。但是，甲公司未就上述事实向证券交易所和证券监督管理机构作出书面报告，也未通知乙上市公司并予以公告。

问题： 甲公司的行为违反了《证券法》的哪些规定？

解析： 按照《证券法》的规定，通过证券交易所的证券交易，投资者持有一个上市公司已发行有表决权股份的5%时，应当在该事实发生之日起3日内向证券监督管理机构、证券交易所作出书面报告，通知该上市公司并予以公告；在上述规定的期限内，不得再自行买卖该上市公司的股票。

本案中，甲公司的行为违反了这一规则，即当该公司持有乙上市公司有表决权股份达到5%时，没有向被收购公司、证券交易所和证券监督管理机构作出书面报告，同时也没有进行公告。

（三）要约收购及规则

要约收购是指收购人持有一个上市公司已发行的有表决权股份达到一定比例时，依法必须向被收购的上市公司发出收购的公告，待被收购的上市公司确认后，方可实行收购的行为。

1. 发出收购要约的条件

通过证券交易所的证券交易，投资者持有或者通过协议、其他安排与他人共同持有一个上市公司已发行的有表决权股份达到30%时，继续进行收购的，应当依法向该上市公司所有股东发出收购上市公司全部或者部分股份的要约，并必须公告上市公司收购报告书。

收购上市公司部分股份的要约应当约定，被收购公司股东承诺出售的股份数额超过预定收购的股份数额的，收购人按比例进行收购。

2. 收购约定的期限

收购要约约定的收购期限不得少于30日，并不得超过60日。

3. 收购要约的撤销和变更

在收购要约确定的承诺期限内，收购人不得撤销其收购要约。

收购人可以变更收购要约，但应当及时公告并载明具体变更事项。变更收购要约不得存在《证券法》第68条规定的四种情况：①降低收购价格；②减少预定收购股份数额；③缩短收购期限；④国务院证券监督管理机构规定的其他情形。

4. 要约收购期内限制交易的规定

收购人在要约收购期限内，不得卖出被收购公司的股票，也不得采取要约规定以外的形式和超出要约的条件买入被收购公司的股票。

（四）协议收购及规则

视野拓展

要约收购和协议收购的区别

协议收购是指收购人在证券交易所之外依照法律、行政法规的规定，通过协商的方式与被收购上市公司的股东签订收购其股份的协议进行股份收购，从而达到控制该上市公司的目的。

1. 协议收购的报告与公告

收购人与被收购上市公司达成协议后，收购人必须在3日内将该收购协议向国务院证券监督管理机构及证券交易所作出书面报告，并予公告。与此同时，在公告前不得履行收购协议。

2. 协议收购的条件

采取协议收购方式的，收购人收购或者通过协议、其他安排与他人共同收购一个上市公司已发行的有表决权股份达到30%时，继续进行收购的，应当依法向该上市公司所有股东发出收购上市公司全部或者部分股份的要约。但是，按照国务院证券监督管理机构的规定免除发出要约的除外。

协议收购中按比例收购、收购报告书以及收购期限内限制交易的规则同要约收购。

3. 保管股票与存放资金

协议收购双方可以临时委托证券登记结算机构保管协议转让的股票，并将资金存放于指定的银行。

（五）收购完成后的法律后果

收购行为完成后，《证券法》对相关股票的交易、被收购上市公司的企业形式以及信息披露都作了较为详尽的规定，主要体现在以下几个方面。

1. 对被收购公司企业形式的影响

收购行为完成后，被收购公司不再具备股份有限公司条件的，应当依法变更企业形式。

2. 对收购人持有的所收购股票交易的限制

在收购行为完成后，上市公司因收购而持有的被收购上市公司的股票，在收购行为完成后的18个月内不得转让。

3. 股票更换和公告

收购行为完成后，收购人与被收购公司合并，并将该公司解散的，被解散公司的原有股票由收购人依法更换；同时收购人应当在 15 日内将收购情况报告国务院证券监督管理机构和证券交易所，并予公告。

【节前引例点评】

本案系一起审计机构未充分关注重要事项受到处罚的典型案例。新《证券法》关键举措中包括督促中介机构勤勉尽责。本案中，作为中介机构的众华会计师事务所未做到勤勉履职，为投资者提供真实可信的鉴证意见。对于中介机构未勤勉尽责，所制作、出具的文件有虚假记载、误导性陈述或者重大遗漏的，新《证券法》最高处以 10 倍业务收入或 500 万元的罚款。

第四节　投资者保护

【引例】

刘某等诉鲜言、多伦股份证券虚假陈述民事赔偿案
——首次支持中小投资者维权诉讼，证券投保在司法救济领域"破冰"

据证券日报网 2019 年 5 月 25 日报道（朱宝琛）因多伦股份未及时披露多项对外重大担保、重大诉讼事项，形成信息披露违规行为构成侵权。按照投资差额损失采用"实际成本法"计算，给 14 名投资者造成损失 234 万余元。投服中心（中证中小投资者服务中心）主动接受刘某等 14 名中小投资者的委托，指派投服中心原总经理徐明和中华全国律师协会副会长吕红兵担任本案民事损害赔偿诉讼代理人。以鲜言（时任多伦股份董事长、法定代表人）为首要责任人，并要求悍燕桦等和多伦股份承担连带赔偿责任。

上海市第一中级人民法院受理后支持了原告诉讼请求。判决鲜言赔偿 14 名原告经济损失共计 2 338 894.33 元，多伦股份及悍燕桦等对鲜言的赔偿义务承担连带责任。

一、投资者概述

《证券法》通过"投资者保护"的专章的规定，突出强调了投资者权益保护，特别是对中小投资者权益的保护。

1. 投资者的含义

投资者是指投入现金购买某种资产以期望获取利益或利润的自然人和法人。广义的投资者包括公司股东、债权人和利益相关者。狭义的投资者指的就是股东。

《证券法》中所指的投资者，即证券市场的资金供给者，也称为证券投资者，主要包括机构投资者和个人投资者。

2. 投资者的分类

根据财产状况、金融资产状况、投资知识和经验、专业能力等因素，投资者可以分为普通投资者和专业投资者。

专业投资者的标准由国务院证券监督管理机构规定。

3. 对投资者的适当性管理

（1）证券公司应当对投资者的适格性进行适当审核，并尽到如实说明的义务。证券公司向投资者销售证券、提供服务时，应当按照规定充分了解投资者的基本情况、财产状况、金融资产状况、投资知识和经验、专业能力等相关信息；如实说明证券、服务的重要内容，充分揭示投资风险；销售、提供与投资者上述状况相匹配的证券、服务。证券公司因未充分履行适当性管理责任导致投资者损失的，应当承担相应的赔偿责任。

（2）投资者在购买证券或接受服务时应如实提供相应的信息。投资者在购买证券或者接受服务时，应当按照证券公司明示的要求提供自己的真实信息。拒绝提供或者未按照要求提供信息的，证券公司应当告知其后果，并有权按照规定拒绝向其销售证券、提供服务。

4. 普通投资者举证责任倒置

普通投资者与证券公司发生纠纷的，证券公司应当举证其行为符合法律、行政法规以及国务院证券监督管理机构的规定，不存在误导、欺诈等情形，证券公司不能证明的，应当承担相应的赔偿责任。

二、征集股东权利制度

征集股东权利制度即股东权利代为行使征集制度，亦称股东表决权征集制度。

1. 股权征集的行使

上市公司董事会、独立董事、持有1%以上有表决权股份的股东或者依法设立的投资者保护机构，可以作为征集人，自行或者委托证券公司、证券服务机构，公开请求上市公司股东委托其代为出席股东大会，并代为行使提案权、表决权等股东权利。

在这里，投资者保护机构是指依照法律、行政法规或者国务院证券监督管理机构的规定设立的投资者保护机构，是指位于北京的中国证券投资者保护基金有限公司和位于上海的中证中小投资者服务中心有限公司。

从法律意义上看，股东权利代为行使征集制度，其实就是"股东代理权征集制度"。代理权征集就是指当上市公司的股东由于某种原因不能或不愿出席股东大会，亦未选任适当代理人行使其股东权利时，上市公司董事会、独立董事、持有一定份额的股东以及投资者保护机构，自行或委托证券机构或证券服务机构，将记载必要事项的空白授权委托书交付公司股东，在股东同意授权的情况下代理该股东行使其委托授权范围内的股东权利的行为。

2. 征集股东权利的法律要求

（1）依照《证券法》规定征集股东权利的，征集人有义务披露征集文件，上市公司应当予以配合。

（2）禁止以有偿或者变相有偿的方式进行征集股东权利。

（3）公开征集股东权利违反法律、行政法规或者国务院证券监督管理机构有关规定，导致上市公司或者其股东遭受损失的，应当依法承担赔偿责任。

三、投资收益权

投资收益权是指《证券法》及相关法律法规所保护的证券投资者因证券投资而依法获取收

益的权利。在这里，投资收益包括股票投资收益、债券投资收益和基金投资的收益。

上市公司应当在章程中明确分配现金股利的具体安排和决策程序，要求上市公司当年税后利润，在弥补亏损及提取法定公积金后有盈余的，应当按照公司章程的规定分配现金股利。

上市公司向投资者发行债券，同时承诺按一定利率支付利息并按约定的条件偿还本金，所以债券是一种金融契约。由于债券是一种债权债务凭证，因此其本质是具有法律效力的债的证明书。由此，债券持有人因自己持有的债券而享有按期兑付的权利，从而实现债权投资收益。

基金资产收益依照《证券投资基金法》（2015年4月24日修正）的规定。

四、投资者保护途径

《证券法》规定了投资者保护的体制机制。一是在于强化资本市场投资者保护理念；二是为了加强投资者保护事前预防与事后救济的连接；三是强化对资本市场违法违规惩戒的力度。主要体现为以下六个方面的内容。

1. 受托协议先行赔付

发行人因欺诈发行、虚假陈述或者其他重大违法行为给投资者造成损失的，其控股股东、实际控制人、相关的证券公司可以委托投资者保护机构，就赔偿事宜与受到损失的投资者达成予以先行赔付协议。先行赔付后，可以依法向发行人以及其他连带责任人追偿。

2. 投资者保护机构的调解权

《证券法》赋予投资者保护机构调解权利。即投资者与发行人、证券公司等发生纠纷的，双方可以向投资者保护机构申请调解。普通投资者与证券公司发生证券业务纠纷，普通投资者提出调解请求的，证券公司不得拒绝。

3. 投资者保护机构的支持诉讼

《证券法》第94条第2款规定："投资者保护机构对损害投资者利益的行为，可以依法支持投资者向人民法院提起诉讼。"明确了投资者保护机构支持诉请的主体地位和法律依据。

4. 股东派生诉讼权

股东派生诉讼是指当公司的合法权益受到他人侵害，特别是受到有控制权的股东、母公司、董事、监事和高级管理人员的侵害而公司怠于行使诉权时，符合法定条件的股东以自己名义为公司的利益对侵害人提起诉讼，追究其法律责任的诉讼制度。《证券法》将这一派生诉讼权利的行使延伸到了投资者保护机构。

《证券法》第94条第3款直接赋予投资者保护机构提起股东派生诉讼的主体资格和权利，增加《公司法》股东派生（代表）诉讼下的原告资格。

发行人的董事、监事、高级管理人员执行公司职务时违反法律、行政法规或者公司章程的规定给公司造成损失，发行人的控股股东、实际控制人等侵犯公司合法权益给公司造成损失，投资者保护机构持有该公司股份的，可以为公司的利益以自己的名义向人民法院提起诉讼，持股比例和持股期限不受《公司法》规定的限制。

5. 投资代表人诉讼

《证券法》确定的证券民事诉讼机制中，按照"默示加入""明示退出"的诉讼原则，依法为受害投资者提起民事损害赔偿诉讼。

提示：根据《公司法》第149条和151条的规定，董事、监事、高级管理人员执行公司职务时违反法律、行政法规或者公司章程的规定，给公司造成损失的，应当承担赔偿责任。对于连续180日以上单独或者合计持有股份有限公司1%以上股份的股东，可以书面请求监事会向人民法院提起诉讼。监事会收到股东书面请求后拒绝提起诉讼，或者自收到请求之日起30日内未提起诉讼，或者情况紧急、不立即提起诉讼将会使公司利益受到难以弥补的损害的，适格性股东有权为了公司的利益以自己的名义直接向人民法院提起诉讼。

（1）推选代表人诉讼。投资者提起虚假陈述等证券民事赔偿诉讼时，诉讼标的是同一种类，且当事人一方人数众多的，可以依法推选代表人进行诉讼。推选代表人提起民事损害赔偿诉讼的，人民法院可发出公告，说明该诉讼请求的案情，通知投资者在一定期间向人民法院登记。人民法院作出的判决、裁定，对登记的投资者发生效力（默示加入）。

（2）投资者保护机构接受委托可以作为代表人参加诉讼。投资者保护机构受50名以上投资者委托，可作为代表人参加诉讼，并为经证券登记结算机构确认的权利人依照前述规定向人民法院登记，但投资者明确表示不愿意参加该诉讼的除外（明示退出）。

6. 债券持有人保护机制

《证券法》第92条针对债券持有人明确了三个方面的保护机制：①公开发行公司债券的，应设立债券持有人会议；②发行人应为债券持有人聘请债券受托管理人；③未按期兑付本息的，受托管理人可以接受全部或部分持有人委托，以自己的名义代表持有人提起、参加民事诉讼或清算程序。

【节前引例点评】

本案是典型的不正当披露虚假陈述行为侵权案件，其特点和意义在于，投服中心首次支持中小投资者维权诉讼，是证券投资者保护在司法救济领域的首次"破冰"，真正发挥了证券公益机构保护中小投资者权益的职能。

第五节　证券机构法律规定

【引例】

通过对中德证券的行政处罚推动财务顾问归位尽责

据《中国证监会行政处罚决定书》（〔2017〕18号）　2015年11月10日，沈机集团与紫光卓远正式签署了关于昆明机床股份转让协议，沈机集团拟将持有的昆明机床25.08%股份全部转让给紫光卓远，该协议比以前的版本增加了协议的解除和生效条款。同年11月12日，紫光卓远通过昆明机床披露了详式权益变动报告书，但未披露股份转让协议中增加的协议解除和生效全部条款。同日，中德证券出具财务顾问声明随详式权益变动报告书一并公告，并出具详式权益变动报告书之财务顾问核查意见，认为信息披露义务人已经依照相关的规定和规范的要求履行了信息披露义务，信息披露内容真实、准确、完整。

2016 年 2 月，云南证监局经调查发现，中德证券在出具上述核查意见和声明时，未取得沈机集团和紫光卓远正式签署的股份转让协议，未通过核查发现该协议文本中的新增条款。财务顾问核查意见存在重大遗漏。为此，中国证监会对中德证券及其责任人给予了相应的行政处罚。

问题：本案中，中德证券作为证券服务机构存在的违法行为是什么？

在我国，证券机构 包括证券交易所、证券公司、证券登记结算机构、证券业协会及证券监督管理机构。

一、证券交易所

我国的证券交易所是不以营利为目的，仅为证券的集中和有组织的交易提供场所、设施，并履行国家有关法律、法规、规章、政策规定的职责，实行自律性管理的会员制的事业法人。目前，我国有三家证券交易所，即 1990 年 12 月设立的上海证券交易所、1991 年 7 月设立的深圳证券交易所和 2021 年 9 月 3 日注册成立的北京证券交易所。其中，北京证券交易所是经国务院批准设立的我国第一家公司制证券交易所。

证券交易所履行自律管理职能，应当遵守社会公共利益优先原则，维护市场的公平、有序、透明。具体来说其职能体现在以下几个方面。

（1）为组织公平的集中竞价交易提供保障，公布证券交易即时行情，并按交易日制作证券市场行情表，予以公布。

（2）证券交易所依照法律、行政法规和国务院证券监督管理机构的规定，制定上市规则、交易规则、会员管理规则和其他有关业务规则，并报国务院证券监督管理机构批准。

（3）因不可抗力、意外事件、重大技术故障、重大人为差错等突发性事件而影响证券交易正常进行时，证券交易所可以按照业务规则采取技术性停牌、临时停市等处置措施，并应当及时向国务院证券监督管理机构报告。

（4）对在交易所进行的证券交易实行实时监控，并按照证券监督管理机构的要求，对异常的交易情况提出报告。

（5）根据需要，可以按照业务规则对出现重大异常交易情况的证券账户的投资者限制交易，并及时报告国务院证券监督管理机构。

二、证券公司

证券公司是指依照《公司法》的规定并经证券监督管理机构核准而成立的专门经营证券业务，具有独立法人地位的金融机构。

（一）证券公司的业务范围

经国务院证券监督管理机构核准，取得经营证券业务许可证，证券公司可以经营的部分或全部业务包括以下几个方面。

1. 证券经纪业务

证券经纪是指证券公司通过其设立的营业场所和在证券交易所的席位，基于有关法律法规的规定和公司与投资者之间的契约，按照投资者的合理要求代理投资者买卖证券并收取一定比例佣金的活动。

由于在证券交易所内交易的证券种类繁多、数额巨大，而交易厅内席位有限，一般投资者不能直接进入证券交易所进行交易，因此只能通过特许的证券经纪商作中介来促成交易的完成。在我国，证券公司从事证券经纪业务，都是通过下设的证券营业部来进行的。

2. 证券投资咨询业务

证券投资咨询就是指经证券监督管理机构核准颁发的相关资格的机构及其咨询人员，为证券投资者或客户提供证券投资的相关信息、分析、预测或建议，并直接或间接收取服务费用的活动。

3. 与证券交易、证券投资活动有关的财务顾问业务

这里的财务顾问业务就是指证券公司进行与证券交易、证券投资活动有关的咨询、建议、策划业务。

4. 证券承销与保荐业务

证券承销与保荐是证券公司的主要业务，这一内容已在前面介绍。

5. 证券融资融券业务

证券融资融券是指证券公司向客户出借资金供其买入证券或出借证券供其卖出证券。客户向证券公司借资金买证券叫融资交易，客户向证券公司借证券卖出证券为融券交易。证券公司从事证券融资融券业务，应当采取严格防范和控制风险措施，不得违规向客户出借资金或者证券。

6. 证券做市交易业务

视野拓展

什么是做市商

证券做市交易是做市商与公众投资者之间的交易。由做市商报出某些特定证券的买卖价格，并在该价位上以其自有资金和证券与投资者进行证券交易。做市交易可以维持市场的流动性，满足公众投资者的投资需求。

7. 证券自营业务

证券公司以自己的名义运用自有资金和依法筹集的资金，开设证券账户买卖有价证券并获取收益。其经营范围包括上市证券的自营买卖、承销业务中的自营业务、场外市场的自营业务。自营业务可以投资的证券包括在证券交易所挂牌交易的 A 股股票、投资基金、认股权证、国债、企业债券、可转换企业债券等。

8. 其他证券业务

经营前 3 项业务的，注册资本最低限额为人民币 5000 万元；经营第 4~8 项业务之一的，注册资本最低限额为人民币 1 亿元；经营第 4~8 项业务中两项以上的，注册资本最低限额为人民币 5 亿元。证券公司的注册资本应当为实缴资本。

除证券公司外，任何单位和个人不得从事证券承销、证券保荐、证券经纪和证券融资融券业务。

（二）证券公司的董事、监事、高级管理人员及证券从业人员的任职资格

证券公司的董事、监事、高级管理人员应正直诚实、品行良好，熟悉证券法律、行政法规，具有履行职责所需的经营管理能力。证券公司任免董事、监事、高级管理人员，应当报国务院证券监督管理机构备案。证券公司从业人员应品行良好，具备从事证券业务所需的专业能力。

1. 证券公司的董事、监事、高级管理人员的任职资格

有下列情形之一的不得担任证券公司的董事、监事、高级管理人员。

（1）无民事行为能力或者限制民事行为能力。

（2）因贪污、贿赂、侵占财产、挪用财产或者破坏社会主义市场经济秩序，被判处刑罚，执行期满未逾5年，或者因犯罪被剥夺政治权利，执行期满未逾5年。

（3）担任破产清算的公司、企业的董事或者厂长、经理，对该公司、企业的破产负有个人责任的，自该公司、企业破产清算完结之日起未逾3年。

（4）担任因违法被吊销营业执照、责令关闭的公司、企业的法定代表人，并负有个人责任的，自该公司、企业被吊销营业执照之日起未逾3年。

（5）个人所负数额较大的债务到期未清偿。

（6）因违法行为或者违纪行为被解除职务的证券交易场所、证券登记结算机构的负责人或者证券公司的董事、监事、高级管理人员，自被解除职务之日起未逾5年。

（7）因违法行为或者违纪行为被吊销执业证书或者被取消资格的律师、注册会计师或者其他证券服务机构的专业人员，自被吊销执业证书或者被取消资格之日起未逾5年。

2. 证券公司从业人员的任职资格

（1）因违法行为或者违纪行为被开除的证券交易场所、证券公司、证券登记结算机构、证券服务机构的从业人员和被开除的国家机关工作人员，不得招聘为证券公司的从业人员。

（2）国家机关工作人员和法律、行政法规规定的禁止在公司中兼职的其他人员，不得在证券公司中兼任职务。

（三）证券公司的交易法律制度

证券公司应当本着安全交易的准则，保证和维护良性的证券交易秩序。

1. 投资者保护基金制度

证券公司通过缴纳的资金及其他依法筹集的资金组成证券投资者保护基金，目的是加强对投资者的保护。

2. 内部控制制度

一方面证券公司应当建立健全内部控制制度，采取有效隔离措施，防范公司与客户之间、不同客户之间的利益冲突；另一方面证券公司必须将其证券经纪业务、证券承销业务、证券自营业务、证券做市业务和证券资产管理业务分开办理，不得混合操作。

3. 交易风险准备金制度

交易风险准备金是指由证券公司依照法定标准或者比例从每年的业务收入中提取交易风险

准备金，用于弥补证券经营的损失。

4. 自有财产与客户交易结算资金分立制度

（1）证券公司不得将客户的交易结算资金和证券归入其自有财产；对客户的交易结算资金应当存放在商业银行，以每个客户的名义单独立户管理；任何单位或者个人不得以任何形式挪用客户的交易结算资金和证券。

（2）证券公司破产或清算时，客户的交易结算资金和证券不属于其破产财产或者清算财产。

（3）非因客户本身的债务或者法律规定的其他情形，不得查封、冻结、扣划或者强制执行客户的交易结算资金和证券。

5. 客户信息查询制度

证券公司应当建立客户信息查询制度，确保客户能够查询其账户信息、委托记录、交易记录以及其他与接受服务或者购买产品有关的重要信息；对客户开户资料、委托记录、交易记录和与内部管理、业务经营有关的各项信息应当妥善保存，保存期限不得少于 20 年，在保存期限内任何人不得隐匿、伪造、篡改或者毁损。

（四）证券经纪禁止性规则

在证券公司的经纪业务中，对证券公司的禁止性规则主要体现在以下三个方面。

1. 禁止全权委托

证券公司办理经纪业务，不得接受客户的全权委托而决定证券买卖、选择证券种类、决定买卖数量或者买卖价格。不得允许他人以证券公司的名义直接参与证券的集中交易。

2. 禁止不当承诺

证券公司不得对客户证券买卖的收益或者赔偿证券买卖的损失作出承诺。

3. 禁止私下委托

证券公司的从业人员不得私下接受客户委托买卖证券。证券公司的从业人员在证券交易活动中，执行所属的证券公司的指令或利用职务违反交易规则的，由所属证券公司承担全部责任。

 **关联案例**

违反承诺擅自挪用共管账户资金被告上法庭

甲证券公司因擅自挪用一笔委托理财资产而被起诉。据乙公司的公告，该公司曾与丙投资管理咨询有限公司（以下简称丙公司）签订合作投资管理合同，合同金额为 5000 万元，期限为 9 个月，承诺年收益率不低于 15%；此后又与丙公司签订合作投资管理合同，合同金额为 500 万元，期限为半年，未约定保底收益。上述资金投入后，甲证券公司上海陕西北路营业部违反有关规定和承诺，在未取得乙公司代表签字同意的情况下，擅自挪用了乙公司与丙公司双方的共管账户资金 3400 万元，造成该资金无法收回。

问题： 甲证券公司的违法行为有哪些？

解析： 该案一是违反了《证券法》关于禁止不当承诺的规定，即证券公司不得以任何方式对客户证券买卖的收益或者赔偿证券买卖的损失作出承诺；二是构成擅自挪用客户资金的行为，即违反规定擅自挪用客户账户上的资金，给客户造成了损失。

三、证券登记结算机构

证券登记结算机构是为证券交易提供集中登记、存管与结算服务，不以营利为目的的法人。证券登记结算机构应履行下列职能：①证券账户、结算账户的设立；②证券的存管和过户；③证券持有人名册登记；④证券交易的清算和交收；⑤受发行人的委托派发证券权益；⑥办理与上述业务有关的查询、信息服务；⑦证券监督管理机构批准的其他业务。

四、证券业协会

1991年8月28日，我国成立了证券业协会。它是中国证券发展史上第一个全国性的证券行业自律性管理组织，是证券经营机构依法自行组织的自律性会员组织，具有独立的社团法人资格。

视野拓展

证券行业违反行业文化精神的案例

依据《证券法》的规定，证券业协会应当履行以下职责：①依法制定有关证券市场监督管理的规章、规则，并依法进行审批、核准、注册，办理备案；②依法对证券的发行、上市、交易、登记、存管、结算等行为，进行监督管理；③依法对证券发行人、证券公司、证券服务机构、证券交易场所、证券登记结算机构的证券业务活动，进行监督管理；④依法制定从事证券业务人员的行为准则，并监督实施；⑤依法监督检查证券发行、上市、交易的信息披露；⑥依法对证券业协会的自律管理活动进行指导和监督；⑦依法监测并防范、处置证券市场风险；⑧依法开展投资者教育；⑨依法对证券违法行为进行查处；⑩法律、行政法规规定的其他职责。

【节前引例分析】

本案中，中德证券作为证券服务机构存在的违法行为是：作为证券服务机构未勤勉尽责，其所制作、出具的文件有虚假记载、误导性陈述或者重大遗漏。

依照《证券法》的相关规定，由证券监督管理机构责令改正，没收业务收入，暂停或者撤销证券服务业务许可，并依照《证券法》的规定处以相应的罚款。对直接负责的主管人员和其他直接责任人员给予警告，撤销其证券从业资格，同时依法处以相应的罚款。

第六节　证券投资基金法律规范

【引例】

基金经理利用未公开信息趋同交易

某甲将其任"AB基金"基金经理职务获取的未公开信息透露给了其配偶某乙，由某乙通过某丁的证券账户进行操作，该证券账户与"AB基金"账户的股票交易行为存在趋同，交易资金来源于某甲、某乙及其亲属，二人利用未公开的信息共同完成相关证券交易活动，趋同交易股票达到200多只，交易赢利达1 210 420.41元。中国证监会对其采取了没收违法所得1 210 420.41元，并处1 210 420.41元罚款。

问题：通过下面知识的学习，分析某甲违反了哪些规定。

一、证券投资基金法概述

证券投资基金是指通过发售基金份额的形式面向投资大众募集资金，基金投资人因认购基金份额而形成独立的基金财产，由基金管理人管理、基金托管人托管，以资产组合方式进行证券投资，基金份额持有人按其所持份额享受收益和承担风险的投资工具。

1. 我国证券投资基金法

证券投资基金法是调整证券投资基金活动中集中资金、专业理财、组合投资、分散风险的集合投资过程中形成的各种社会关系的法律规范的总称。

我国《证券投资基金法》是 2003 年 10 月由全国人大常委会通过，自 2004 年 6 月 1 日起施行，2015 年 4 月 24 日经全国人大常委会第十四次会议修正。

2. 我国证券投资基金法的调整对象

我国《证券投资基金法》的调整对象是指在中华人民共和国境内，公开或者非公开募集资金设立证券投资基金，由基金管理人管理，基金托管人托管，为基金份额持有人的利益，进行证券投资的活动。

二、证券投资基金法律关系中的当事人

证券投资基金法律关系是指由证券投资基金法及相关法律规范在调整证券投资基金活动中所形成的权利义务关系。

1. 证券投资基金合同中的当事人

证券投资基金合同（以下简称基金合同）是为保护基金投资人合法权益，依法明确基金合同当事人权利与义务，规范基金运作的基本法律文件。

基金合同当事人包括基金管理人、基金托管人和基金份额持有人。

（1）基金管理人是指具有专业的投资知识与经验，运用所管理基金的资产，根据法律、法规及基金章程或基金契约的规定，按照科学的投资组合原理进行投资决策，谋求所管理的基金资产不断增值，并使基金持有人获取尽可能多收益的机构。

在我国基金管理人是由依法设立并取得基金管理资格的基金管理公司担任。

（2）基金托管人是指根据法律法规的要求，在证券投资基金运作中承担资产保管、交易监督、信息披露、资金清算与会计核算等相应职责的当事人。基金托管人是基金持有人权益的代表，通常由依法设立并取得基金托管资格的商业银行担任。

（3）基金份额持有人是指依基金合同和招募说明书持有基金份额的自然人和法人，也就是基金的投资人。他们是基金资产的实际所有者，享有基金信息的知情权、表决权和收益权。

基金的一切投资活动都是为了增加投资人的收益，一切风险管理都是围绕保护投资人利益来考虑的。因此，基金份额持有人是基金一切活动的中心。

2. 证券投资基金法律关系中的其他相关当事人

这里的其他相关当事人是指证券投资基金合同当事人以外的参与证券投资基金活动的其他

当事人，<u>包括基金份额发售机构、为基金出具审计报告或者法律意见书的会计师事务所、律师事务所以及为基金提供资产评估或者验证服务的其他中介机构等</u>。

三、基金财产

基金财产是基金投资人投资而形成的财产，是证券投资基金法律关系的标的。基金投资人因投资基金而享有相应的基金份额，基金投资人或基金份额的持有人依据基金份额对基金财产享有相应的权利和承担相应的义务。

1. 基金财产的构成

基金财产的构成，除通过公开发售基金份额募集的基金财产外，基金管理人、基金托管人因基金财产的管理、运用或者其他情形而取得财产和收益，也应当归入基金财产，包括：运用基金财产买入证券获得的股票、债券；因卖出股票、债券获得的价金；基金财产通过储蓄获得的利息；基金财产因灭失而获得的赔偿金；等等。

2. 基金财产与基金管理人、基金托管人固有财产的关系

基金募集设立后，虽然基金财产处于基金管理人管理、基金托管人托管之下，但是，<u>基金财产并不属于基金管理人和基金托管人的固有财产，基金财产始终独立于基金管理人和基金托管人的固有财产，基金管理人、基金托管人也不得将基金财产归入其固有财产</u>。

3. 基金财产的债务、风险承担以及基金财产与破产清算财产的关系

（1）基金财产债务。基金财产的债务是指基金管理运作过程中所产生的债务，如作为基金管理人、基金托管人报酬的管理费、托管费；基金管理人、基金托管人管理运用基金财产所支出的费用；对第三人所负债务；等等。这些债务由基金财产本身承担，<u>基金份额持有人以其出资为限对基金财产的债务承担责任</u>。依照《证券投资基金法》的规定，基金合同另有约定的，从其约定。

（2）基金财产的风险承担。对于公开募集基金的基金份额持有人按其所持基金份额享受收益和承担风险。基金持有人是基金单位或份额的持有者。作为基金的受益人，基金持有人享有基金资产的对应权益，以持有的基金份额承担基金投资的亏损和收益。非公开募集基金的收益分配和风险承担则由基金合同约定，不一定以基金份额为基础。

（3）基金财产与破产清算财产的关系。基金管理人、基金托管人因依法解散、被依法撤销或者被依法宣告破产等原因进行清算的，<u>基金财产不属于其清算财产，基金管理人和基金托管人的债权人不得对基金财产主张权利</u>。

四、基金份额持有人的权利

证券投资基金立法的目的之一，就是要充分保护基金份额持有人的合法权益，为实现这一宗旨，《证券投资基金法》明确规定了基金份额持有人所享有的权利。

（1）分享基金财产收益的权利。基金管理人最主要的职责就是履行诚实信用、谨慎勤勉的义务，经营好基金财产，为基金份额持有人带来合理的回报；而作为基金份额持有人，其最重要的权利之一就是分享基金财产的收益，取得基金投资的红利。因此，基金管理人应当按照基金合同的约定确定基金收益分配方案，及时向基金份额持有人分配收益。

（2）参与分配清算后的剩余基金财产的权利。当出现导致基金合同终止的法定情形或者约定情形时，依法应当对基金财产进行清算，清算后的剩余基金财产，属于全体基金份额持有人，应当按照其所持份额比例进行分配。

（3）依法转让或者申请赎回其持有的基金份额的权利。依照《证券投资基金法》的规定，封闭式基金的基金份额可以在依法设立的证券交易场所交易，因此，基金份额持有人有权依法转让其持有的基金份额；开放式基金的基金份额可以在基金合同约定的时间和场所申购或者赎回，基金管理人应当按时支付赎回款项。

（4）按照规定要求召开基金份额持有人大会的权利。《证券投资基金法》第 83 条规定了基金管理人和基金托管人有义务按照规定召集基金份额持有人大会，以及在基金管理人、基金托管人没有履行召集义务时，基金份额持有人有权自行召集的情形。这一规定进一步保证了基金份额持有人要求召开基金份额持有人大会权利的实现。

（5）基金份额持有人大会审议事项行使表决的权利。依照《证券投资基金法》第 47 条的规定，基金份额持有人通过召开大会审议决定的事项有：①决定基金扩募或者延长基金合同期限；②决定修改基金合同的重要内容或者提前终止基金合同；③决定更换基金管理人、基金托管人；④决定调整基金管理人、基金托管人的报酬标准；⑤基金合同约定的其他职权。

（6）查阅或者复制公开披露的基金信息资料的权利。基金信息披露义务人应当保证投资人能够按照基金合同约定的时间和方式查阅或者复制公开披露的信息资料，还应当不断完善基金信息披露制度，加强与基金份额持有人的沟通和交流，保证基金份额持有人知情权和监督权的实现。

（7）对损害其合法权益的行为依法提起诉讼的权利。为保护基金份额持有人的合法权益，《证券投资基金法》赋予基金份额持有人享有对基金管理人、基金托管人、基金份额发售机构损害其合法权益的行为依法提起诉讼的权利，指明了基金份额持有人在合法权益受到侵害时的法律救济途径。

（8）基金合同约定的其他权利。

五、基金管理人的职责

《证券投资基金法》第 19 条规定了公开募集基金的基金管理人应当履行的 12 项法定职责，包括：①依法募集资金，办理基金份额的发售和登记事宜；②办理基金备案手续；③对所管理的不同基金财产分别管理、分别记账，进行证券投资；④按照基金合同的约定确定基金收益分配方案，及时向基金份额持有人分配收益；⑤进行基金会计核算并编制基金财务会计报告；⑥编制中期和年度基金报告；⑦计算并公告基金资产净值，确定基金份额申购、赎回价格；⑧办理与基金财产管理业务活动有关的信息披露事项；⑨按照规定召集基金份额持有人大会；⑩保存基金财产管理业务活动的记录、账册、报表和其他相关资料；⑪以基金管理人名义，代表基金份额持有人利益行使诉讼权利或者实施其他法律行为；⑫国务院证券监督管理机构规定的其他职责。

六、基金管理人员及法律规定的相关人员的禁止性行为

对于公开募集基金，依照《证券投资基金法》的规定，除了基金管理人员外，这里的法律规定的相关人员主要是指基金管理公司的董事、监事、高级管理人员和其他从业人员。他们不得从事的行为包括：①将其固有财产或者他人财产混同于基金财产从事证券投资；②不公平地

对待其管理的不同基金财产；③利用基金财产或者职务之便为基金份额持有人以外的人牟取利益；④向基金份额持有人违规承诺收益或者承担损失；⑤侵占、挪用基金财产；⑥泄露因职务便利获取的未公开信息、利用该信息从事或者明示、暗示他人从事相关的交易活动；⑦玩忽职守，不按照规定履行职责；⑧法律、行政法规和国务院证券监督管理机构规定禁止的其他行为。

七、对证券投资基金的监督管理

《证券投资基金法》明确规定基金从业人员应当具备基金从业资格，遵守法律、行政法规，恪守职业道德和行为规范。

1. 行政监管

对证券投资基金活动依法实施监管的机构是国务院证券监督管理机构，其派出机构依照授权履行职责。

《证券投资基金法》赋予了国务院证券监督管理机构对证券投资基金活动实施监督管理的七项职责，同时规定了在其履职的过程中依法有权采取的七项措施，并对证券监督管理机构及其工作人员应当依法履行的义务和不履行法定义务或者不适当履行法定义务应当承担的责任也作出了规定。如：国务院证券监督管理机构工作人员依法履行职责，进行调查或者检查时，不得少于二人，并应当出示合法证件；对调查或者检查中知悉的商业秘密负有保密的义务。

国务院证券监督管理机构工作人员应当忠于职守，依法办事，公正廉洁，接受监督，不得利用职务牟取私利。国务院证券监督管理机构依法履行职责，发现违法行为涉嫌犯罪的，应当将案件移送司法机关处理。<u>国务院证券监督管理机构工作人员在任职期间，或者离职后在《公务员法》规定的期限内，不得在被监管的机构中担任职务。</u>

2. 行业自律

基金管理人、基金托管人和基金服务机构，应当依照《证券投资基金法》成立证券投资基金行业协会，进行行业自律。<u>基金行业协会是证券投资基金行业的自律性组织，是社会团体法人。</u>

基金行业协会通过依法履行职责，协调行业关系，提供行业服务，促进行业发展。其权力机构为全体会员组成的会员大会。基金行业协会设理事会。理事会成员依章程的规定由选举产生。基金行业协会章程由会员大会制定，并报国务院证券监督管理机构备案。

【节前引例分析】

某甲作为基金从业人员，其行为违反了《证券投资基金法》第20条第6项的规定，公开募集基金的基金管理人及其董事、监事、高级管理人员和其他从业人员不得泄露因职务便利获取的未公开信息、利用该信息从事或者明示、暗示他人从事相关的交易活动。

第七节　期货市场法律规范

【引例】

被告单位Y公司通过金某在H期货有限公司开设期货账户。后Y公司为逃避证券期货监管，通过高某、金某介绍，以租借或者收购方式，实际控制了19名自然人和7个法人期货账户，与Y公司自有账户组成账户组，采用高频程序化交易方式从事股指期货合约交易。其间，Y公司隐瞒实际控制的账户组、大量账户从事高频程序化交易等情况，规避中国金融期货交易所（以下简称中金所）的监管措施，从而取得不正当交易优势；还伙同金某等人，将自行研发的报单交易系统非法接入中金所交易系统，直接进行交易，从而非法取得额外交易速度优势。期间，Y公司及高某、梁某伙同金某，利用以逃避期货公司资金和持仓验证等非法手段获取的交易速度优势，大量交易中证500股指期货主力合约、沪深300股指期货主力合约合计377.44万手，从中非法获利人民币3.893亿余元。

问题：通过下面内容的学习，试分析一下本案中的典型违法行为。

一、期货交易及期货交易立法

期货与现货相对应。现货是可以随时在市场上买卖用于消费的产品，期货则是一定时期之后才能提供到市场上来的产品。

期货交易是指交易双方在期货交易所通过买卖期货合约，并根据合约规定的条款约定未来某一时间和地点，以某一特定价格买卖某一特定数量和质量的商品的交易行为。期货交易的最终目的并不是商品所有权的转移，而是通过买卖期货合约，回避现货价格风险。

期货交易立法的目的在于规范期货交易和其他衍生品交易行为，保障各方合法权益，维护市场秩序和社会公共利益，促进期货市场和其他衍生品市场服务国民经济，防范化解金融风险，维护国家经济安全。

中国证监会作为期货市场的监管机关，为贯彻执行《期货交易管理暂行条例》，制定了与之相配套的《期货交易所管理办法》《期货经纪公司管理办法》《期货业从业人员资格管理办法》《期货经纪公司高级管理人员任职资格管理办法》等规章。1999年国务院发布了《期货交易管理暂行条例》，目前正在修订，这是目前系统规范期货市场的行政法规。《中华人民共和国期货法（草案）》在经过十三届全国人大常委会第二十八次会议第一次审议后，于2021年4月29日在中国人大网公开向社会征求意见。

二、期货交易基本规则

期货交易应当在依法设立的期货交易所、国务院期货监督管理机构批准的其他期货交易场所，采取公开的集中交易方式或者国务院期货监督管理机构批准的其他方式进行。

1. 期货交易实行账户实名制。

交易者进行期货交易的，应当以本人名义申请开立账户，禁止以他人名义或者使用虚假身份开立账户。禁止出借身份证件供他人开立账户。任何单位和个人不得违反规定，出借自己的期货账户或者借用他人的期货账户从事期货交易。

2. 期货交易实行保证金制度

期货结算机构向结算参与人收取保证金，结算参与人向交易者收取保证金，用于结算和履约保障。收取保证金的形式、比例等应当符合国务院期货监督管理机构规定。

保证金的形式包括：现金，国债、股票、基金份额、标准仓单等流动性强的有价证券，以及国务院期货监督管理机构规定的其他财产。以有价证券等作为保证金的，可以依法通过订立质押合同或者其他具有担保功能的合同等方式进行。

3. 在期货交易及相关活动中的禁止性要求

期货交易及相关活动中不得从事欺诈和其他不正当交易的行为，扰乱期货市场秩序。

禁止操纵期货市场，影响或者意图影响期货交易价格或者期货交易量。有下列情形之一的，应当被认定为操纵期货市场，影响或者意图影响期货交易价格或者期货交易量，扰乱期货市场秩序的行为。具体包括：①单独或者合谋，集中资金优势、持仓优势或利用信息优势联合或连续买卖合约；②与他人以事先约定的时间、价格和方式相互进行期货交易；③在自己实际控制的账户之间进行期货交易；④利用虚假或不确定的重大信息，诱导交易者进行期货交易；⑤不以成交为目的，频繁或大量申报并撤销申报；⑥持有相关合约，对相关期货交易或合约标的物的交易作出公开评价、预测或者投资建议；⑦为影响期货市场行情囤积现货；⑧在临近交割月或交割月，利用不正当手段规避持仓限额，形成持仓优势；⑨利用在其他相关市场的活动操纵期货市场；⑩国务院期货监督管理机构认定的其他操纵市场手段。

任何单位和个人不得违规使用信贷资金、财政资金进行期货交易。

三、内幕交易

内幕信息的知情人进行期货交易的，视为内幕交易，但能证明没有利用内幕信息进行交易的除外。

1. 内幕信息

内幕信息是指在期货交易活动中，可能对期货交易价格产生重大影响的尚未公开的信息。

内幕信息具体包括：①国务院期货监督管理机构以及其他相关部门正在制定或者尚未发布的对期货交易价格可能产生重大影响的政策、信息或者数据；②期货交易场所、期货结算机构、期货行业协会作出的可能对期货交易价格产生重大影响的决定；③期货交易场所会员、交易者的资金和交易动向；④其他相关市场中的重大异常交易信息；⑤国务院期货监督管理机构认定的对期货交易价格有重大影响的其他信息。

2. 内幕信息知情人

内幕信息知情人是指由于管理地位、监督地位、经营地位或者职务便利等，能够接触或者获得内幕信息的单位和个人。

内幕信息知情人包括：①国务院期货监督管理机构和其他有关部门的工作人员；②期货经营机构、期货交易场所、期货结算机构、期货服务机构、期货行业协会的有关人员；③国务院期货监督管理机构认定的由于任职可以获取内幕信息的其他单位和个人。

期货交易内幕信息的知情人和非法获取内幕信息的人，在内幕信息公开前不得从事相关期货交易，明示、暗示他人从事与内幕信息有关的期货交易活动或者泄露内幕信息。

四、期货交易者权益保护制度

期货交易者是指依照期货交易法律、法规和规则从事期货交易，承担交易结果的自然人、法人和非法人组织。

1. 期货交易者适当性原则①

根据财产状况、金融资产状况、投资知识和经验、专业能力等因素，交易者可以分为普通交易者和专业交易者。专业交易者的标准由国务院期货监督管理机构规定。交易者在参与期货交易和接受服务时，应当按照期货经营机构明示的要求提供自己的基本情况、财产状况、金融资产状况、交易知识和经验、专业能力等相关信息。拒绝提供或者未按照要求提供信息的，期货经营机构应当告知其后果，并按照规定拒绝提供服务。

2. 重要信息查询制

期货交易者有权查询其委托记录、交易记录、保证金余额、与交易者接受服务有关的其他重要信息。

3. 期货交易的调解和集体诉讼制

交易者与期货经营机构等发生纠纷的，双方可以向行业协会等申请调解，普通交易者与期货经营机构发生期货业务纠纷并提出调解请求的，期货经营机构不得拒绝。

期货交易者提起操纵市场、内幕交易等期货民事赔偿诉讼时，诉讼标的是同一种类，且当事人一方人数众多的，可以依法推选代表人进行诉讼。对可能存在有相关诉讼请求的其他众多交易者的，人民法院可以发出公告，说明该诉讼请求的案件情况，通知交易者在一定期间向人民法院登记。人民法院作出的判决、裁定，对参加登记的交易者发生效力。

五、期货经营机构、期货交易场所、期货结算机构和期货服务机构

期货经营机构、期货交易场所、期货结算机构、期货服务机构是期货市场的主要组织机构。

1. 期货经营机构

期货经营机构是指依照《公司法》和期货法律制度设立的期货公司，以及国务院期货监督管理机构核准从事期货业务的其他机构。期货经营机构应当依法经营，勤勉尽责，诚实守信。期货经营机构应当建立健全内部控制制度，采取有效隔离措施，防范经营机构与客户之间、不同客户之间的利益冲突。期货经营机构应当将其期货经纪业务、期货做市交易业务、资产管理业务和其他相关业务分开办理，不得混合操作。

期货经营机构应当依法建立并执行反洗钱制度。

2. 期货交易场所

期货交易场所是指依法设立的期货交易所和国务院期货监督管理机构依法批准的其他期货交易场所。期货交易场所应当遵循社会公共利益优先原则，为期货交易提供场所和设施，组织和监督期货交易，维护市场的公平、有序和透明，实行自律管理。

3. 期货结算机构

期货结算机构是指依法设立，组织和监督期货交易的结算、交割，实行自律管理的法人。

---

① 《期货法（草案）》规定期货交易者适当性原则和引入调解和集体诉讼制，确立交易者权益保护制度。

期货结算机构作为中央对手方，是结算参与人共同对手方，进行净额结算，为期货交易提供集中履约保障。

4. 期货服务机构

会计师事务所、律师事务所、资产评估机构、期货保证金存管机构、交割库、产品质量检验机构、信息技术服务机构等期货服务机构，应当勤勉尽责、恪尽职守，按照相关业务规则为期货交易及相关活动提供服务。期货服务机构应当遵守法律、行政法规及国家有关规定，从事期货服务业务应当向国务院期货监督管理机构和国务院有关主管部门备案。

六、监督管理和行业自律

通过行业自律规范期货交易行为，同时，要充分发挥国家法定机构的监督管理作用，促进期货交易市场的规范化和有序发展。

1. 监督管理

（1）行政规章的制定。中国证监会根据法律、行政法规和国务院授权制定并以中国证监会令的形式公布的期货市场监管规定、办法等。

（2）统一监管。国务院期货监督管理机构依法对全国期货市场实行集中统一监督管理，与其他相关部门建立信息共享等监督管理协调配合机制。

（3）审计监督。国家审计机关依法对期货经营机构、期货交易场所、期货结算机构、国务院期货监督管理机构进行审计监督。

（4）跨境监管与合作。国务院期货监督管理机构可以和境外期货监督管理机构建立监督管理合作机制，或者加入国际组织，实施跨境监督管理，进行跨境调查取证，追究法律责任，处置跨境市场风险。

视野拓展

操纵证券、期货市场犯罪典型案例

思考：怎样严格职业操守，如何守住触犯刑事犯罪的底线。

2. 行业自律

期货业协会是期货行业的自律性组织，是社会团体法人。

期货行业协会自律性监管可以有效弥补政府监管和交易所监管的不足，从而在政府与交易所，经纪机构之间发挥桥梁和纽带作用。

【节前引例分析】

这是新型操纵期货市场的典型案例。本案中，Y公司、金某等人违反有关规定，隐瞒实际控制的账户组，在自己实际控制的账户之间进行期货交易，同时大量账户还从事高频程序化交易等情况，规避中金所对风险控制的监管措施，将自行研发的报单交易系统非法接入中金所交易系统，利用以逃避期货公司资金和持仓验证等非法手段获取的交易速度优势，大量操纵股指期货交易，影响期货交易价格或者期货交易量。Y公司的操纵行为严重破坏了股指期货市场的公平交易秩序和原则，构成了操纵证券、期货市场的违法行为，并依法承担相应的法律责任。

知识点测试

一、单项选择题

1. 新修订的《证券法》已由中华人民共和国第十三届全国人大常委会第十五次会议于 2019 年 12 月 28 日修订通过，该法于（　　）正式开始实施。

A. 2020 年 2 月 29 日 　　　　　　　　B. 2020 年 3 月 1 日

C. 2020 年 3 月 31 日 　　　　　　　　D. 2020 年 4 月 1 日

2. 《证券法》规定，我国现行证券发行制度为（　　）。

A. 审批制　　　　B. 核准制　　　　C. 注册制　　　　D. 审定制

3. 根据《证券法》的规定，以下对证券公开发行的叙述中错误的是（　　）。

A. 向不特定对象发行证券，属于公开发行

B. 未经依法核准，任何单位和个人不得公开发行证券

C. 向特定对象发行证券累计超过 200 人，属于公开发行，但依法实施员工持股计划的员工人数不计算在内

D. 发行人申请公开发行股票，应当聘请证券公司担任保荐人

4. 根据《证券法》的规定，以下有关证券承销的说法错误的是（　　）。

A. 公开发行证券的发行人有权依法自主选择承销的证券公司

B. 证券承销业务采取代销或者包销方式

C. 发行人向不特定对象发行的证券，法律、行政法规规定应当由证券公司承销的，发行人应当同证券公司签订承销协议

D. 证券的代销、包销期限最长不得超过 120 日

5. 根据《证券法》的规定，为证券发行出具审计报告或者法律意见书等文件的证券服务机构和人员，在该证券承销期内和期满后（　　）内，不得买卖该证券。

A. 15 日　　　　B. 30 日　　　　C. 3 个月　　　　D. 6 个月

6. 上市公司、股票在国务院批准的其他全国性证券交易场所交易的公司持有 5% 以上股份的股东、董事、监事、高级管理人员，将其持有的该公司的股票或者其他具有股权性质的证券在买入后（　　）内卖出，或者在卖出后（　　）内又买入，由此所得收益归该公司所有，公司董事会应当收回其所得收益。

A. 3 个月、3 个月　　B. 5 个月、5 个月　　C. 6 个月、6 个月　　D. 10 个月、10 个月

7. 根据《证券法》的规定，不属于证券交易内幕信息知情人的是（　　）。

A. 持有公司 3% 股份的股东

B. 由于所任公司职务或者因与公司业务往来可以获取公司有关内幕信息的人员

C. 因职务、工作可以获取内幕信息的证券交易场所、证券公司、证券登记结算机构、证券服务机构的有关人员

D. 因职责、工作可以获取内幕信息的证券监督管理机构工作人员

8. 根据《证券法》的规定，下列信息中不属于内幕信息的是（　　）。

A. 已公开的公司分配股利的计划

B．公司的经营方针和经营范围的重大变化

C．公司发生重大亏损或者重大损失

D．涉及公司的重大诉讼、仲裁，股东大会、董事会决议被依法撤销或者宣告无效

9．根据《证券法》的规定，关于从业人员炒股的说法错误的是（　　）。

A．证券交易所、证券公司和证券登记结算机构的从业人员在任期或者法定限期内不得直接或者以化名、借他人名义持有、买卖股票或者其他具有股权性质的证券

B．证券监督管理机构的工作人员以及法律、行政法规规定禁止参与股票交易的其他人员，在任期或者法定限期内，不得收受他人赠送的股票或者其他具有股权性质的证券

C．任何人在成为前述所列人员时，其原已持有的股票或者其他具有股权性质的证券，无须转让

D．实施股权激励计划或者员工持股计划的证券公司的从业人员，可以按照国务院证券监督管理机构的规定持有、卖出本公司股票或者其他具有股权性质的证券

10．关于征集股东权利，下列说法错误的是（　　）。

A．只要持有有表决权股份的股东都可以作为征集人

B．依照《证券法》规定征集股东权利的，征集人有义务披露征集文件，上市公司应当予以配合

C．不得以有偿或者变相有偿的方式进行征集股东权利

D．公开征集股东权利违反法律、行政法规或者国务院证券监督管理机构有关规定，导致上市公司或者其股东遭受损失的，应当依法承担赔偿责任

11．证券投资基金合同当事人不包括（　　）。

A．基金销售机构　　　B．基金管理人　　　　　C．基金投资人　　　　D．基金托管人

12．期货交易实行保证金制度，下列不能为期货保证金的形式有（　　）。

A．现金　　　　　　　B．国债　　　　　　　　C．股票　　　　　　　D．票据

二、多项选择题

1．我国《证券法》上的证券是指（　　）。

A．股票　　　　　　　　　　　　　　　　　　B．公司债券

C．存托凭证　　　　　　　　　　　　　　　　D．国务院依法认定的其他证券

2．关于基金财产债务，下列说法正确的是（　　）。

A．基金财产的债务包括作为基金管理人、基金托管人报酬的管理费、托管费

B．基金管理人、基金托管人管理运用基金财产所支出的费用也属于基金财产债务

C．对第三人所负债务不属于基金财产债务

D．基金财产债务由基金财产本身承担，基金份额持有人以其出资为限对基金财产的债务承担责任

3．关于证券公司将自有财产与客户交易结算资金分立制度，下列说法正确的是（　　）。

A．证券公司不得将客户的交易结算资金和证券归入其自有财产

B．对客户的交易结算资金应当存放在商业银行，统一建立一个账户

C．任何单位或者个人不得以任何形式挪用客户的交易结算资金和证券

D．对客户的交易结算资金应当存放在商业银行，以每个客户的名义单独立户管理

4．根据《证券法》的规定，公司首次公开发行新股，应当符合的条件包括（　　）。

A．最近3年财务会计报告被出具无保留意见审计报告

B．发行人及其控股股东、实际控制人最近3年不存在贪污、贿赂、侵占财产、挪用财产或者破坏

社会主义市场经济秩序的刑事犯罪

C．具备健全且运行良好的组织机构

D．具有持续赢利能力，财务状况良好

5．根据《证券法》的规定，下列信息中属于内幕信息的有（　　　）。

A．公司的经营方针和经营范围的重大变化

B．公司订立重要合同、提供重大担保或者从事关联交易，可能对公司的资产、负债、权益和经营成果产生重要影响

C．因经济纠纷涉及公司的诉讼、仲裁

D．公司发生重大债务和未能清偿到期重大债务的违约情况

6．根据《证券法》的规定，操纵市场的手段包括（　　　）。

A．不以成交为目的，频繁或者大量申报并撤销申报

B．利用虚假或者不确定的重大信息，诱导投资者进行证券交易

C．对证券、发行人公开作出评价、预测或者投资建议，并进行反向证券交易

D．利用在其他相关市场的活动操纵证券市场

7．（　　　）可以作为征集人，自行或者委托证券公司、证券服务机构，公开请求上市公司股东委托其代为出席股东大会，并代为行使提案权、表决权等股东权利。

A．上市公司董事会　　　　　　　　　　B．独立董事

C．依法设立的投资者保护机构　　　　　D．持有5%以上有表决权股份的股东

8．根据《证券法》的规定，上市公司发生的下列事件中，应当立即向国务院证券监督管理机构和证券交易场所报送临时报告并予公告的有（　　　）。

A．公司在一年内购买、出售重大资产超过公司资产总额30%

B．公司的监事发生变动

C．公司的财务负责人发生变化

D．公司提供重大担保或从事关联交易

9．根据《证券法》的规定，发行人因欺诈发行、虚假陈述或者其他重大违法行为给投资者造成损失时，可以进行先行赔付的主体包括（　　　）。

A．发行人的控股股东、实际控制人　　　B．相关的证券公司

C．投资者保护机构　　　　　　　　　　D．证券交易所

10．根据《证券法》的规定，关于投资者保护，下列说法中正确的有（　　　）。

A．投资者与发行人、证券公司等发生纠纷的，双方可以向投资者保护机构申请调解

B．投资者保护机构对损害投资者利益的行为，可以依法支持投资者向人民法院提起诉讼

C．投资者提起虚假陈述等证券民事赔偿诉讼时，诉讼标的是同一种类，且当事人一方人数众多的，可以依法推选代表人进行诉讼

D．投资者保护机构受50名以上投资者委托，可以作为代表人参加诉讼

11．期货交易者有权查询的其他重要信息包括（　　　）。

A．交易者委托记录　　　　　　　　　　B．交易记录

C．保证金余额　　　　　　　　　　　　D．交易者接受服务的信息

12．基金合同当事人包括（　　　）。

A．基金管理人　　　　　　　　　　　　B．基金托管人

C．基金份额持有人　　　　　　　　　　D．为基金出具法律意见书的律师事务所

三、判断题

1．从法律意义上来说，证券本质上是一种交易契约或合同，该契约或合同赋予合同持有人根据该契约或合同的规定，对契约或合同规定的标的采取相应的行为，并获得相应的收益的权利。（ ）

2．注册制的核心就是对发行人依法提供的材料由证券监管机构进行严格的内容审查，杜绝证券发行人存在虚假、误导或者遗漏的情形。（ ）

3．公司对公开发行股票所募集资金，必须按照招股说明书或者其他公开发行募集文件所列资金用途使用；改变资金用途，必须经董事会作出决议。擅自改变用途，未作纠正的，或者未经董事会认可的，不得公开发行新股。（ ）

4．张某作为甲律师事务所专门从事证券法律业务的律师，为乙证券发行出具了法律意见书，2020年6月15日该证券承销期满，张某大量买进了该证券，张某行为违背了《证券法》中关于特定人员买卖证券的规定。（ ）

5．因职务、工作可以获取内幕信息的证券交易场所、证券公司、证券登记结算机构、证券服务机构的有关人员应当遵循《证券法》关于内幕交易的规定。（ ）

6．证券公司办理经纪业务，可以接受客户的全权委托通过与客户订立委托合同，决定证券买卖、选择证券种类、决定买卖数量或者买卖价格。（ ）

7．证券公司应当建立自有财产与客户交易结算资金分立制度，不得将客户的交易结算资金和证券归入其自有财产。（ ）

8．通过证券交易所的证券交易，投资者持有或者通过协议、其他安排与他人共同持有一个上市公司已发行股份达到5%时，应当在该事实发生之日起3日内，向国务院证券监督管理机构、证券交易所作出报告，通知该上市公司，并予公告。（ ）

9．某上市公司因发生重大诉讼，因疏忽没有立即将该情况向国务院证券监督管理机构和证券交易场所报送临时报告，并予公告。因非主观上的故意，因此不属于违反信息披露的行为。（ ）

10．基金份额持有人以其出资为限对基金财产的债务承担责任。依照《证券投资基金法》的规定，基金合同另有约定的，从其约定。（ ）

11．基金管理人、基金托管人因依法解散、被依法撤销或者被依法宣告破产等原因进行清算的，基金财产也属于其清算财产，基金管理人和基金托管人的债权人可以对基金财产主张权利。（ ）

12．交易者在参与期货交易和接受服务时，期货经营机构有权了解其基本情况、财产状况、金融资产状况、交易知识和经验、专业能力等相关信息。（ ）

四、案例分析题

2018年4月，甲省甲市发起设立一家综合类证券公司（以下简称甲证券）。在公司董事会成员中，张某为甲市经委工作人员；李某原为甲省某会计师事务所高级会计师，但因2016年为一家上市公司办理有关会计事务有重大违法违纪行为被吊销会计师资格；吕某现同时兼任另一家证券公司的监事。这些情况没有向证券监督管理机构报告。公司成立后，为了自营购买某股票，于2018年10月10日至10月25日，动用资金520万元，其中绝大部分是占用客户存入的保证金。这些情况被证券监督管理机构发现。

问题：（1）张某、李某、吕某是否可以担任证券经营机构的高级管理人员？试说明理由。

（2）综合类证券公司可以经营哪些业务？

（3）甲证券的行为是否构成了欺诈客户？

（4）甲证券将自营业务和经纪业务混合操作是否违反了法律规定？

（5）甲证券必须具备哪些条件，才可以获准设立综合类证券公司？

课 外 实 训

背景资料

某股份有限公司内幕信息泄露案

2019 年 4 月 8 日，某股份有限公司与某有限公司，就某公房项目经多轮谈判，签订了总金额约 300 亿元的产品销售和施工合同。2019 年 4 月 11 日，该股份有限公司原证券办主任陈某从他人处得到该公司公房项目的消息后，当即将此消息电话告知与他合作炒股的王某。按照陈某的指令，王某于 4 月 12 日一早买入该股份有限公司 2 776 996 股股票。当日下午，陈某进一步向该股份有限公司证券办副主任、证券事务代表罗某了解"该公房项目"信息。罗某违反《证券法》的有关规定，将自己所知悉的项目信息泄露给陈某。次日上午，王某按照陈某的指令买入该股份有限公司股票 2 398 600 股。

同年 4 月 13 日下午，罗某将合同已草签的情况泄露给陈某。随后，陈某将此信息告诉王某。4 月 14 日，王某再次以涨停价买入该股份有限公司 1 787 300 股股票。4 月 15 日，陈某从罗某处得知证券监管机构要调查该股份有限公司。4 月 16 日，王某按指令将该股份有限公司股票共计 696 万股全部卖出，非法获利 4037 万元。

实训知识领域	**实训方式**	**实训目的**
（1）内幕交易的含义和范围。	课堂案例讨论。	（1）加强对法律概念的理解。
（2）内幕信息的知情人。		（2）熟练解读法条。
（3）禁止内幕交易。		

第七章

保险业法律规范

【学习指导】

学习要点

1. 明确保险法的基本原则对保险活动的意义。
2. 掌握保险公司经营规则。
3. 熟悉保险合同法律关系的构成。
4. 知晓保险合同的基本法律知识。
5. 理解保险业监管对保险经营活动的法律意义。

衔接的主要核心专业课程	课外要求
金融基础、保险学概论、保险代理、保险经营管理、保险市场营销等。	注意收集目前市场上出现的各种保险的险种及相应的合同,并结合《保险法》对其条款内容进行分析和理解。

第一节　保险及保险法基本理论

【引言】

保险就像雨伞,不下雨时可以放在家里不用,下雨的时候能帮我们遮风挡雨。对于客户来说,在投资后能否得到一把合格的"雨伞"——保单,那就要看如何规范"雨伞"的生产厂家——保险公司及其"生产、经营行为"。这个能规范"雨伞生产厂家"的权威性文件就是《保险法》。

一、保险概述

保险作为一个分散风险的经济制度与法律行为,是保险公司通过保险合同建立起来的与投保人、被保险人、受益人的法律关系,并通过保险合同收取保险费,建立起保险基金,运用保险基金分散被保险人的风险。

依照《保险法》的规定,保险是指投保人依合同约定,向保险人支付保险费,保险人对于合同约定的可能发生的因事故所造成的财产损失承担赔偿保险金责任,或者当被保险人死亡、伤残、疾病或者达到合同约定的年龄、期限等条件时承担给付保险金责任的商业保险行为。可见,《保险法》中所指的保险是一种与社会保险性质不同的商业行为。从不同的角度,按照不同的依据可将保险划分为不同的类型[①]。

---

① 保险类型划分的详细内容可通过"保险学原理"等课程了解相关知识。

二、保险法的基本原则

视野拓展

投保人仅对明知事项存
告知义务

《保险法》是调整商业保险关系的法律规范的总称。我国《保险法》于 1995 年 6 月 30 日第八届全国人大常委会第十四次会议通过，随后于 2002 年、2009 年、2014 年进行了三次修正，2015 年进行了第四次修订。

我国《保险法》体现了以下四个方面的基本原则。

1. 最大诚信原则

为了维护保险活动当事人的利益和防止保险欺诈，保险活动当事人行使权利、履行义务应当遵循诚实信用原则。善意是一切合同有效的必要条件。然而，基于保险关系的特殊性，法律对于善意程度的要求远远大于其他合同，理论上称保险合同为"最大善意合同"。

诚实信用原则要求，在订立保险合同时，保险人就保险标的或者被保险人的有关情况提出询问的，投保人应当如实告知；而采用保险人提供的格式条款的，保险人向投保人提供的投保单应当附格式条款，保险人应当向投保人说明合同的内容。如果保险人在合同订立时已经知道投保人未如实告知的情况，保险人不得解除合同；发生保险事故的，保险人应当承担赔偿或者给付保险金的责任。

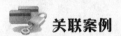 关联案例

保险公司大意核保，责任自负

生病在家的王先生与上门推销保险的业务员签订了保险合同。王先生请业务员代填投保书。投保书健康询问栏的事项为 0：健康；1：残疾；2：低能；3：癌症、肝硬化、癫痫病、严重脑震荡、精神病、心脏病、高血压。业务员觉得这些与王先生情况不符，就留了空白，没有填写。王先生阅后，没有异议，签了字。保险公司在核对时，也没有注意这点，就签发了保险单。

不久，王先生因病亡故，受益人向保险公司申请给付保险金。保险公司在审核时发现，王先生在投保时就已经重病在家，而王先生没有将真实情况告知保险公司，因此保险公司拒付。受益人要求未果，遂起诉至人民法院。

法院审理后认为：投保书要求投保人告知的事项，都与王先生的情况不符，王先生无法告知；如果有过错，则错在保险公司。保险公司在核保后签发保险单，可以看作保险公司放弃告知权利，于是丧失了解除合同的权利。所以保险公司应该给付保险金，判保险公司给付保险金。

2. 保险利益原则

保险利益原则又称可保利益原则或可保权益原则。保险利益是指投保人或被保险人对其所保标的具有法律所承认的权益或利害关系，即在保险事故发生时可能遭受的损失或失去的利益。

3. 损失补偿原则

损失补偿原则是保险基本职能的体现。它是指由保险危险造成保险标的发生损失，其补偿不能超出损失。此原则主要是财产保险合同的赔

微课堂

保险利益原则

偿原则。

4. 近因原则

损失结果的形成只有与危险事故的发生有直接的因果关系，保险人才负赔偿责任。所谓近因，是指直接促成结果的原因，效果上有支配力或有效的原因，而并非指时间上最接近损失的原因。在损失的原因有两个以上，且各个原因之间的因果关系尚未中断的场合，其最先发生并造成一连串事故的原因即为近因。近因原则是保险补偿应遵循的重要原则之一。

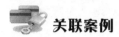 **关联案例**

以近因原则判断承保责任

某面粉厂向某保险公司投保了企业财产险，在保险期内的某日，由于天降大雨，且伴有大风，该面粉厂某车间厂房的一角被大风破坏，雨水由破口处淌进厂房，致使厂房内的三台电机因灌入雨水而被烧坏造成损失。根据气象部门对当天天气的测定，出险当日降雨量为1小时降雨量8毫米，风力为8～9级。

解析： 从近因原则来判断，当保险标的发生损失时，应当找出保险事故的近因。本案中，保险标的损失是由多种近因引起的，即暴雨和暴风。暴风和暴雨的同时作用致使厂房漏进雨水，但是电机损坏主要是由雨水进入厂房进而灌入电机内导致的。因此，在暴雨和暴风两种近因中造成电机损失的主要是暴雨，而暴雨与暴风之间不存在因果关系，但同时对保险标的起作用，在两者中雨水对电机的损坏起着更重要的作用。

根据多种近因造成保险标的物损坏的原则，如果其中一种原则起主要作用，那么该近因是否为承保责任就对赔偿起决定作用：如果该近因属于承保责任，则保险人对损坏予以赔偿；如果该近因属于除外责任或者未保责任，则保险人对损坏不承担赔偿责任。而本案中，恰恰雨水是主要原因，由于当日的降水不属于暴雨的降雨量标准（每小时降雨量达到10毫米以上为暴雨），则当日不构成暴雨，而暴雨是该企业财产保险合同中的承保责任，故保险人不应承担保险责任。

三、消费者和消费者权益

保险消费者泛指投保人、被保险人、保单所有人和受益人。投保人，指对保险标的具有保险利益，向保险人申请订立保险合同，并负有缴付保险费义务的人。被保险人，指其财产、利益或生命、身体和健康等受保险合同保障的人。保单所有人，指拥有保单各种权利的人。受益人，也叫保险金受领人，指在保险事故发生后直接向保险人行使赔偿请求权的人。

保险消费者权益是指自然人、法人和其他组织在有偿获得保险产品或服务时，以及在保险承保期间所享有的法定权益。国家通过法律、法规和规章不断加强对保险消费者权益的保护，来保障和促进保险业的良性和持续发展。

（1）通过规范保险产品的宣传和营销，强化保险公司以及内部销售人员在各个销售环节的风险控制，保护消费者权益。

（2）通过规范信息披露制度，保证消费者、保险公司、保险监管部门以及保险中介之间可以实现最为有效的相互沟通和信息上的合理披露。

（3）明确保险销售人员重要的法律地位，同时加强对其业务地位的重新定位，通过提高其专业技能和业务素质，保障消费者权益的实现。

（4）建立科学规范化的考核激励体制，在对业绩优秀的销售人员进行奖励的基础上，依靠考核奖惩的方式对误导行为以及侵害保险消费者权益行为进行规范。

（5）通过服务行为规范标准、服务基础标准等内容的建设，依靠服务质量体系的建立和完善的方式来提高整体行业的服务质量，依靠规范化的技术行为来规避理赔难和销售误导行为的出现，从而更好地保护保险消费者的合法权益。

第二节　保险合同

【引例】

最近，小李买了一辆新车，在缴纳了机动车交通事故责任强制保险后，打算向保险公司再投保商业险。在对保险合同的条款进行了解的过程中，因有很多看不明白的条款，尤其是免责条款，于是，小李要求经办人予以解释。

问题：对于保险合同条款的解释，《保险法》都有哪些规定？通过下面的学习，了解《保险法》对保险合同的具体规定。

一、保险合同的一般规定

保险合同是投保人与保险人约定保险权利义务关系的协议。投保人是指与保险人订立保险合同，并按照合同约定负有支付保险费义务的人。保险人是指与投保人订立保险合同，并按照合同约定承担赔偿或者给付保险金责任的保险公司。

（一）保险合同的特征

保险合同是一种以分散、转移危险为目的的特殊合同类型，因此它除了具有合同的一般特征之外，还具有一些自身的特征。

1. 保险合同是最大诚信合同

微课堂

保险-诚信

诚实守信是所有商业行为的准则，也是所有商业合同的基础。而保险合同中所体现的诚实守信是相对的，对于一般商业行为而言，在合同自由的原则下买方必须自己当心，不存在绝对诚实守信的要求。保险合同则不同，保险合同所要求的不是一般的、相对的诚实守信，而是最大限度的诚实守信，即保险合同的签订需建立在最大诚信原则的基础之上。

2. 保险合同是附合合同

视野拓展

保险格式条款应作有利于被保险人的解释

附合合同是指合同的一方只限于接受或拒绝另一方提出的条件，对合同的内容不是经过双方充分商议而订立的。实际上，保险合同作为附合合同也是一种格式合同。由于保险业技术要求较高，对费率要进行科学的计算和统计，责任范围又与保险人偿还能力关系密切，保险合同的基本条款多由保险人提出或经由法律认可。对此，投保人一般没有讨价还价的余地，只能表示附随，或者拒绝；保险业要遵循大多数原则，依赖多数经济单位或个人为合同对象，出于节约缔约成本的考虑，也往往采取格式条款的形式订立合同。一般地，保险合同都是经过保险行政机关审批的统一格式的标准化保险单。

由于保险合同中的条款和条款中措辞的选择及制订对保险人与被保险人来说是在不平等的基础上进行的，所以当保险合同双方对保险条款和措辞产生争议的时候，一项条款或词语可以作出两种或两种以上的解释时，应当作出对被保险人有利的解释。

3. 保险合同是射幸合同

在我国民事法律制度中，与射幸合同（射幸，即侥幸、碰运气）相对立的是交换合同，比如买卖合同。交换合同中一方给予对方的报酬应基本上与所得到的具有相等的价值。保险合同的射幸性是基于保险事故的偶然性。保险合同中，投保人给付保险费的义务在合同成立时即已确定，但保险人的给付义务（给付保险金）、应给付的具体数额却取决于偶然事件的发生。

（二）保险合同法律关系的主体和客体

1. 保险合同法律关系的主体

保险合同法律关系的主体仅指订立保险合同，享有合同权利并承担合同义务的当事人。

至于被保险人或受益人，其只是保险合同的关系人，除非其与投保人身份合一。此外，还有保险代理人、保险经纪人等保险合同辅助人。

（1）保险合同当事人，包括保险人与投保人。保险人是指与投保人订立保险合同，并按照合同约定承担赔偿或者给付保险金责任的保险公司。投保人是指与保险人订立保险合同，并按照合同约定负有支付保险费义务的人。

（2）保险合同关系人，包括被保险人与受益人。保险合同关系人指虽非保险合同主体，但因保险合同的订立而有利害关系的人。被保险人是指其财产或人身受保险合同保障，享有保险金请求权的人。投保人可以为被保险人。受益人仅是指人身保险合同中由被保险人或投保人指定的享有保险金请求权的人。投保人、被保险人可以为受益人。财产保险中没有独立的受益人，通常投保人与受益人身份合一，只有在人身保险中才会出现第三人为合同受益人的情况。

（3）保险合同辅助人，是指保险活动的其他参加者，以专门知识和技术协助保险合同的订立和履行，为当事人提供协助。保险合同辅助人不是保险合同法律关系的主体，对合同不享有权利，亦无义务，保险合同辅助人具体包括保险代理人、保险经纪人和保险公估人。

2. 保险合同的客体

保险利益是保险合同的客体，也是保险合同的要件之一。它是指投保人或被保险人对保险标的具有的法律上承认的可用经济价值衡量的利益。投保人因保险标的发生保险事故而遭受损失，因保险事故的不发生而继续享有相关经济利益。如果保险事故发生，投保人的经济利益受到损害，则表明他对保险标的具有保险利益；如果保险事故发生，其不但未遭受损害反而得到了一定的利益，则表明其无保险利益。我国《保险法》明确规定，人身保险的投保人在保险合同订立时，对被保险人应当具有保险利益，不具有保险利益的，合同无效。财产保险的被保险人在保险事故发生时，对保险标的应当具有保险利益。

根据保险立法及保险实务，构成保险利益必须具备三个要件。

（1）必须是合法利益。即必须是法律上能够主张或承认的利益。故非法所得不能作为保险标的而进行投保。同样地，对自己不能主张权利的标的即便是出于善意也不能进行投保，如将他人财产或公共财产进行投保。

（2）必须是能够确定的利益。所谓能够确定的利益是指被保险人或投保人对保险标的现有利益或因现有利益而产生的将来预期利益可以确定。保险标的必须在保险事故发生前或发生时能够确定它的价值，如果不能确定其价值，则遭受的损失，保险方应补偿多少难以确定。

（3）保险利益必须是金钱上的利益。保险是以补偿损失为目的，以支付货币为补偿方式的制度。若损失不是经济上的利益，即不能用金钱来计算，则损失无法补偿。

保险利益的移转随着保险标的的继承或转让而随之转移。保险利益附属于保险标的之上，故在通常情况下，保险标的转移时，保险利益也随之转移。保险利益的转移有以下几种情况。

（1）法定转移。法定转移不影响保险合同的效力。如原所有人死亡，其物因继承或遗嘱而转移于继承人；又如因破产、公司合并发生物权转移。财产保险中，除另有约定外，保险利益转移给继承人；人身保险一般不存在转移问题。

（2）合同转移。除法律规定外，应征得保险人同意，否则保险合同失去其效力。根据我国《保险法》第49条的规定，保险标的转让的，保险标的的受让人承继被保险人的权利和义务。

注意：保险标的转让的，被保险人或者受让人应当及时通知保险人，但货物运输保险合同和另有约定的合同除外。因保险标的的转让导致危险程度显著增加的，保险人自收到转让通知之日起30日内，可以按照合同约定增加保险费或者解除合同。保险人解除合同的，应当将已收取的保险费，按照合同约定扣除自保险责任开始之日起至合同解除之日止应收的部分后，退还投保人。被保险人、受让人未履行《保险法》第49条第2款规定的通知义务的，因转让导致保险标的的危险程度显著增加而发生的保险事故，保险人不承担赔偿保险金的责任。

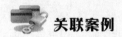 **关联案例**

保险利益随保险标的的转移的效力

原告甲某与被告乙某口头达成车辆买卖协议，被告将自己的一辆宝来轿车转让给原告，原告给付了被告购车款人民币73 400元，被告出具了收条。之后，被告将该车交给原告。双方到有关部门办理了该车辆的过户登记手续，车辆所有人变更为原告。

不久，原告驾驶该车外出，途中因避让一辆大货车撞到马路边的水泥块上，车前灯等车头部位多处受损。因被告购买的商业保险合同中含有车损险，原告当即向保险公司报案，并向保险公司工作人员陈述乙某是被保险人，自己是驾驶人。车辆修复花了原告3800元，为了拿到保险公司的理赔款，原告电话联系被告后，被告写了一份授权委托书，全权委托原告向中国人民财产保险股份有限公司A市某分公司领取这次交通事故赔偿金。同时，被告在赔款委托书被保险人处签了名。据此，中国人民财产保险股份有限公司A市某分公司将理赔款人民币3800元汇至被告的账户。但之后，被告未将该款付给原告。原告不得已诉至人民法院。

人民法院审理后认为，保险事故发生时，被保险人对保险标的必须具有保险利益。原告买受取得宝来轿车所有权后，依附于该车的保险利益亦应同时移转于原告。而被告在转让车辆后，对该车不再享有保险利益。因此，被告在收到保险人即中国人民财产保险股份有限公司A市某分公司的保险理赔款后，应当给付原告。据此，A市人民法院于一审宣判被告乙某给付原告甲某人民币3800元。

提示：在日常生活中，很多车主将车辆过户后，经常会忘了到保险公司办理保单变更或原保单批注手续，一旦出了交通事故就会碰到原车主与保险公司约定各种险种的保险合同是否继续在新车主与保险公司之间存在效力的问题。

从保险利益的法律意义来讲，由保险根本性质所决定的对保险利益坚持的原则有以下三项。

（1）防止道德风险的发生。如果投保人以没有保险利益的保险标的投保，则有可能出现投保人为获得保险赔偿而任意购买保险，并盼望事故发生的情况；更有甚者，为了获得巨额赔偿或给付，采用纵火、谋财害命等手段，故意制造保险事故，增加了道德风险事故发生的概率。

（2）避免赌博行为的发生。在保险业刚兴起的时候，有人以与自己毫无利害关系的远洋船舶与货物的安危为赌注，向保险人投保：若船货安全抵达目的地，则投保人丧失少量已付保费；若船货在航行途中灭失，他便可获得高于所交保险费几百倍甚至上千倍的额外收益，这种收益不是对损失的补偿，是以小的损失谋取较大的经济利益的投机行为。于是，人们就像在赛马场上下赌注一样买保险，严重影响了社会的安定。英国政府于18世纪通过立法禁止了这种行为，保证了保险事业的健康发展。保险利益原则规定，投保人的投保行为必须以保险利益为前提，一旦保险事故发生，投保人获得的就是对其实际损失的补偿或给付，这就从本质上将保险与赌博区分开来。

（3）便于衡量损失赔偿金额，避免保险纠纷的发生。保险人对被保险人的保障，不是保障保险标的本身不遭灾受损，而是保障保险标的遭受损失后被保险人的利益，补偿的是被保险人的经济损失；而保险利益以投保人对保险标的的现实利益以及可以实现的预期利益为限，因此是保险人衡量损失及被保险人获得赔偿的依据。保险人的赔付金额不能超过保险利益，否则被保险人将因此获得额外利益，这有悖于损失补偿原则。如果不以保险利益为原则，容易引起保险纠纷。例如，借款人以价值30万元的房屋做抵押向银行贷款15万元，银行将此抵押房屋投保，房屋因保险事故全损，银行作为被保险人其损失是15万元还是30万元呢？保险人应赔付15万元还是30万元？如果不根据保险利益原则来衡量，银行的损失就难以确定，就可能引起保险双方在赔偿数额上的纠纷。而以保险利益原则为依据，房屋全损只会导致银行贷款本金加利息的难以收回，因此，银行最多损失15万元及利息，保险公司不用赔付30万元。

二、保险合同的订立

投保人和保险人订立保险合同，应当协商一致，遵循公平原则确定各方的权利和义务。除法律、行政法规规定必须保险的外，保险合同自愿订立。

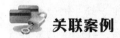 **关联案例**

强制搭售保险产品被银保监会点名通报

据中新网2020年7月8日电　中国农业发展银行贵州省湄潭县支行分别于2018年7月30日和10月31日向某公司发放"湄潭县中部片区改善农村人居环境建设项目"贷款合计2亿元。2018年7月25日，湄潭县支行要求借款人出具了购买由本行代理保险的承诺书，作为贷款发放条件。借款人于2018年12月5日购买了湄潭县支行代理的华安财产保险公司遵义支公司的保险产品，保费合计4.5万元，湄潭县支行收取代理手续费1.1万元。

在中国银保监会消费者权益保护局关于银行违规涉企收费案例的通报中，中国农业发展银行因强制搭售保险产品被点名。

问题： 强制搭售保险产品违反了《保险法》的哪些规定？

解析：依照《保险法》的规定，订立保险合同，应当协商一致，遵循公平原则确定各方的权利和义务；除法律、行政法规规定必须保险的外，保险合同自愿订立。湄潭县支行借自己行业上的优势，把强制要求对方以购买其代理的保险产品作为向对方发放贷款的条件，违反了公平自愿的原则。

1. 保险合同订立的程序

订立保险合同的程序主要为投保和承保两个步骤。投保是指投保人提出保险请求并提交投保单的行为，其实质为保险要约；承保是指保险人同意接受投保人投保请求的行为，亦即保险承诺。实践中，保险合同的订立一般须经以下程序。

（1）投保人提出申请，索取并填写投保单。

（2）投保人与保险人商定支付保险费的方法。

（3）承保。保险人审查投保单，向投保人询问、了解保险标的的各种情况和被保险人的身体状况，决定接受投保后即在投保单上签章。

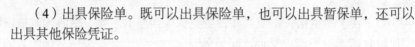

（4）出具保险单。既可以出具保险单，也可以出具暂保单，还可以出具其他保险凭证。

2. 保险合同的形式

保险合同的形式包括保险单、保险凭证、暂保单、投保单以及法律认可的其他书面形式。

（1）保险单即"保单"，是投保人与保险人订立保险合同的正式书面凭证。由保险人或其他代理人制作并签发给投保人。保险单中一般印有保险条款。当保险标的遭受损失后，保险单就成为被保险人向保险人索赔的主要凭证，同时也是保险人向被保险人理赔的主要依据。

（2）保险凭证是一种内容和格式简化了的保险单。它一般不列明具体的保险条款，只记载投保人和保险人约定的主要内容。保险凭证上记载的内容虽然不是保险合同的全部内容，但与保险单具有同等的法律效力。例如，对于机动车辆第三者责任险，一般实行强制保险。为了便于被保险人随身携带以供有关部门检查，保险人通常出具保险凭证。

（3）暂保单又称"临时保单"，是正式保险单签发之前的代替物，其效力与正式保险单相同，有效期一般为30天。例如，保险代理人获得保险业务而保险人未正式签发保险单之前，向投保人所签发的凭证。

（4）投保单是保险人预先备制的以供投保人提出保险要约时使用的格式文书。投保单本身不是保险合同，也非保险合同的正式组成部分。但投保单经投保人如实填写，并由保险人签章承保后，就成为保险合同的组成部分之一。

（5）法律认可的其他书面形式指投保人和保险人以上述四种方式以外的书面形式订立的保险合同，比如投保人和保险人约定特殊事项的并经过公证的保险合同。

3. 保险合同的内容

保险合同的内容指保险合同当事人的权利和义务。由于保险合同一般都是依照保险人预先拟定的保险条款订立的，所以保险合同成立后，双方的权利义务主要体现在这些条款之中。根据我国《保险法》第18条的规定，保险合同应当包括下列事项。

（1）保险人的名称和住所。保险人是指经营保险业务，与投保人订立保险合同并承担赔偿或者给付保险金责任的保险公司。我国法律规定保险人是保险公司，而保险公司又是法人，所以保险人的名称应当使用经过市场监督管理部门核准登记的名称。保险人的住所应为其主要办事机构所在地。

（2）投保人、被保险人的姓名或者名称、住所，以及人身保险的受益人的姓名或者名称、住所。投保人、被保险人、受益人为自然人的，应当使用身份证或者户口簿所记载的姓名，并以其户籍所在地为住所；经常居住地与住所不一致的，以经常居住地为住所。

（3）保险标的。保险标的是指作为保险对象的财产及其有关利益或者人的寿命和身体。保险标的必须明确记载于合同，据以判断投保人对其有无保险利益，并确定保险人的保险责任范围。

（4）保险责任和责任免除。保险责任是指保险单上记载的危险发生造成保险标的损失或约定人身保险事故发生时，保险人所承担的赔偿或给付责任。责任免除是指依法或合同约定，保险人可以不负赔偿或给付责任的范围。保险合同采用保险人提供的格式条款的，保险人向投保人提供的投保单应当附格式条款，保险人应当向投保人说明合同的内容。对保险合同中免除保险人责任的条款，保险人在订立合同时应当在投保单、保险单或者其他保险凭证上作出足以引起投保人注意的提示，并对该条款的内容以书面或者口头形式向投保人作出明确说明；未作提示或明确说明的，该条款不产生效力。

（5）保险期间和保险责任开始时间。保险期间即保险合同的有效期间。只有在保险期间发生保险事故或出现保险事件时，保险人才承担赔偿或给付责任。保险责任开始的时间即保险人开始履行保险责任的时间。

（6）保险金额。保险金额是指保险人承担赔偿或者给付保险金责任的最高限额。财产保险的保险金额，不得超过保险价值。超过保险价值的，超过部分无效，保险人应退还相应的保险费。人身保险的保险金额，是保险事故发生时，保险人实际所要付给的保险金。

（7）保险费以及支付办法。保险费简称"保费"，是投保人应该向保险人支付的费用。保险金额是计算保险费的基数，保险费的多少，取决于保险金额的大小、保险费率的高低和保险期限的长短。保险合同应该约定保险费的支付办法。

（8）保险金赔偿或者给付办法。保险金赔偿或者给付办法是指保险人在保险事故发生造成保险标的损失时，向被保险人或受益人赔偿或者给付保险金的方式和时间等，应由投保人和保险人依法约定，并在保险合同中载明。一般而言，以金钱给付为原则。

（9）违约责任和争议处理。违约责任是指合同当事人因其过错致使合同不履行或者不完全履行时，基于法律规定或者合同约定应当承担的法律后果。在保险合同中规定违约责任条款，可以保证合同的顺利履行。争议处理是指保险合同当事人在合同履行过程中发生争议时的处理办法，应当在保险合同中加以约定，以利于争议的解决。

（10）订立合同的时间。记载订立保险合同的时间，对于确定投保人是否具有保险利益、保险合同是否有效、保险责任的开始时间以及计算保险期间等都具有重要作用。

（11）投保人和保险人可以约定与保险有关的其他事项。

三、保险合同的履行

保险合同是双务合同，合同成立后双方当事人均应依据合同的约定承担相应的义务。从内容上看，履行包括投保人、被保险人和保险人的合同义务的履行。从程序上看，履行还包括索赔、理赔、代位求偿三个环节。

（一）投保人、被保险人和保险人的义务

投保人、被保险人的义务有以下几项：①投保人按照约定交付保险费的义务；②投保人、被保险人应履行出险通知、预防危险、索赔举证的义务；③被保险人应履行危险增加通知、施救的义务。

保险人的义务有以下几项：①承担保险责任的义务，即在保险事故发生后或保险合同规定的事项发生后，对损失给予赔偿或向受益人支付约定的保险金；②保守个人隐私和保守秘密的义务，即保险人或者再保险接受人对在办理保险业务中知悉的投保人、被保险人、受益人或者再保险分出人的业务和财产情况及个人隐私，负有保密的义务。

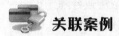 **关联案例**

投保人的通知义务

王某新建楼房竣工，到保险公司为该楼房投保了家庭财产保险，保险金为 60 万元。此后，王某将该楼房出租给谢某，谢某用该楼房储存化学药品。王某没有将此情况通知保险公司。不久，化学药品起火，该楼房全部烧毁，谢某逃走。王某要求保险公司赔偿损失。经核实，保险公司发出拒绝赔偿通知。

问题：保险公司的做法正确吗？

解析：本案涉及投保人（被保险人）在保险标的的危险程度增加的时候需履行通知义务。

在投保人与保险人签订保险合同时，保险人是依据当时的保险标的的危险状态和危险程度收取保费，承担保险责任的。如果事后保险标的的危险程度增加了，就意味着保险人所承担的风险随之增加，在这种情况下，保险人有权要求增加保险费或不再继续承保；否则，保险人的利益就会受到损害。

被保险人承担危险增加通知义务的责任，一般应具备如下条件：①有危险增加的事实；②被保险人明知或应知危险增加的事实；③被保险人未及时通知保险人关于危险增加的事实。

被保险人不履行危险增加的通知义务的法律后果如下：①在保险事故发生前，保险人有权要求增加保险费，或解除保险合同；②在保险事故发生以后，如果所发生的保险事故是由新增加的危险引起的，保险人不承担赔偿责任。如果所发生的保险事故与新增加的危险没有联系，则保险人不得免除责任。

在本案中，王某没有尽到通知义务，同时，火灾是由化学药品起火引起的，所以，保险人不承担赔偿责任。

（二）索赔、理赔与代位求偿权

索赔、理赔与代位求偿权是投保人与保险人通过订立保险合同，在约定的保险事故发生后，实现保险利益的手段。

1. 索赔与理赔

索赔是被保险人或受益人在保险事故发生后或保险合同中约定的事项出现后，按照保险合同的规定，在法定期限内向保险人要求赔偿损失的行为。理赔是指保险人应索赔请求人的请求，根据保险合同的规定，审核保险责任并处理保险赔偿的行为。

2. 索赔时效

根据《保险法》第 26 条的规定，人寿保险以外的其他保险的被保险人或受益人，向保险人

请求赔偿或给付保险金的诉讼时效期间为自其知道或应当知道保险事故发生之日起 2 年。人寿保险的被保险人或受益人向保险人请求给付保险金的诉讼时效期间为自其知道或应当知道保险事故发生之日起 5 年。

3. 代位求偿权

代位求偿权又称代位追偿权，是指当保险标的因遭受保险责任事故造成损失的，依法应当由第三者承担赔偿责任时，保险人自支付保险赔偿金之日起，在赔偿金额的限度内，相应取得向对此损失负有责任的第三者请求赔偿的权利。通常认为保险代位权的实质是民事法律清偿代位制度在保险法领域的具体运用。因第三者对保险标的的损害而造成保险事故的，保险人自向被保险人赔偿保险金之日起，在赔偿金额范围内代位行使被保险人对第三者请求赔偿的权利。代位求偿权只存在于财产保险中，人身保险中不存在代位求偿权。

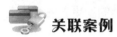 **关联案例**

保险公司的代位求偿权

某果品经销部（以下简称经销部）由 A 县火车站托运花生果 800 袋，共计价值 85 412 元，到站为 B 市火车站北站，运费共 6884 元。同时，经销部向中国人民保险公司 A 县支公司（以下简称 A 县保险公司）火车站代理处投保了运输综合险，保险金额为 7.5 万元，并按约定缴纳了 300 元保险费。在该批货物到达 B 市火车站西站（以下简称 B 市西站）后，停在八车道的油罐车因漏油而引起火灾，致使停在六车道装运该批货物的几节车厢起火，除了抢救出部分残货花生果外，其余货物均被烧毁。

中国人民保险公司 B 市支公司某区办公室接到报案后，勘察了事故现场，并出具了国内货物运输保险查勘报告，为承保公司作了查勘定损工作。

此后，经销部多次要求承运人 B 市西站赔偿其所遭受的损失及支付的费用，B 市西站都以托运人已向保险公司投保了运输险，因而发生保险事故后应由保险公司负责赔偿为由拒绝赔偿。无奈，经销部便根据保险合同向承保该批货物运输险的 A 县保险公司提出索赔。A 县保险公司却认为，B 市西站的货运记录、中国人民保险公司 B 市支公司某办事处出具的国内货物运输保险查勘报告等都已证实了本案事故是由承运人重大过失造成的，应由 B 市西站负责赔偿经销部所托运的货物的实际损失，从而拒绝赔偿。

分析思路：（1）本案的基本事实是，被保险人（投保人）经销部的保险货物发生火灾事故是由第三者（也是该批货物的承运人）B 市西站的重大过失造成的。

（2）本案中，经销部既可以根据运输合同向负有责任的 B 市西站要求赔偿，也可以作为被保险人根据保险合同向承保货物运输综合险的 A 县保险公司索赔。

（3）如果经销部选择了民法上的方式，则与保险赔偿无关；如果选择了保险索赔的方式，则会引发一个代位求偿权的问题。

（4）本案争议的关键问题是，在被保险人向第三者索赔未果而向保险公司请求赔偿的情况下，保险公司应否先予赔偿？

法理分析：根据《保险法》的规定，因第三者对保险标的的损害而造成保险事故的，保险人自向被保险人赔偿保险金之日起，在赔偿金额范围内代位行使被保险人对第三者请求赔偿的权利。

按照上述规定，当保险标的发生的保险事故是由第三者造成的，而在第三者不能赔偿或被保险人直接向保险人提出索赔的情况下，保险方应先予赔偿。法律之所以这样规定，其目的在于充分保障投保方遭受的损失能够得到及时、完全的补偿，使投保方的利益切实得到"保险"。本案所涉及的法律问题实质是财产保险中保险人的代位求偿权问题。

四、保险合同的变更、解除

保险合同订立后，可能会因为这样或那样的法律认可的情形，使合同发生变更或解除，由此也使法律关系和法律责任发生变更，从而产生不同的法律后果。

（一）保险合同的变更

保险合同变更是指在保险合同有效期内，经当事人双方协商一致，以法定的形式对除保险标的更替以外的保险合同的内容所作的修改或补充。例如，增减保额和保费、延长或缩减保险期间、修改保险责任范围等。保险合同的变更有主体的变更、内容的变更和效力的变更三种。

1. 主体的变更

主体的变更即保险合同的转让，是指保险合同当事人和关系人的变更。一般是投保人或被保险人的变更，而不是保险人的变更。保险合同的转让，通常是由保险标的所有权的转让而引起的。依照《保险法》第49条的规定，保险标的转让的，被保险人或者受让人应当及时通知保险人，但货物运输保险合同和另有约定的合同除外。

2. 内容的变更

保险合同内容的变更是指在主体不变的情况下，保险标的的数量、品种、价值或存放地点发生变化，或货物运输合同中的航程变化、航期变化以及保险期限、保险金额的变更等。保险合同的内容变更，一般应有保险人的同意，依据《保险法》第20条的规定，投保人和保险人可以协商变更合同内容。变更保险合同的，应当由保险人在保险单或者其他保险凭证上批注或者附贴批单，或者由投保人和保险人订立变更的书面协议。

3. 效力的变更

保险合同效力的变更主要是指保险合同中止后又复效的情况。合同约定分期支付保险费，投保人支付首期保险费后，除合同另有约定外，投保人自保险人催告之日起超过30日未支付当期保险费，或者超过约定的期限60日未支付当期保险费的，合同效力中止，或者由保险人按照合同约定的条件减少保险金额。合同效力中止的，经保险人与投保人协商并达成协议，在投保人补交保险费后，合同效力恢复。

（二）保险合同的解除

保险合同的解除是指在保险合同有效期内，当事人双方通过协议或者一方行使解除权向他方作意思表示，提前终止合同关系的行为。

1. 投保人的解除权

保险合同的解除权一般由投保人行使，因为保险合同从根本上说是为分担投保人的损失而设，故赋予投保人保险合同解除权可以很好地维护其利益。《保险法》第15条规定："除本法另有规定或者保险合同另有约定外，保险合同成立后，投保人可以解除合同，保险人不得解除合同。"

2. 保险人的解除权

保险人是保险合同这一格式合同的制订者，各国立法都规定保险人不得随意解除保险合同，除非投保人一方有违约或违法行为。保险合同一旦解除，视为自始不发生效力，当事人所受领的利益应当返还；但法律另有规定，或者保险合同另有约定不予返还的，不在此限。

五、财产保险合同和人身保险合同

财产保险合同和人身保险合同是我国《保险法》根据保险对象的不同对保险合同所做的分类。

（一）财产保险合同

财产保险合同是以财产及其有关利益为保险标的的保险合同。财产保险合同一般分为企业财产保险合同、家庭财产保险合同、运输工具保险合同、货物运输保险合同及农业保险合同。

1. 财产保险合同的主要特征

财产保险合同既有一般合同的法律特征，也具有保险合同的一些特殊法律特征。具体表现为以下几个方面。

（1）财产保险合同中的标的表现为特定的财产以及与财产有关的利益。财产保险合同的标的既可以是有形的物质财富，也可以是无形的与财产有关的利益。

（2）财产保险合同是一种填补损失的合同。财产保险合同以补偿被保险人的实际财产损失为其唯一目的。这就是财产保险合同的损害填补原则。这种原则具体表现为：保险事故发生后，被保险人仅可按其实际所受的损害请求保险人赔偿，不得获取超过实际损失的赔偿。

（3）财产保险合同实行保险责任限定制度。在财产保险合同中，保险人的保险责任以保险合同约定的保险金额为限，超过合同约定的保险金额的损失，保险人不负保险责任。为了防止被保险人获得超额赔偿，法律对重复保险实行责任分摊原则。

重复保险是指投保人对同一保险标的、同一保险利益、同一保险事故分别与两个以上保险人订立保险合同，且保险金额总和超过保险价值的保险。重复保险的投保人应当将重复保险的有关情况通知各保险人。重复保险的各保险人赔偿保险金的总和不得超过保险价值。除合同另有约定外，各保险人按照其保险金额与保险金额总和的比例承担赔偿保险金的责任。重复保险的投保人可以就保险金额总和超过保险价值的部分，请求各保险人按比例返还保险费。

（4）财产保险实行保险代位的原则。在财产保险中，如果事故的发生是由第三人造成的，则被保险人有权向该责任者请求损害赔偿。为了避免被保险人获得双重赔偿，被保险人只能获得选择权，也就是说，或者被保险人可以请求保险人予以赔偿，或者被保险人可以请求第三人赔偿。如果被保险人从保险人那里获得了赔偿，那么，他必须将对第三人的求偿权让渡给保险人。具体地说，对被保险人发生的保险责任范围内的损失应当负损害赔偿责任的第三人，保险人对其有代位求偿权。

2. 被保险人的义务

被保险人的义务主要包括：①应当遵守国家有关消防、安全、生产操作、劳动保护等方面的规定，维护保险标的的安全；②在合同有效期内，保险标的的危险程度显著增加的，被保险人应当按照合同约定及时通知保险人；③保险事故发生时，被保险人有责任尽力采取必要的措施，防止或者减少损失。

3. 保险人的权利和义务

保险人的权利义务主要有：①保险人可以按照合同约定对保险标的的安全状况进行检查，及时向投保人、被保险人提出消除不安全因素和隐患的书面建议；②为维护保险标的的安全，经被保险人同意，保险人可以采取安全预防措施；③在据以确定保险费率的有关情况发生变化，保险标的的危险程度明显减少或者保险标的的保险价值明显减少的情况下（除合同另有约定外），保险人应当降低保险费，并按日计算退还相应的保险费；④因第三者对保险标的的损害而造成保险事故的，保险人自向被保险人赔偿保险金之日起，在赔偿金额范围内代位行使被保险人对第三者请求赔偿的权利。

（二）人身保险合同

人身保险合同是指以人的生命和健康为保险标的，以影响人类生命健康的事件或行为为保险事件的保险合同。一般地，人身保险合同分为人寿保险合同、健康保险合同和伤害保险合同。

1. 人身保险合同的主要特征

（1）保险标的的人格化。人身保险合同的保险标的是被保险人的寿命或者身体，以被保险人的寿命或者身体为存在形式的保险利益，属于被保险人的人格利益或者人身利益。

视野拓展

意外伤害保险合同纠纷案例

（2）保险金定额支付。保险标的的人格化，使得人身保险的保险标的不能用具体的金钱价值予以确定，从而不存在确定保险金额的实际价值标准，所以，各类人身保险的保险金额只能由投保人和保险人协商确定一个固定的数额，以此作为保险人给付保险金的最高限额。除非保险人限定或者法律规定人身保险合同的最高保险金额，否则，投保人可以投保任何金额的人身保险，而不发生像财产保险中的超额保险的问题。

（3）保险期限的特殊性，一般表现为长期险，受多种因素的影响。

（4）不适用代位求偿权。人身保险的被保险人因第三者的行为而发生死亡、伤残或者疾病等保险事故的，保险人向被保险人或者受益人给付保险金后，不得享有向第三人追偿的权利。应注意的是，被保险人或者受益人仍有权向第三人请求赔偿。

2. 投保利益

依据《保险法》第31条的规定，具有投保利益的人员首先包括：本人、配偶、子女、父母以及前述人员以外与投保人有抚养、赡养或者扶养关系的家庭其他成员、近亲属；与投保人有劳动关系的劳动者。除此之外，被保险人同意投保人为其订立合同的，视为投保人对被保险人具有保险利益。

针对现实的需要，同时规定"与投保人有劳动关系的劳动者"也具有投保利益。这一规定的意义在于：虽然有工伤保险为工伤劳动者提供保障，但工伤保险赔付的范围和限额都有限，不能完全补偿工伤劳动者的损失，作为用人单位对工伤保险不能赔付的部分仍应承担赔偿责任，故很多用人单位为那些经常出差或风险较大岗位的职工另行购买了意外险。当然，有的企业把为员工购买商业保险作为企业的福利形式，以激励员工为企业创造更多价值。

3. 投保人、被保险人的权利和义务

投保人、被保险人的权利和义务包括：①投保人应如实申报，投保人不得为无民事行为能力人投保以死亡为给付保险金条件的人身保险，但父母为其未成年子女投保的人身保险除外；②投保人可以按照合同约定向保险人一次性支付全部保险费或者分期支付保险费；③被保险人或者投保人可以指定一人或者数人为受益人，并且经被保险人同意，投保人可以变更受益人。

4. 保险人的权利和义务

保险人的义务主要包括：①保险人对人寿保险的保险费，不得用诉讼方式要求投保人支付；②被保险人死亡后，没有指定受益人，或受益人指定不明无法确定的；受益人先于被保险人死亡，没有其他受益人的；受益人依法丧失受益权或放弃受益权，没有其他受益人的情况下，保险金作为被保险人的遗产，由保险人依照《民法典》继承编中的规定履行给付保险金的义务。

保险人享有不承担给付保险金权利的情形主要包括：①投保人、受益人故意造成被保险人死亡、伤残或者疾病的；②以被保险人死亡为给付保险金条件的合同，被保险人自杀的；③因被保险人故意犯罪或者抗拒依法采取的刑事强制措施导致其伤残或者死亡的。

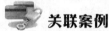

关联案例

兴盛建筑公司为职工投保了意外伤害保险，保期1年，保险金10万元。受益人栏目为空白。

某日，建筑工地发生事故，被保险人架子工赵某当场死亡。建筑公司向被保险人家属一次性支付15万元的工伤赔偿，但没有提及保险合同的10万元保险金。之后，建筑公司代理人刘某向保险公司提出理赔申请，并向保险公司提交了伪造的被保险人赵某的继承人的授权委托书，从保险公司领取了10万元保险金。被保险人赵某的继承人得知此情况后，向人民法院提起诉讼。

被保险人赵某的继承人诉称：保险金应当由自己领取，建筑公司无权获取。

法庭经审理认为：建筑公司与保险公司签订的保险合同有效，被保险人因为意外事故死亡，属于保险责任范围，保险公司应当支付10万元保险金。

由于保险合同没有指定受益人，所以，保险金应当由被保险人赵某的继承人领取。

建筑公司领取保险金，既没有法律依据，又出具了虚假授权委托书，应当将保险金返还被保险人赵某的继承人。

参考结论：被保险人架子工赵某没有指定受益人，保险金应该作为被保险人的遗产，由保险人向被保险人的继承人履行给付保险金的义务。

【节前引例分析】

对于小李的疑问，依据《保险法》和《民法典》对格式条款的规定，对保险合同条款的解释应注意以下两点。

（1）当保险合同双方对保险条款和措辞产生争议，一项条款或词语可以作出两种或两种以上的解释时，应当作出对被保险人有利的解释。

（2）保险合同规定有关保险人责任免除条款的，保险人在订立保险合同时应当向投保人明确说明；未明确说明的，该条款不产生效力。

第三节　保险公司及其经营规则

【引例】

中国银保监会网站公布的《葫芦岛银保监分局行政处罚决定书》（葫银保监罚决〔2021〕3号、4号、5号、6号）显示，永安财产保险股份有限公司葫芦岛中心支公司存在编制虚假财务会计资料、给予投保人保险合同以外利益等违法行为，累计被罚款共计20万元，3名相关责任人共被罚款6万元。

该中心支公司的行为违反《保险法》第86条和第116条的规定。

《保险法》第86条规定，保险公司应当按照保险监督管理机构的规定，报送有关报告、报表、文件和资料。保险公司的偿付能力报告、财务会计报告、精算报告、合规报告及其他有关报告、报表、文件和资料必须如实记录保险业务事项，不得有虚假记载、误导性陈述和重大遗漏。

《保险法》第116条中规定的保险公司及其工作人员在保险业务活动中不得有的13种行为中，第4种行为是：给予或者承诺给予投保人、被保险人、受益人保险合同约定以外的保险费回扣或者其他利益。

保险公司是指依《保险法》和《公司法》设立的公司法人。设立保险公司除了要符合《公司法》对公司设立的一般要求外，还必须符合《保险法》对保险公司设立所规定的条件和程序。

《保险法》将保险公司的经营纳入法治轨道，保证了保险公司的合法合规经营，使其在经营过程中将社会责任结合到经营目标中，从而最大化地实现其在金融领域中的价值。

一、保险公司依法经营业务

保险公司的业务范围是指由法律规定的对保险公司承保险种的明确限制和界定。保险公司应当依法在国务院保险监督管理机构批准的业务范围内从事保险经营活动。

保险公司的业务范围①主要包括财产保险业务、人身保险业务和再保险业务等。注意，根据《保险法》第95条第2款的规定，保险人不得兼营人身保险业务和财产保险业务。但是，经营财产保险业务的保险公司经国务院保险监督管理机构批准，可以经营短期健康保险业务和意外伤害保险业务。

二、保险公司的经营规则

我国《保险法》第4章就保险公司的保险经营规则作了专门规定，其主要内容如下。

（1）责任准备金规则。保险公司应当根据保障被保险人利益、保证偿付能力的原则，提取各项责任准备金。保险公司提取和结转责任准备金的具体办法，由国务院保险监督管理机构制定。

---

① 可通过《保险原理与实务》课程了解相关知识。

（2）未决赔款准备金规则。保险公司应当按照已经提出的保险赔偿或者给付金额，以及已经发生保险事故但尚未提出的保险赔偿或者给付金额，提取未决赔款准备金。

（3）公积金制度。保险公司应当依法提取公积金。

（4）保险保障基金规则。保险公司应当依照《保险法》的规定缴纳保险保障基金。保险保障基金应当集中管理，在保险公司被撤销或者被宣告破产时，向投保人、被保险人或者受益人提供救济或者在保险公司被撤销或者被宣告破产时，向依法接受其人寿保险合同的保险公司提供救济的情况下统筹使用。

（5）最低偿付能力要求规则。保险公司应当具有与其业务规模和风险程度相适应的最低偿付能力。保险公司的认可资产减去认可负债的差额不得低于国务院保险监督管理机构规定的数额；低于规定数额的，应当按照国务院保险监督管理机构的要求采取相应措施达到规定的数额。

（6）自留保险费限制规则。经营财产保险业务的保险公司当年自留保险费，不得超过其实有资本金加公积金总和的 4 倍。

（7）单次危险限制规则。保险公司对每一危险单位，即对一次保险事故可能造成的最大损失范围所承担的责任，不得超过其实有资本金加公积金总和的 10%；超过的部分应当办理再保险。

（8）危险单位的划分方法和巨灾风险的计划安排符合规定规则。保险公司对危险单位的划分应当符合保险监督管理机构的规定。

（9）再保险规则。保险公司应当按照国务院保险监督管理机构的规定办理再保险，并审慎选择再保险接受人。

（10）资金运用规则。保险公司的资金运用必须稳健，遵循安全性原则。保险公司的资金运用限于在银行存款，买卖债券、股票、证券投资基金份额等有价证券，投资不动产和国务院规定的其他资金运用形式。

（11）报送有关报告、报表、文件和资料规则。保险公司应当按照保险监督管理机构的规定，报送有关报告、报表、文件和资料。保险公司的偿付能力报告、财务会计报告、精算报告、合规报告及其他有关报告、报表、文件和资料必须如实记录保险业务事项，不得有虚假记载、误导性陈述和重大遗漏。

（12）保险公司及其工作人员禁止性行为规则。

根据《保险法》的规定，保险公司及其工作人员在保险业务活动中必须遵守法律、行政法规，遵循自愿和诚实信用原则，遵循公平竞争原则，不得有下列行为：①欺骗投保人、被保险人或者受益人；②对投保人隐瞒与保险合同有关的重要情况；③阻碍投保人履行保险法规定的如实告知义务，或者诱导其不履行《保险法》规定的如实告知义务；④承诺向投保人、被保险人或者受益人给予保险合同规定以外的保险费回扣或者其他利益。

第四节 保险代理人与保险经纪人

【引例】

上海：携程保险代理公司因违规违法被警告并处罚款 10 万元

据《上海保监局行政处罚决定书》（沪保监罚〔2017〕33 号），2016 年度携程保险代理有限公司通过

携程旅行网销售保险产品过程中存在如下违法违规行为：①未明确披露承保公司、代理销售主体。在通过携程旅行网销售保险产品过程中，未明确列明承保主体和代理销售主体，未具体告知消费者承保公司、代理销售公司名称。②未明确披露产品条款信息及批备编号。在保险订单确认环节，罗列了全部合作的多家保险公司产品条款链接和备案号，未具体披露消费者所投保的保险产品适用哪家公司条款及相应备案号。

对于上述未对承保公司、代理销售主体信息作准确披露以及对所售保险产品的合同条款、批备编号信息披露不明确的行为，上海保监局认为其违反了《保险法》第 131 条第 2 项的规定，根据《保险法》第 171 条的规定，决定给予携程保险代理有限公司警告，并处罚款 10 万元。

一、保险代理人和保险经纪人的概念

保险代理人和保险经纪人是主要的保险中介人。为保护被保险人的合法权益，通过保险法律或行政法规的特别规定、行业的自律性规则以及保险中介合同等来规范保险代理人和保险经纪人的行为。

1. 保险代理人

保险代理人是指根据保险人的委托，向保险人收取佣金，并在保险人授权的范围内代为办理保险业务的机构或者个人。保险代理机构包括专门从事保险代理业务的保险专业代理机构和兼营保险代理业务的保险兼业代理机构以及个人保险代理人。保险代理人的分类见图 7.1。

图 7.1　保险代理人的分类

专业保险代理人是指专门从事保险代理业务的保险代理公司。兼业保险代理人是指受保险人委托，在从事自身业务的同时，指定专人为保险人代办保险业务的单位，主要是代理销售保险单，如银行代理。个人保险代理人是指根据保险人委托，向保险人收取代理手续费，并在保险人授权的范围内代为办理保险业务的人。应从以下几点来理解保险代理人的含义。

（1）保险代理制度究其本质属于民事代理制度的一种。适用民法关于民事代理的规定，即代理人必须以被代理人的名义代替被代理人实施民事法律行为；代理人必须在代理权限内实施民事法律行为；代理人在代理权限内独立为意思表示；代理行为所产生的法律后果直接由被代理人承担。

视野拓展

保险代理人与保险公司之间的纠纷是否属于劳动争议

（2）保险代理人必须与保险人订立委托代理协议。订立协议的目的是保险代理人接受保险人的委托代为办理保险业务，并依法约定双方的权利和义务及其他代理事项。

（3）保险代理人向保险人收取保险代理费。保险代理费是保险代理人代保险人办理保险业务所应当获得的报酬。

2. 保险经纪人

保险经纪人是基于投保人的利益，为投保人与保险人订立保险合同提供中介服务，并依法收取佣金的机构。应从以下几点来理解保险经纪人的含义。

（1）保险经纪人代表的是投保人的利益。保险经纪人接受投保人的委托，应当按照投保人的指示和要求行事。

（2）保险经纪人是为投保人与保险人订立保险合同提供中介服务之人。保险经纪人以自己的名义独立进行保险中介行为，对自己的行为承担完全责任。

（3）保险经纪人可以依法收取佣金。佣金是保险经纪人为投保人与保险人订立保险合同提供中介服务的报酬。

（4）保险经纪人必须是机构。保险监督管理机构依法对保险经纪人进行监督管理。在我国境内经营保险经纪业务必须经保险监督管理机构批准，未经保险监督管理机构批准，任何单位和个人不得在我国境内从事保险经纪活动。

保险代理人和保险经纪人的区别见表 7.1。

表 7.1　保险代理人和保险经纪人的区别

主体	独立代理人（保险代理公司）	专属代理人（保险公司业务员）	保险经纪人（保险经纪公司）
代表利益	代表保险公司的利益	代表保险公司的利益	代表客户（投保人）的利益
立场	保险公司的代理人	保险公司的代理人	投保人的代理人
存在形式	机构	个人	机构
承担的法律责任	其行为后果由保险公司承担相关的法律责任	其行为后果由保险公司承担相关的法律责任	因为经纪人的过错造成客户损失，经纪人独立承担相应的赔偿责任

二、保险代理人和保险经纪人的从业条件及其责任

对保险代理机构、保险经纪人的从业，应当具备保险监督管理机构规定的条件，取得保险监督管理机构颁发的经营保险代理业务许可证、保险经纪业务许可证，并缴存保证金或者投保职业责任保险，方可开展业务。

（一）保险代理人的义务和责任

从法律角度讲，强化保险代理人的法律义务并追究其违反义务的法律责任是保险代理法律完善的重要内容。保险代理人的义务主要包括保险代理人的基本义务、依照诚实信用原则应当履行的义务、代理人知晓的重要事项的通知义务。

1. 保险代理人的义务

第一，依照保险代理合同应履行的义务。

（1）订约说明的义务。基于投保单的事先拟定性与保险条款的专业性，保险代理人应当对保险条款作出明确说明，尤其是保险人的责任免除条款与投保人的主要权利限制条款，应当提请投保人足够注意。

（2）如实传达知悉事项的义务。在缔约过程中，投保方应当把保险标的或被保险人的情况如实告知保险人，供其决定是否承保以及保险费率的高低。代理人对于知悉的投保方的告知事项，要如实传达给保险人，如果代理人知悉而未告知保险人，则视为保险人已知悉且不得以此为由拒绝承担保险责任。

（3）危险及时通知的义务。代理人有义务把保险事故发生前的危险增加和保险事故发生的有关情形通知保险人，以便其及时采取相应措施，减少损失。

（4）及时转交单据的义务。代理人应当及时转交有关单据，尤其是投保单。因为投保单的交付时间决定着合同成立的时间及其效力的认定，从而决定保险责任的开始时间。

（5）代理收缴保险费的义务。代理人受保险人委托可以在业务范围内代收保险费，并有义务将收取的所有款项全部移交给保险人，实现保险人在保险契约中的主要权利。

第二，依照诚实信用原则应履行的义务。

（1）代理人的如实告知义务。保险代理人应当将足以影响投保人订立保险契约的有关情况予以告知，比如保险人的信誉度、业务情况，所提供险种的利弊及存在的风险等专业性、技术性较强的信息，真诚考虑投保人的利益，帮助其作出客观、理性的选择。

（2）代理人的保密义务。保险契约订立中，投保人为履行如实告知义务，将不便外人知悉的自身财产、人身健康状况告诉代理人，代理人有义务为其保密，这是诚实信用的基本要求。同样，职业道德也要求代理人不得泄露其在开展业务中不可避免知晓的保险人的商业秘密，避免给保险人造成损失。

第三，代理人知晓的重要事项的通知义务。

保险契约履行过程中，保险人的经营状况可能会由于某种原因而发生变动，如果此变动会影响投保人保险契约目的的实现，则代理人对此负有通知义务，因为代理人相比投保人，可以更加便利地、全方位地了解保险人的情况。

2. 保险代理人的责任

保险代理人根据保险人的授权代为办理保险业务的行为，由保险人承担责任。保险代理人没有代理权、超越代理权或者代理权终止后以保险人名义订立合同，使投保人有理由相信其有代理权的，该代理行为有效。保险人在对投保人承担责任后，可以依法追究越权的保险代理人的责任。

 **关联案例**

保险公司代理人的表见代理

乙有限责任公司（以下简称乙公司）向某保险公司投保了企业财产险，保险期为1年。保险期届满后，乙公司提出续保，向保险公司代理人甲递交了投保单，缴纳了保险费，财产保险金额为100万元。因特殊原因，甲未及时向保险公司交付保费和投保单，保险公司也没有签发保险单。

此后不久，乙公司发生火灾，库房及大部分物资烧毁，价值90万元。火灾后，乙公司及时通知了保险公司，并提出索赔要求。保险公司认为：因为自己既没有收到保险费，也没有核保、签发保险单，所以拒绝承担赔偿责任。乙公司不服，起诉至人民法院。

对此出现以下两种意见。

第一种意见认为：乙公司虽然向保险公司代理人甲递交了投保单，缴纳了保险费，但是，保险公司没有收到保险费，也没有核保、签发保险单，保险合同尚未成立。因此，保险公司不应当承担保险责任。

第二种意见认为：甲是保险公司的代理人，代理人接受投保单和保险费的行为，应视为保险公司自己的行为。该接受行为是对订立保险合同的要约行为的承诺，是有效的，表明保险合同已经成立。保险公司应当承担保险责任。

人民法院认为：乙公司有理由认为甲具有代理权，作为被代理人的保险公司应当依照保险合同的约定承担赔偿责任，于是判决保险公司赔偿乙公司保险金90万元。

（二）保险经纪人的责任

保险经纪人承担的责任主要表现为对委托人的责任，具体如下。

（1）遵从保险委托人的指示。保险经纪人必须在授权范围内为意思表示，遵照委托人的指示，并对未严格服从保险委托人的指示而产生的损害承担赔偿责任。

（2）善意地为委托人服务。保险经纪人必须善意为保险委托人服务，避免采取与委托人利益相冲突的行为。保险经纪人往往代表一个以上的委托人，在存在利益冲突的前提下，保险经纪人不能将一个委托人的信息不经该委托人的同意给予另一委托人。在保险经纪人同时为保险人处理业务的情况下，由于利益冲突无法履行义务时，保险经纪人必须承担赔偿责任。无论何时保险经纪人必须最大诚信地为保险委托人处理保险事宜，给予保险委托人客观独立的建议。如果保险经纪人提供了错误的建议或未能提供合理审慎的建议，导致委托人受到损失，则应当承担赔偿责任。

（3）照管委托人的利益。保险经纪人照管委托人的利益必须具有相应的专业知识。必须符合委托人的利益，应该按照保险委托人的要求为其安排保险；选择保险公司时必须注意经营范围和经营许可、偿付能力等。

保险经纪人因过错给投保人、被保险人造成损失的，依法承担赔偿责任。

知识点测试

一、单项选择题

1. 保险利益是指投保人或者被保险人对保险标的具有（　　）的利益。
A．法律上承认　　　　　　　　　　B．保险人承认
C．保险合同上承认　　　　　　　　D．保险赔偿时承认

2.《保险法》第5条规定：保险活动当事人行使权利、履行义务应当遵循（　　）原则。
A．尊重社会公德　　B．平等互利　　　C．自愿有偿　　　　D．诚实信用

3. 人身保险的投保人在（　　）时应对被保险人具有保险利益，财产保险的投保人在（　　）时应对保险标的具有保险利益。
A．保险合同订立；保险合同订立　　B．保险事故发生；保险事故发生
C．保险事故发生；保险合同订立　　D．保险合同订立；保险事故发生

4. 保险合同成立后，除《保险法》另有规定或者保险合同另有约定外，（　　）可以解除合同，（　　）不得解除合同。
A．保险人；投保人　　　　　　　　B．投保人；保险人
C．被保险人；保险人　　　　　　　D．受益人；保险人

5. 投保人为其具有劳动关系的劳动者投保人身保险，不能指定（　　）为受益人。
A．被保险人　　　　　　　　　　　B．被保险人所在单位的负责人
C．被保险人的配偶　　　　　　　　D．被保险人的子女

6. 借款人以价值30万元的房屋作抵押向银行贷款15万元，银行为此抵押房屋投保，房屋因保险事故全损，银行作为被保险人，保险公司应赔付（　　）。

A．30万元，因为该房屋的实际价值是30万元

B．银行最多损失15万元及利息，保险公司不用赔付30万元

C．由银行与保险公司在15万元与30万元之间协商赔付的额度

D．由银行、借款人和保险公司三者协商协赔付的额度

7．近因原则是保险补偿应遵循的重要原则之一，下列说法错误的是（　　）。

A．单一原因造成损失。如果造成损失的原因（危险）是单一的，且其属于保险合同约定的承保风险，即为近因

B．如果在多种原因致损的情况下，一般而言，近因指持续地起决定或支配作用的原因

C．近因是指时间上最接近损失的原因

D．对于直接促成结果的原因，效果上有支配力或有效的原因即为近因

8．关于人身保险，下列说法错误的是（　　）。

A．对于人身保险中人寿保险的保险费，保险人不得以诉讼的方式要求投保人支付

B．人身保险和财产保险一样同样适用代位求偿权

C．投保人不得为无民事行为能力人投保以死亡为给付金条件的人身保险，但父母为未成年子女投保的人身保险除外

D．以被保险人死亡为给付保险金的合同，被保险人自杀的，保险人享有不承担给付保险金的权利

二、多项选择题

1．关于保险格式合同的描述，正确的是（　　）。

A．采用保险人提供的格式条款订立的保险合同中，免除保险人依法应承担的义务或者加重投保人、被保险人责任的条款无效

B．采用保险人提供的格式条款订立的保险合同中，排除投保人、被保险人或者受益人依法享有的权利的条款无效

C．采用保险人提供的格式条款订立的保险合同，保险人与投保人、被保险人或者受益人对合同条款有争议的，人民法院或者仲裁机构应当作出有利于被保险人和受益人的解释

D．订立保险合同，采用保险人提供的格式条款的，保险人向投保人提供的投保单应当附格式条款，保险人应当向投保人说明合同的内容

2．保险合同中约定分期支付保险费的，投保人支付首期保险费后，除合同另有约定外，投保人在（　　）情形下，会造成合同的中止。

A．自保险人催告之日起超过20日未支付当期保险费

B．自保险人催告之日起超过30日未支付当期保险费

C．超过约定的期限50日未支付当期保险费

D．超过约定的期限60日未支付当期保险费

3．对于人身保险合同中保险利益的描述，下列说法中不正确的是（　　）。

A．投保人对与其有劳动关系的劳动者不具有保险利益

B．被保险人同意投保人为其订立合同的，视为投保人对被保险人具有保险利益

C．订立合同时，投保人对被保险人不具有保险利益的，合同无效

D．保险事故发生时，投保人对被保险人不具有保险利益的，合同无效

4．在人身保险合同中，保险金作为被保险人的遗产，由保险人依照《民法典》继承编中的规定履行给付保险金的义务的情形有（　　）。

A．被保险人死亡后，没有指定受益人

    B．受益人指定不明无法确定的

    C．受益人先于被保险人死亡，没有其他受益人的

    D．受益人依法丧失受益权或者放弃受益权，没有其他受益人的情况下

5．下列有关财产保险合同的描述，正确的是（　　）。

    A．保险事故发生后，被保险人仅可按其实际所受的损害请求保险人赔偿，不得获取超过实际损失的赔偿

    B．为了防止被保险人获得超额赔偿，法律对重复保险实行责任分摊原则

    C．财产保险实行保险代位的原则

    D．财产保险合同的标的既可以是有形的物质财富，也可以是无形的与财产有关的利益

6．财产保险中保险标的转让的情形，下列说法正确的是（　　）。

    A．保险标的转让的，保险标的的受让人承继被保险人的权利和义务

    B．保险标的转让的，被保险人或者受让人应当及时通知保险人，但货物运输保险合同和另有约定的合同除外

    C．因保险标的转让导致危险程度显著增加的，保险人自收到被保险人或受让人的通知之日起 30 日内，可以按照合同约定增加保险费或者解除合同

    D．保险标的转让未通知保险人的，保险人并不一定不承担相关保险责任

7．对于重复保险的描述，下列说法中不正确的为（　　）。

    A．重复保险的投保人应当将重复保险的有关情况通知各被保险人

    B．重复保险的各保险人赔偿保险金的总和不得超过保险价值

    C．重复保险的投保人可以就超过保险金额和保险价值的部分，请求各保险人按照比例返还保险费

    D．重复保险的被保险人可以就超过保险金额和保险价值的部分，请求各保险人按照比例返还保险费

8．保险公司及其工作人员在保险业务活动中不得有下列哪些行为？（　　）

    A．欺骗投保人、被保险人或者受益人及对投保人隐瞒与保险合同有关的重要情况

    B．阻碍投保人或者诱导其不履行《保险法》规定的如实告知义务

    C．挪用、截留、侵占保险费

    D．拒不依法履行保险合同约定的赔偿或者给付保险金义务

三、判断题

1．当保险合同双方对保险条款和措辞产生争议的时候，一项条款或词语可以作出两种或两种以上的解释时，应当作出对被保险人有利的解释。（　　）

2．保险凭证上记载的内容，因为不是保险合同的全部内容，所以不能像保险单一样具有同等的法律效力。（　　）

3．保险利益具有合法性、确定性，是可用金钱计算的利益。（　　）

4．代位求偿权只存在于财产保险中，人身保险中不存在代位求偿权。（　　）

5．在财产保险和人身保险中，投保人都可以指定受益人。（　　）

6．保险人是保险合同这一格式合同的制订者，各国立法都规定保险人不得随意解除保险合同，除非投保人一方有违约或违法行为。（　　）

7．人身保险合同中，没有指定受益人的，被保险人死亡后，保险金作为投保人的遗产处理。（　　）

8．保险合同主体包括保险合同当事人、保险合同关系人和保险合同辅助人。（　　）

四、案例分析题

案例一

某厂女工张某于 2016 年 6 月 22 日为郝某投保（郝某与张某为婆媳关系）。经郝某同意后，张某购买 10 年期简易人身保险 15 份，指定受益人为郝某之孙、张某之子甲，甲时年 12 岁。保险费按月从张某的工资中扣缴。交费一年零八个月后，张某与被保险人之子乙离婚，人民法院判决甲随乙生活。离婚后，张某仍自愿每月从自己工资中扣缴这笔保险费，从未间断。2019 年 2 月 20 日，被保险人郝某病故。同年 4 月，张某向保险公司申请给付保险金。与此同时，乙提出被保险人是其母亲，指定受益人甲又随自己生活，应由他作为监护人领取这笔保险金。张某则认为投保人是她，交费人也是她，而且她是受益人甲的母亲，也是甲合法的监护人，这笔保险金应由她领取。保险公司则以张某因离婚而对郝某无保险利益为由拒绝给付保险金。

问题：（1）张某要求给付保险金的请求是否合理？为什么？

（2）乙要求给付保险金的请求是否合理？为什么？

（3）保险公司拒付理由是否成立？为什么？

案例二

2017 年 6 月 4 日，甲纺织厂与 A 保险公司签订了企业财产保险合同。保险金额为人民币 100 万元，保险期为 1 年，即自 2017 年 6 月 5 日零时起至 2018 年 6 月 4 日 24 时止。2017 年 8 月 9 日，甲纺织厂失火，厂方领导积极进行扑救，但是由于火势太大，扑救工作困难，共花去人民币 10 万元；且全厂财产全部被烧毁。事故发生后，甲纺织厂立即向保险公司报了案，保险公司委托有关部门对保险事故进行调查，调查结论为：火灾系由天气太热，纺织厂仓库底部货物突然自燃所引起，企业财产事故发生前价值人民币 90 万元。此次调查共花去费用 5 万元。

问题：（1）扑救火灾的费用应由谁负责？为什么？

（2）有关部门的调查费用应由谁负责？为什么？

（3）保险公司应向纺织厂支付赔款多少？为什么？

课 外 实 训

背景资料

保险合同免责条款被判不免责案

原告：徐某

被告：A 保险股份有限公司 C 中心支公司

2018 年 3 月 15 日，经过被告 A 保险股份有限公司 C 中心支公司电话营销，原告徐某向被告购买机动车商业保险。保险险种为车辆损失综合险（全损保额为 81 737.6 元、分损保额为 114 800 元）、第三者责任险（每次事故赔偿限额为 30 万元）等，保险期限自 2018 年 3 月 18 日零时起至 2019 年 3 月 17 日 24 时止，在特别约定中注明，本保单车辆损失综合险、第三者责任险包含不计免赔险。车辆损失综合险的免责条款中约定：应当由事故的其他责任方按照机动车交通事故强制保险合同的约定赔偿的部分，保险公司不负责赔偿；发生事故时，保险车辆在规定的检验期限内未进行安全技术检验或检验未通过的，保险公司不负赔偿责任。

同年 4 月 22 日 11 时 50 分许，原告徐某驾驶保险车辆在 C 市解放东路的 T 字形路口，因不慎驾驶，与一车辆发生交通事故。经 C 市道路交通事故保险理赔服务中心勘察，认定原告负事故的全部责任。同时，被告保险公司对原告徐某的受损车辆进行定损，出具定损报告，并确定受损金额为 850 元。但当原告将相关索赔材料提供给被告时，被告认为，事故发生时被保险车辆行驶证逾期未检验，因而拒绝赔偿。

人民法院审理认为，免责条款是发生保险事故后，按照保险合同的其他约定完全应当赔付但依据该条款的存在而免除保险人责任的条款。在订立保险合同时，保险人应当对免责条款予以提示并加以明确说明；未作提示或明确说明的，该条款不产生法律效力。保险人对其履行明确说明义务负有举证责任。本案中，原告通过被告电话营销方式购买保险，被告未能举证证明其对免责条款履行明确说明义务，免责条款不生效，故原告与被告达成的保险合同除免责条款外的其他条款是当事人真实意思的表示，属有效合同。原告的保险车辆在保险期限内发生保险事故，原告要求被告对受损车辆予以理赔的诉讼请求符合法律规定，人民法院予以支持。被告以免责条款中的驾驶车辆未在规定期限内检验为由要求予以拒赔，于法无据，人民法院不予采信，遂判决被告支付原告徐某保险理赔款人民币 850 元。

实训知识领域	实训目的	实训提示
对保险合同条款的解释和说明义务。 **实训方式** 课堂辩论。	（1）加强对保险电话营销的认识。 （2）从《合同法》对格式条款的规定到《保险法》对合同条款的解释和说明义务来理解对投保人权益的保护。	

第八章

金融信托和金融租赁法律规范

【学习指导】

学习要点	衔接的主要核心专业课程	课外要求
1. 掌握金融信托法律关系和信托投资公司的业务及经营规则。 2. 明确金融租赁合同的法律规定。	金融基础、金融创新、公司理财等。	结合金融形势的发展，关注金融信托理财的新途径、创新以及金融租赁新领域的涉法问题，并搜集相关材料，拓展自己的知识。

第一节　金融信托法律规范

【引例】

2016 年 11 月，甲金融信托投资公司（以下称甲信托）推出"H 省 A 公路贷款信托计划"。该计划的资金规模为 9000 万元，贷款年利率为 7.1%，期限不超过 3 年。同年，乙公司及丙公司与甲信托签订该公路的信托合同，分别将两笔 4000 万元信托资金交付甲信托作为信托财产。随后，个人投资者张某也在签署相关合同后将 1000 万元信托资金交付甲信托用于购买 A 公路建设项目公司股权。

2019 年 9 月，A 公路信托项目计划到期后，信托资金使用人已严重资不抵债，公路项目也被迫停建。因投资信托计划失败，乙公司等三原告以甲信托违背信托管理职责、处理信托事务不当、有严重过错为由，于 2020 年共同将甲信托诉至人民法院。其中，乙公司及丙公司要求退还信托财产的损失本金及利息各 4401.53 万元，张某索赔本金及利息 1054.73 万元，三原告要求退还总金额近亿元。而甲信托也就该项目向 H 省 A 公路及担保方提起了起诉。

一、金融信托概述

所谓金融信托，是指信托投资公司作为受托人，依照委托人的要求或指明的特定目的，按委托人的意愿以自己的名义，收受、管理或运用货币资金、有价证券和其他财产等的金融业务。它是在实物信托的基础上演变和发展起来的，是现代信用经济发展的必然产物。在我国，金融信托业务是由信托投资公司办理的。

（一）金融信托的特征

金融信托具有以下法律特征。

（1）对受托人有特定要求。在我国，受托者必须是符合法定条件并经审核批准的非银行信托投资公司，因《商业银行法》规定商业银行不得经营信托业务，所以受托人指经批准后的信托投资公司。

（2）金融信托是从单纯保管、运用财产的信托发展而来的现代信托，具有资金融通和财产管理的双重职能。

（3）金融信托必须采用书面形式设立，并通过签订合同明确信托各方的权利义务。

（4）金融信托业务是一种他主经营行为，即受托人要按照委托人的意旨被动地开展具体业务，因此，受托人对信托财产运用风险仅负有限责任。这种有限责任主要限定受托人要对因违背信托目的而造成信托财产损失负赔偿责任。在我国，信托业务风险的承担因信托的具体情形不同而不同：信托存款的风险全部由受托人承担；委托贷款与投资的主要风险由委托方承担；甲类信托贷款与投资风险主要由委托方承担；乙类信托贷款与投资风险由委托人和受托人按约定的比例承担。

（5）金融信托是信托投资公司以营利为目的而开办的一项金融业务，因此，受托信托投资公司根据业务的性质，按照实绩分红的原则，依法取得一定的收益和报酬。

微课堂

金融信托和金融信托法律关系

问：信托财产是信托投资公司的固有财产吗？

（二）金融信托的职能

金融信托具有多种职能，但最基本、最主要的职能有以下三个。

1. 财务管理职能

财务管理是金融信托最基本的职能。它是指信托投资公司接受财产所有者的委托，为其管理、处理财产或代办经济事务等。比较典型的管理行为有委托投资、委托贷款等；典型的处理行为有代为出售或转让信托财产；代办事务则主要包括代收款项、代为发行和买卖有价证券等。

2. 融通资金职能

融通资金是指信托投资公司通过办理信托业务，为建设项目筹措资金，或对其他客户给予资金融通和调剂的职能。主要表现为三个方面：一是货币资金的融通，信托投资公司将货币资金无论用于贷款、投资或购买、出售有价证券，都能发挥融资的职能；二是通过融资租赁，实现物资上的融通与货币资金的融通；三是通过受益权的流通转让而进行的货币资金融通。

3. 沟通和协调经济关系的职能

金融信托业务是一种多边经济关系，信托投资公司作为委托人与受益人的中介，在开展信托业务过程中，要与诸多方面发生经济往来，是天然的横向经济联系的桥梁和纽带。通过办理金融信托业务，特别是代办经济事务为经济交易各方提供信息、咨询和服务，发挥沟通和协调各方经济联系的职能。

二、金融信托法和金融信托法律关系

在国际上，信托、银行、证券、保险并称为现代金融业的四大支柱。信托业所提供的信托服务具有独特的内涵和运行规则，该内涵和运行规则由《信托法》单独确立，是任何一种其他金融服务都无法涵盖的。

（一）金融信托法

金融信托法是调整金融信托关系的法律规范的总称。

金融信托关系是指信托当事人之间的社会关系，包括委托人和受托人之间的委托关系、受托人与受益人之间的利益转移关系以及国家金融监督管理部门对信托活动及信托投资公司的监督管理关系。

金融信托法包括信托基本法和信托业法。信托基本法是规定信托基本关系的法律规范，其内容包括信托财产、信托当事人（委托人、受托人、受益人）的资格及各自的权利义务、信托的类别及设立和终止等。信托业法是规定信托投资公司的组织及其业务监管的法律规范，其内容包括信托投资公司的性质、业务范围、组织形式、设立条件及程序、变更、终止、经营规则、监督管理等。金融信托法是金融法体系中的重要组成部分。

（二）金融信托法律关系

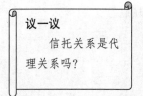

议一议
　　信托关系是代理关系吗？

金融信托法律关系是指金融信托业务因被《信托法》及相关法规调整而形成的法律关系。金融信托业务是指信托投资公司以营业和收取报酬为目的，以受托人身份承诺信托和处理信托事务的经营行为。

金融信托法律关系和一般的法律关系一样，包括主体、客体和内容。

1. 金融信托法律关系的主体

金融信托法律关系主体或称信托关系人，是指能够参加信托法律关系，依法享有权利和承担义务的当事人，包括委托人、受托人和受益人。

委托人是指通过信托将自己的财产转移给受托人管理或处理，从而导致信托关系成立的人，包括具有完全民事行为能力的自然人、法人或者依法成立的其他组织。

受托人是指接受委托人的委托对信托财产负有管理和处分责任的人。受托人应当自己处理信托事务；受托人依法将信托事务委托他人代理的，应当对他人处理信托事务的行为承担责任。在金融信托中受托人主要为信托投资公司。

受益人是指因受托人管理、处分信托财产而享受信托利益的人。受益人较少受到限制，只要在受益权有效期内具有权利能力即可。因此，未成年人甚至未出生的胎儿都可以成为受益人。受益人和委托人可以是同一人，也可以不是同一人；受托人可以是受益人，但不是同一信托的唯一受益人。

2. 金融信托法律关系的客体

金融信托法律关系的客体是指金融信托法律关系主体的权利和义务所共同指向的对象，也即借以产生信托法律关系的信托财产。信托投资公司因信托财产的管理、运用、处分或者其他情形而取得的财产，也归入信托财产。法律、行政法规禁止流通的财产，不得作为信托财产；法律、行政法规限制流通的财产，依法经有关主管部门批准后，可以作为信托财产。

信托财产不属于信托投资公司的固有财产，也不属于信托投资公司对受益人的负债。信托投资公司终止时，信托财产不属于其清算财产。

能够成为信托投资公司经营对象的信托财产主要有货币、有价证券、金钱债权、动产和不动产等有形财产。无形资产一般不能成为金融信托的财产。如在我国专利权、商标权和著作权就不能成为信托财产。

《信托投资公司管理办法》第 8 条规定："信托投资公司管理或者处分信托财产，必须恪尽职守，履行诚实、信用、谨慎、有效管理的义务。"

3. 金融信托法律关系的内容

金融信托法律关系的内容是指金融信托法律关系的主体（即委托人、受托人和受益人）所享有的权利和承担的义务，详见表8.1。

表 8.1　信托法律关系主体的权利和义务

主体	权利	义务
委托人	受托人选择权、知情权，以及受托人接任和重新选任权、信托财产归复权、损害赔偿请求权、对信托财产强制执行异议权等	转移信托财产、支付报酬、不得干预受托人正常的管理活动等
受托人	拥有信托财产名义或法律上的所有权、以手续费或佣金的形式获取报酬权、优先受偿权、辞任权等	履行善管人责任、亲自处分信托事务、分别管理信托财产、不享受信托收益、不得自我交易、向受益人支付信托利益等
受益人	信托财产收益权、信托收益请求权、撤销权与损害赔偿请求权、与委托人共有的权利（知情权、解任权、强制执行异议权等）	向受托人支付管理信托财产的费用等

 **关联案例**

信托违规应担责

某市甲信托投资公司（以下称甲信托）在与乙企业签订的信托合同中约定，由甲信托负责将乙企业的自有闲余资金 3000 万元用于投资，期限为四年。甲信托在对该笔资金运营的过程中发生了如下事件。

（1）主管部门在年度检查中，发现甲信托将乙企业的信托资金存放在自己的资金账户上进行管理，且未单独立账。

（2）在该笔资金用于投资两年后，乙企业得到了丰厚回报，甲信托提出自下一年度起按投资回报的三成分享收益。

（3）第四年，甲信托因业务繁忙，无暇专顾，委托丙信托投资公司管理营运乙企业信托资金中的 800 万元，后者因管理不慎，造成了 300 万元的损失。

问题：（1）甲信托对乙企业的信托财产在账目设立管理上存在什么问题？

（2）甲信托能否要求与乙企业按投资回报的三成分享收益？为什么？

（3）甲信托将 800 万元信托资金委托丙信托投资公司管理营运的行为是否恰当？为什么？造成的 300 万元损失由谁承担？

分析要点：（1）因为信托财产不属于其固有财产，所以甲信托必须将信托财产与其固有财产分别管理、分别记账。

（2）甲信托不能要求分享收益。根据《信托法》的规定，受托人只能以手续费或佣金形式取得报酬，不得以信托财产投资收益分成的方式取得报酬。

（3）不恰当。信托关系中，委托人是基于对受托人能力及品格的信任才设立信托的，因此，信托事务一般都需由受托人亲自处理，只有在信托文件另有规定或者有不得已的事由时，受托人才可委托他人代为处理。

本案中，甲信托违反信托义务，应对造成的 300 万元损失承担赔偿责任。至于丙信托投资公司是否应对甲信托承担责任，那是另一层法律关系。

三、信托投资公司

信托投资公司即金融信托投资公司。信托投资公司是指依照《公司法》和《信托公司管理办法》的规定，经银行业监督管理机构批准，并领取"信托公司法人许可证"而设立的主要经营信托业务的非银行金融公司。

（一）信托投资公司的设立、变更与终止

信托投资公司设立、变更、终止的审批程序，按照银行业保险业监督管理机构的规定执行。

1. 信托投资公司的设立

设立信托投资公司需要满足以下条件：①符合《公司法》和银行业监督管理机构规定的公司章程；②具备银行业监督管理机构规定的入股资格的股东；③符合《信托投资公司管理办法》规定的不低于人民币 3 亿元的注册资本；④符合银行业监督管理机构规定任职资格的高级管理人员和与其业务相适应的信托从业人员；⑤具有健全的组织、信托业务操作规则和风险控制制度；⑥有符合要求的营业场所、安全防范措施和与业务有关的其他设施；⑦银行业监督管理机构规定的其他条件。

申请设立信托投资公司的单位，应向当地银行业监督管理机构提交以下资料：①设立信托投资公司的申请书；②上级主管部门的审批意见书；③组织章程，内容包括公司名称、法定地址、企业性质、经营宗旨、注册资本数额、业务范围和种类、组织形式、经营管理等事项；④有关部门出具的验资证明；⑤公司领导人名单及简历。

2. 信托投资公司的变更

信托投资公司的变更包括变更名称、变更注册资本金、变更公司住所、改变组织形式、调整业务范围、更换高级管理人员、变更股东或者调整股权结构（持有的上市股份有限公司流通股份未达到公司总股份 10% 的除外）、修改公司章程、合并或者分立、银行业监督管理机构规定的其他变更事项。就上述某一项或某几项的改变，应当经银行业监督管理机构批准。

3. 信托投资公司的终止

信托投资公司的终止包括因解散而终止、因违法经营而终止和因破产而终止三种情况。

（1）因解散而终止。信托投资公司因分立、合并或者公司章程规定的解散事由出现，申请解散的，经银行业监督管理机构批准后解散，并依法组织清算组进行清算。

（2）因违法经营而终止。信托投资公司因违法违规经营、经营管理不善等原因，不能支付到期债务，不撤销将严重损害社会公众利益、危害金融秩序的，由银行业监督管理机构根据《金融公司撤销条例》予以撤销。

（3）因破产而终止。信托投资公司不能支付到期债务，经银行业监督管理机构同意，可向

人民法院提出破产申请。

（二）信托投资公司的业务及经营规则

1. 信托投资公司的业务

信托投资公司的经营范围由公司章程规定，报银行业监督管理机构批准。

（1）信托投资公司可以申请经营的部分或者全部本、外币业务，包括：①受托经营资金信托业务，即委托人将自己合法拥有的资金，委托信托投资公司按照约定的条件和目的，进行管理、运用和处分；②受托经营动产、不动产及其他财产的信托业务，即委托人将自己的动产、不动产以及知识产权等财产、财产权，委托信托投资公司按照约定的条件和目的，进行管理、运用和处分；③受托经营法律、行政法规允许从事的投资基金业务，作为投资基金或者基金管理公司的发起人从事投资基金业务；④经营企业资产的重组、并购及项目融资、公司理财、财务顾问等中介业务；⑤受托经营国务院有关部门批准的国债、政策性银行债券、企业债券等债券的承销业务；⑥代理财产的管理、运用和处分；⑦代保管业务；⑧信用见证、资信调查及经济咨询业务；⑨以固有财产为他人提供担保；⑩银行业监督管理机构批准的其他业务。

（2）信托投资公司可以依照《信托法》的有关规定，接受为公益目的而设立的公益信托。

（3）经营业务的其他规定，包括：①管理、运用信托财产时，可以依照信托文件的规定，采取出租、出售、贷款、投资、同业拆放等方式进行；②可以根据市场需要，按照信托目的、信托财产的种类或者对信托财产管理方式的不同设置信托业务品种；③信托投资公司所有者权益项下依照规定可以运用的资金，可以存放于银行或者用于同业拆放、贷款、融资租赁和投资，但自用固定资产和股权投资余额总和不得超过其净资产的80%；④经银行业监督管理机构批准，信托投资公司可以办理同业拆借。

2. 国内信托投资公司的经营业务

在国内，信托投资公司经营业务，包括以下方面。

（1）资金信托。资金信托是我国信托投资公司接受委托人的货币资金作为信托财产而成立的信托，是目前办理的主要信托业务。它包括信托存款、信托贷款、信托投资、委托贷款、委托投资等业务。

（2）信托投资。信托投资是信托投资公司用自有资金或自筹的资金进行的投资。信托投资要按计划性、可行性、效益性、互利性的原则，依据一定的条件进行投资。投资程序依次为项目的筛选、评估、谈判、确立、执行和终止等阶段。

（3）委托贷款。委托贷款或称指定资金信托，是指信托投资公司接受委托人的委托，在委托人存入的委托存款额度内，按其指定的对象、用途发放的贷款，并负责到期收回贷款本息的一项金融信托业务。

3. 国际金融信托业务

我国国际金融信托业务主要是指中国国际信托投资公司、各地方的国际信托投资公司及经营外汇业务的信托投资公司采用信托方式，以吸收和运用外资、引进国外先进技术和设备为目的的信托业务。它主要包括国际信托投资业务、在境外发行和代理发行外币有价证券业务、对外担保见证业务及国际咨询业务等。

四、对信托投资公司的监督管理

我国《信托公司管理办法》的立法宗旨在于加强对信托投资公司的监督管理，规范其经营行为。

1. 禁止性行为

信托投资公司禁止出现以下行为：①利用受托人地位谋取不当利益；②将信托财产挪用于非信托目的的用途；③承诺信托财产不受损失或者保证最低收益；④以信托财产提供担保；⑤法律法规和国务院银行业监督管理机构禁止的其他行为。

2. 信息披露要求

信托投资公司开展关联交易，应以公平的市场价格进行，且事前逐笔向银行业监督管理机构报告，并按照有关规定进行信息披露。

3. 监督和管理

首先，信托投资公司应当建立完备的内部决策、激励与约束机制，强化管理制度和内部控制制度，并报银行业监督管理机构备案。

其次，严格接受银行业监督管理机构的监管。监管的主要内容包括：①应当建立健全的财务会计制度以及严格的年度财务会计报表的审计；②接受银行业监督管理机构对公司的董事、高级管理人员的任职资格审查；③银行业监督管理机构有权对其经营活动进行定期或者不定期的检查，并依照规定要求其提供有关业务、财务等报表和资料；④每年信托投资公司应从税后利润中提取5%作为信托赔偿准备金，但该赔偿准备金累计总额达到公司注册资本的20%时，可不再提取；⑤信托投资公司的赔偿准备金应存放于经营稳健、具有一定实力的境内商业银行，或者用于购买国债等低风险、高流动性证券品种；⑥信托投资公司已经或者可能发生信用危机，严重影响受益人合法权益的，银行业监督管理机构可以依法对该信托投资公司进行接管或者督促公司重组。

最后，信托投资公司可以加入中国信托业协会，实行行业自律。

第二节　金融租赁法律规范

【引例】

2014年7月，某金融租赁公司（以下简称金融租赁公司）和天津某照相制版印刷公司（以下简称制版印刷公司）签订了一份融资租赁合同。合同约定：金融租赁公司根据制版印刷公司要求，购买一台日产小森单张纸胶印机，出租给制版印刷公司使用；租赁期限为36个月，租金总额约675万元，租金每月支付一次。

合同同时规定：在租赁期内，租赁物所有权属于金融租赁公司，如制版印刷公司逾期不支付租金或发生关闭、停产、被诉、被查封等情况，金融租赁公司可以要求终止合同、收回租赁物并有权处分租赁物；在租赁期间，金融租赁公司可将合同的全部或部分权利转让给第三方。同年8月，金融租赁公司与制版印刷公司到某区某公证处对上述合同进行了公证。此后，金融租赁公司购买了设备并交付制版印刷公司。

1. 金融租赁公司为还债将合同权利转给银行

该金融租赁公司是某银行T市某支行（以下简称T市某支行）的贷款客户，拖欠T市某支行贷款本息。双方于 2015 年 5 月签订以资抵债协议。根据协议规定，由金融租赁公司以其拥有的资产作价抵偿其拖欠 T 市某支行的债务，抵债资产包括 93 份融资租赁合同项下的租赁物所有权和应收款项，金融租赁公司与制版印刷公司之融资租赁合同亦在其中。2017 年 4 月，T 市某支行向制版印刷公司发出通知，将其受让金融租赁公司租金收益权和租赁物所有权之情况告知制版印刷公司，并要求制版印刷公司支付拖欠的自 2015 年 6 月 24 日后的租金。

2. 制版印刷公司拖欠租金后因他案被查封

制版印刷公司收到通知后，于 2017 年 11 月支付了 2015 年 6 月、7 月两期租金，余款再未支付。T 市某支行遂向 T 市某区人民法院提起诉讼。2019 年 4 月，某区人民法院出具民事调解书，制版印刷公司承诺归还 T 市某支行欠款本息 355 万余元，于 2019 年 8 月 30 日前付清。但此后制版印刷公司并未按约付款。

制版印刷公司因涉及多起诉讼已停产，财产被 T 市某区人民法院查封，系争设备亦在查封之列。

3. 银行诉请确认所有权归己

T 市某支行向 T 市某区人民法院起诉，要求确认系争设备所有权归属自己。2020 年 4 月，人民法院受理了此案。2020 年 10 月，人民法院公开开庭审理此案，制版印刷公司未到庭，人民法院依法进行缺席审理。人民法院结合原告提供的证据及当事人陈述，判决：系争设备为原告所有；如果被告未按本判决指定的期间履行给付金钱的义务，应当依照《民事诉讼法》第 253 条的规定，加倍支付迟延履行期间的债务利息；案件受理费 3.3 万余元由被告负担。

案例提示： 租赁物不属于破产财产。

这是一桩有关融资租赁设备所有权转移的诉讼，类似通常所说的"三角债"。金融租赁公司无力还债，遂将融资租赁合同中租赁设备所有权和应收款项转给银行；印刷企业停产，包括所租设备在内的财产被查封，也无力给银行租金；银行因设备被查封无法实现权利，只有通过诉讼确认对设备的所有权。

人民法院最终确认设备为 T 市某支行所有，根据是我国《民法典》的规定：承租人破产的，租赁物不属于破产财产。

一、金融租赁和金融租赁法

金融租赁是指出租人根据承租人对租赁物和供货人的选择或认可，将其从供货人处取得的租赁物按合同约定出租给承租人占有、使用，向承租人收取租金的交易活动，适用于融资租赁交易的租赁物为固定资产。

1. 金融租赁的特征

金融租赁既可用以中长期固定资产融资，同时又允许承租人提前归还租金，因此又兼具短期融资的优点。其特点具体体现在以下几个方面。

（1）金融租赁是由出租人先融通资金，购进用户所需设备，然后租给承租人，设备的所有权在租赁期内始终归属于出租人。

（2）金融租赁涉及出租人（租赁公司）、承租人和供应商（租赁物销售商）三方当事人和三个合同——购买合同、融资租赁合同和租赁物销售商对租赁物使用过程中的服务合同，见图 8.1。

（3）金融租赁以承租人对设备的长期使用为前提。

（4）租赁期满，承租人对租赁设备有留购、续租

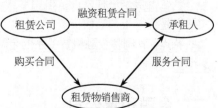

图 8.1 融资租赁当事人之间的合同关系

或退回出租人三种选择权。

（5）承租人对设备和供应商具有选择的权利和责任。

2．金融租赁的种类

可从不同角度对金融租赁进行分类，按交易的程度，可分为以下几种。

（1）直接租赁，或称"自营租赁"，是金融租赁的最主要形式。在这种租赁形式下，租赁公司以筹措的资金，从国内外厂商手中购进承租人所需设备，再租给承租人使用。承租人按设备折旧和利润收入分期向租赁公司支付租金，自己负责设备的安装、保养、维修、支付保险费和缴纳税金，并在租期届满时以象征性货价买下残值设备。

（2）回租，或称"回租租赁"，是指承租人将自己的厂房、设备按账面价格或重估价格卖给出租人（纸上买卖），取得急需资金用作其他用途，然后再将设备租回使用的租赁方式。

（3）转租，或称"转租赁"，是指租赁公司同时具备承租人和出租人身份的一种租赁方式。

（4）杠杆租赁，又称"代偿贷款租赁"，是指出租人以待购设备作为抵押物，并同时以租金收益权作为贷款的担保，向银行或其他金融机构贷款，购买设备出租给承租人，以租金作为出租人偿还贷款的来源。这是由贸易方政府向设备出租者提供减税及信贷刺激，使租赁公司以较优惠条件进行设备出租的一种方式。它通过财务杠杆原理，使出租人以较少的投资来组织一项高度资本集约型资产的长期融资租赁。杠杆租赁主要运用于大型设备及基础设施项目的购建。如以飞机、船舶、卫星系统等为标的的租赁。杠杆租赁的最大特点是出租人自筹购买设备所需资金的一部分，通常为总金额的 20%～40%，其余资金向金融机构贷款获得，从而使出租人以较少的投资拥有设备的所有权，并通过出租获取收益。其法律关系通常包括四个基本当事人，即出租人、承租人、贷款人和供货人；三个基本合同，即购货合同、租赁合同和贷款合同。

（5）项目金融租赁，是一种创新的、灵活的金融租赁业务，承租人是以项目自身的财产和效益为保证，与出租人签订项目金融租赁合同。

（6）销售式租赁，是生产商或流通部门通过自己所属或控股的租赁公司采取金融租赁方式促销自己产品的方式。例如，厂商以促销为目的，承租方最终拥有租赁设备所有权的租赁方式。这种形式类似于分期付款。

3．金融租赁法概述

金融租赁法是调整金融租赁关系的法律规范的总称。

金融租赁法的内容主要包括：①调整金融租赁业务关系；②规范金融租赁公司的设立、撤并及其业务开展。

金融租赁是一种以设备租用形式表现的借贷资金运动方式，承租方取得租赁物的使用权，实际上是获得了一笔信贷资金。因此，金融租赁关系具有金融关系的某些特点，故调整金融租赁关系的金融租赁法，也纳入金融法的体系之中。

二、金融租赁公司

2014 年 3 月 13 日起施行的《金融租赁公司管理办法》中所称的

金融租赁公司，是指经银行业监督管理机构批准，以经营融资租赁业务为主的非银行金融公司。

（一）金融租赁公司的设立

金融租赁公司是指使用筹措的资金从制造商手中购买设备，以出租人的身份租给承租人使用，定期收取租金的非银行金融公司。

1. 金融租赁公司的设立条件

金融租赁公司设立应当具备以下条件：①有符合《公司法》和银行业监督管理机构规定的公司章程；②有符合规定条件的发起人；③注册资本为一次性实缴货币资本，最低限额为 1 亿元人民币或等值的可自由兑换货币；④有符合任职资格条件的董事、高级管理人员，并且从业人员中具有金融或融资租赁工作经历 3 年以上的人员应当不低于总人数的 50%；⑤建立了有效的公司治理、内部控制和风险管理体系；⑥建立了与业务经营和监管要求相适应的信息科技架构，具有支撑业务经营的必要、安全且合规的信息系统，具备保障业务持续运营的技术与措施；⑦有与业务经营相适应的营业场所、安全防范措施和其他设施；⑧银行业监督管理机构规定的其他审慎性条件。

银行业监督管理机构对金融租赁公司董事和高级管理人员实行任职资格核准制度。

2. 金融租赁公司设立的审批

设立金融租赁公司，应由主要出资人作为申请人向银行业监督管理机构提出申请。

第一，申请设立金融租赁公司需向审批机关提交下列文件。

（1）筹建申请书，包括拟设立金融租赁公司的名称、注册所在地、注册资本金、出资人及各自的出资额、业务范围等内容。

（2）可行性研究报告，包括对拟设公司的市场前景分析、未来业务发展规划、组织管理架构和风险控制能力分析、公司开业后 3 年的资产负债规模和赢利预测等内容。

（3）拟设立金融租赁公司的章程（草案）。

（4）出资人基本情况，包括出资人名称、法定代表人、注册地址、营业执照复印件及营业情况以及出资协议。出资人为境外金融公司的，应提供注册地金融监管机构出具的意见函。

（5）出资人最近 2 年经有资质的中介公司审计的年度审计报告。

（6）银行业监督管理机构要求提交的其他文件。

第二，金融租赁公司筹建工作完成后，应向银行业监督管理机构提出开业申请，并提交下列文件。

（1）筹建工作报告和开业申请书。

（2）境内有资质的中介公司出具的验资证明、市场监督管理部门出具的对拟设金融租赁公司名称的预核准登记书。

（3）股东名册及其出资额、出资比例。

（4）金融租赁公司章程。

（5）拟任高级管理人员名单、详细履历及任职资格证明材料。

（6）拟办业务规章制度和风险控制制度。

（7）营业场所和其他与业务有关设施的资料。

（8）银行业监督管理机构要求的其他文件。

经银行业监督管理机构批准，金融租赁公司可设立分支公司。设立分支公司的具体条件由银行业监督管理机构另行规定。

第三，金融租赁公司凭银行业监督管理机构发给的证明，向工商管理部门登记注册，领取营业执照。

（二）金融租赁公司的变更

金融租赁公司变更是指公司设立登记事项中变更名称、改变组织形式、调整业务范围、变更注册资本、变更股权、修改章程、变更注册地或营业场所、变更董事及高级管理人员、合并与分立、银行业监督管理机构规定的其他变更事项的。就上述某一项或某几项的改变，需报经银行业监督管理机构批准。

（三）金融租赁公司的组织机构

根据《金融租赁公司管理办法》的规定，金融租赁公司的组织形式、组织机构适用《公司法》的规定，并在其名称中标明"金融租赁"字样。未经金融监管机构批准，在公司名称中不得有"金融租赁"字样。

（四）金融租赁公司的业务范围

目前，我国金融租赁公司经营的业务主要包括：①用于生产、科研、办公、交通运输等动产、不动产的租赁、转租赁、回租租赁业务；②前述租赁业务所涉及出租物的购买业务；③租赁物残值和抵偿租金产品的处理业务；④闲置设备购买转租赁业务；⑤向金融租赁公司借款及其他金融业务；⑥经批准发行债券，通用设备的经营性租赁业务；⑦租赁项下的短期流动资金贷款业务；⑧人民币担保业务；⑨经济咨询及代理业务；等等。

（五）金融租赁公司的监督管理

银行业监督管理机构是金融租赁公司的监管机构，对其实行领导、管理、协调、监督和稽核。

金融租赁公司违反《金融租赁公司管理办法》有关规定的，银行业监督管理机构可责令其限期整改；逾期未整改的，或者其行为严重危及该金融租赁公司的稳健运行、损害客户合法权益的，银行业监督管理机构可以区别情形，依照《银行业监督管理法》等法律法规的规定，采取暂停业务、限制股东权利等监管措施。

金融租赁公司已经或者可能发生信用危机，严重影响客户合法权益的，银行业监督管理机构依法对其实行托管或者督促其重组；问题严重的，有权予以撤销。

对违反《金融租赁公司管理办法》有关规定的，银行业监督管理机构按《银行业监督管理法》等有关法律法规进行处罚。金融租赁公司对银行业监督管理机构的处罚决定不服的，可以依法申请行政复议或者向人民法院提起行政诉讼。

> **议一议**
>
> 金融租赁合同是财产租赁合同吗？

三、金融租赁合同

金融租赁合同是出租人根据承租人对出卖人、租赁物的选择，向出卖人购买租赁物，提供给承租人使用，承租人支付租金的合同。

（一）金融租赁合同的法律特征

金融租赁合同应以书面形式订立，且具有以下法律特征：①是双务合同，即当事人之间相互享有权利、承担义务；②是有偿合同，即当事人因享有权利而必须偿付代价；③是诺成性合同，即租赁当事人意思表示一致，合同即可成立；④是租赁交易中的主合同；⑤是足额清偿合同；⑥是以现代设备为租赁物的合同；⑦是不可撤销的合同。

（二）金融租赁合同的内容

按《民法典》规定及金融租赁实践，金融租赁合同除了具备一般合同条款外主要还包括以下内容。

（1）合同说明性条款。

（2）金融租赁合同的标的物条款。金融租赁合同中的标的物即租赁物，是承租方自行选定并要求出租方购买的设备等。

（3）租赁物的所有权和使用权保障条款。金融租赁的特征之一是租赁物的所有权与使用权的分离，在租赁期内，租赁物的所有权属于出租人，而承租方享有使用权。为保障出租方对租赁物的所有权，在合同中应对此进行明确规定。为保障承租人使用租赁物的权利，合同中也要规定，<u>出租人应当保证承租人对租赁物的占有和使用权</u>。

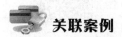 **关联案例**

融资租赁合同中出租人的义务

某年4月，甲租赁公司与乙机械厂签订了融资租赁合同，合同约定由租赁公司按照要求，从国外购买设备3台，租给乙机械厂使用，租期为两年。同年6月设备抵达天津港，由于购买人是甲租赁公司，所以运单上载明的收货人是甲租赁公司。

设备到后，甲租赁公司通知乙机械厂前去提货。但乙机械厂到港口提货时被拒绝，理由是收货人是甲租赁公司。乙机械厂急忙电告甲租赁公司派人解决，但甲租赁公司以承租人为租赁物的接受人为由未及时派人前往港口提货，后来乙机械厂通过别的办法提取了设备，但由于耽误了提货期限，被港口罚款2万元。

乙机械厂认为是甲租赁公司延误了提货期限，于是，向甲租赁公司索赔罚款2万元。可索赔无果，遂向人民法院提起诉讼。

问题：本案中乙机械厂有权向甲租赁公司索赔吗？

解析：本案中造成乙机械厂被罚款的主要责任在甲租赁公司，所以应由甲租赁公司承担责任。

尽管按照融资租赁合同的约定，乙机械厂是使用设备的人，应该前去提货，但由于运单上写明收货人是甲租赁公司，故乙机械厂无法提出设备，而甲租赁公司在知道情况后未及时派人前去处理导致延期提货。

由于甲租赁公司未能保证承租人乙机械厂及时提取租赁物，而导致乙机械厂未能按合同约定及时享有对租赁物的占有和使用权，所以过错在甲租赁公司，应由甲租赁公司承担责任，即向乙机械厂赔偿2万元。

（4）租赁物的交货、验货及其质量保证条款。金融租赁合同应明确租赁物的交付时间、地点，交货中的责任，交货后的验收及相应的权利与义务等。

（5）租赁物的维修、保养及其有关费用条款。金融租赁合同要明确规定：租赁物由承租方负责日常维修等并承担由此产生的全部费用。

视野拓展

汽车融资租赁业务的四个法律风险点

（6）租赁期限条款。租赁期限是指租赁起始之日到租赁结束之日的整个期间。

（7）租金构成及其支付期限和方式、币种、罚息条款。租金条款是金融租赁合同的一项重要内容，必须写明租金总金额（大写）、租金的构成及计算方法、租赁费率、租金支付方式及罚息标准等。

（8）租赁物的灭失及毁损处理。一般金融租赁合同中规定：如果租赁物发生了灭失或毁损，则由承租人承担一切损失，并按期缴纳租金。

（9）租赁物的财产保险条款。对租赁物进行保险是出租人和承租人避免损失的一种保障手段。投保的范围视租赁物的情况而定。

（10）租赁债权的转让和抵押条款。一般金融租赁合同中规定：在租赁期间，出租方有权将合同规定的全部或一部分权利转让给第三者，或提供租赁物作为抵押。

（11）担保条款。在金融租赁合同中一般都有要求承租人提供担保的条款。

（12）租赁保证金条款。作为履行合同的保证，出租方可要求承租人在合同签订后向其交纳一定数额的保证金。

微课堂

金融租赁合同

（13）租赁期满时租赁物的处理条款。租赁期满后，承租人对租赁物有留购、续租或退租3种选择权；但无论采用何种形式，均应在合同中加以规定。

（14）违约责任条款。金融租赁活动中，任何一方违约，都会造成其他当事人的损失，因此合同应明确规定当事人的违约责任。

（15）争议解决条款。金融租赁合同中应规定双方在执行合同中发生争议时，解决争议的方式、程序等。

（三）金融租赁合同的履行

金融租赁合同的履行原则包括实际履行、全面履行和协作履行的原则。

金融租赁合同的履行是指合同依法成立后，当事人双方按照合同约定的内容，全面完成各自承担的义务，从而使合同的权利义务得以全部实现。按照我国民事法律制度的规定，当事人应当遵循诚实信用原则，根据合同的性质、目的和交易习惯履行协助义务。

金融租赁合同中当事人应承担以下义务。

出租人的义务：①购买、交付标的物；②协助承租人索赔；③不得擅自变更买卖合同内容；④向出卖人支付货款。

承租人的义务：①按时接受租赁物并验收；②向出租人交付租金；③妥善保管、使用租赁物；④租赁期间届满时返还租赁物。

知识点测试

一、单项选择题

1．信托存款的风险全部由（　　）。

A．受托方承担　　　　　　　　　　　　B．委托方承担

C．受托方和委托方共同承担　　　　　　D．受益方承担

2．委托贷款与投资的主要风险由（　　　）。

A．受托方承担　　　　　　　　　　　　B．委托方承担

C．资金使用方承担　　　　　　　　　　D．受托方和委托方共同承担

3．信托投资公司设立、变更、终止的程序，按照（　　　）规定执行。

A．银行保险监督管理委员会　　　　　　B．市场监督管理部门

C．中国人民银行　　　　　　　　　　　D．国务院

4．金融租赁公司的设立，需经（　　　）批准。

A．银行保险监督管理委员会　　　　　　B．中国人民银行

C．市场监督管理部门　　　　　　　　　D．地方人民政府

5．银行保险监督管理委员会对金融租赁公司董事和高级管理人员的任职资格实行（　　　）。

A．登记制度　　　　B．注册制度　　　　C．核准制度　　　　D．审批制度

二、多项选择题

1．金融信托的职能有（　　　）。

A．财务管理职能　　B．融通资金职能　　C．提供信息职能　　D．咨询服务职能

2．属于信托财产的有（　　　）。

A．有价证券　　　　B．商标权　　　　　C．金钱债权　　　　D．动产和不动产

3．金融租赁法律关系中的当事人包括（　　　）。

A．出租人　　　　　B．承租人　　　　　C．供应商　　　　　D．生产商

4．在金融租赁法律关系中，承租人对租赁物享有（　　　）。

A．使用权　　　　　B．占有权　　　　　C．所有权　　　　　D．收益权

5．信托投资公司可以进行（　　　）业务。

A．同业拆借　　　　B．设置信托业务品种　　C．代保管业务　　D．从事投资基金业务

三、判断题

1．只要是金融公司都可以成为信托法律关系中的受托方。（　　　）

2．受托人可以是受益人，但不是同一信托的唯一受益人。（　　　）

3．信托财产不属于信托投资公司的固有财产，但属于信托投资公司对受益人的负债。（　　　）

4．信托投资公司终止时，信托财产不属于其清算财产。（　　　）

5．金融租赁公司在筹措资金时，也可以吸收银行股东的存款。（　　　）

四、案例分析题

案例一

某公司与蓝天信托投资公司（以下称蓝天信托）签署资金信托合同，设立单一资金信托。某公司为受益人，资金用途为对黄海公司进行股权投资。根据资金信托合同的约定，蓝天信托分别提名某公司人员和蓝天信托人员进入黄海公司董事会，其中蓝天信托的人员为两名。信托设立后，蓝天信托对黄海公司进行股权投资，占80%股份。黄海公司与他人合作办学，成立瑞丰公司。瑞丰公司成立后第二天，蓝天信托划入黄海公司账户中的出资款全部划转到某公司账户。瑞丰公司经营过程中发生亏损，经政府批准由原告接管。在接管时原告发现黄海公司对瑞丰公司的投资资金没有到位，遂诉诸人民法院，原告主张黄海公司股东蓝天信托应与委托人某公司共同承担连带赔偿责任。

蓝天信托主张：蓝天信托与某公司是信托关系，已依据《信托法》和资金信托合同的约定履行了出资

义务。原告以某公司抽逃黄海公司出资为由，要求蓝天信托承担连带赔偿责任，违背信托关系代人理财的基本原则。蓝天信托未参与黄海公司的经营管理，不具有资金调拨权。

法院查明：蓝天信托委派到黄海公司的董事只是挂名，并未履行任何管理、经营职责，而是某公司委派人员实际经营管理黄海公司。

问题：根据《信托法》分析蓝天信托的主张是否正确。

案例二

祥发公司与甲租赁公司签订一份融资租赁合同，甲租赁公司向乙公司购买了祥发公司选定的打印器材并交付祥发公司，祥发公司签收了租赁物件接收确认书。后祥发公司未按期支付到期租金，甲租赁公司遂诉至人民法院。祥发公司辩称租赁物有质量问题，故未付租金，要求扣除其损失后再承担相应责任。

问题：（1）本案存在哪些合同关系？

（2）祥发公司的做法正确吗？依据融资租赁涉及的合同关系对本案进行分析。

课 外 实 训

背景资料

王先生是一位金融学院的教授，本着长期对金融领域的研究，他1年前对信托投资公司发行的集合信托计划十分感兴趣。由于当时股市大盘牛气冲天，形势一片大好，除了自己炒股外，他还想借助私募渠道投资证券市场。但由于一般集合信托计划都是向特定群体募集，门槛较高，于是经过合议，王教授和学院的其他4位同事凑集100万元购买了一款证券投资类信托计划，其作为唯一的信托计划委托人在合同上签字。

该信托计划为长期信托，不限定信托计划存续期限，但是成立之后的第一年为封闭期，投资人不享有开放赎回的权利。同时，该产品也不承诺保本和最低收益，投资风险由投资人自己承担。

而该产品运行刚满1年即2019年10月15日时，信托投资公司信息披露表明该信托计划的单位净值为40.96元，也就是说亏损幅度达到了59.04%。近6成的亏损让同事张小姐慌了神，自己当初投资的20万元而今只剩下8万元，她赎回的愿望非常强烈。但是，王教授和其他3位教授不愿意赎回，认为既然是证券投资就有起有落，既然该产品没有固定存续期间，那么或许可以看到反转，此刻赎回非常不明智。

争议焦点：张小姐认为，既然信托投资公司1年的赎回期已经到了，那么本人和王教授签订的合同也应该和王教授与信托投资公司签订的合同一致，应保障投资人封闭期过后自由赎回的权利。另外，信托合同中有关于"委托人应当以自己合法所有的资金认购信托单位，不得非法汇集他人资金参与信托计划"和"委托人保证交付的信托资金是其合法拥有并有权支配的财产"的规定，也就是说，王教授作为委托人其实和自己属于借贷关系，否则就有非法召集他人参与信托计划的嫌疑，如果不同意提前赎回，则请求王教授本人还本付息20万元。

王教授认为，既然当初各位出资人达成协议，即表示了愿意共担风险，且签订合同之前大家也知悉了该产品的不保本且不保证收益的性质，故张小姐应当承担产品亏本带来的风险。另外，由于之前的协议中并没有关于退出机制的约定，当大家出现分歧时应当履行"少数服从多数"的原则继续保持该产品的运行。

专家观点：中国政法大学民商经济学院商法研究所副所长王涌教授认为，根据具体的证据情况，本案可能存在以下两种法律关系。

第一，如果他们之间属于合伙关系，则由于合伙投资资金已经投入固定的信托产品中，任何一个合伙人的意思都需要受到其他合伙人的意思约束，也就是"少数服从多数"。张小姐想要单独退出信托计划的行为请求需要得到其他合伙人的同意。

第二，如果张小姐请求全额返还 20 万元投资本金，则需要以诉讼途径请求确认委托代理关系。因为委托代理关系当中，委托人有权随时结束委托。但是要返还 20 万元必须有证据表明张小姐本人在投资之前不知悉该投资可能损失本金的风险。人民法院很有可能判决张小姐属于明知风险存在之委托关系。

风险提示：我国对于私募没有明确的法律规定，民间特定人之间的私募行为可以算作普通的合同民事关系。而投资者在与他人合伙或者签订委托代理协议之前，需要首先明确该投资的性质和风险，并且在合同中尽可能将法律关系、权利义务和纠纷解决方式等重要因素约定明确。

实训知识领域

投资理财涉及的法律关系。

实训方式

课堂辩论赛。

实训目的

在学习专业法律知识时，注意强化对法律基本理论知识的理解和运用。

实训步骤

1．双方辩论小组的组成。

2．辩题背景资料的宣读。

3．介绍双方所持立场。

4．介绍辩论规则。

5．辩论比赛。

6．学生代表的即兴评论。

7．学生自由提问。

8．指导教师点评。

9．宣布比赛结果。

10．辩论赛结束。

第九章

互联网金融法律风险与监管

【学习指导】

学习要点

1．了解互联网金融法律风险的特征、类型及监管原则。

2．明确第三方支付法律关系及监管。

3．明确金融+互联网法律风险与监管。

4．了解目前我国对互联网金融活动调整的主要相关法律、规章以及现实意义。

课外要求

关注互联网金融实务中的涉法问题、现行法律环境以及在实践中的法律风险。

21世纪是一个电子化的时代，从电子商务的兴起到数字化经营理念，社会的变革总是以科技为先驱。因特网的出现，引发了一场空前的产业革命——网络经济革命。第三方支付、网络借贷、"互联网+传统金融"等形式正冲击着传统的金融模式和金融理念，给互联网金融立法带来了挑战。

互联网金融业作为一个全新的行业和领域，具有广阔的创新发展空间。因篇幅所限，本章主要从互联网金融实务中常见的涉法问题出发，依据从业人员对相关法律知识的实际需求，结合我国现行的法律环境，从互联网金融法律风险的基本知识出发依次介绍第三方支付、金融+互联网等相关法律关系、风险与监管。

第一节　互联网金融法律风险与监管概述

【引例】

网上购买收益理财产品遭遇法律风险[①]

张某通过网页广告链接到 A 理财网站，发现有大量高收益理财产品，他被其中一款保证每天按投资额 5%～10%返利的基金吸引，遂向在线销售人员咨询。销售人员自称是 B 银行的客户经理，并告诉张某该产品由 B 银行与香港 C 基金公司联合发行，安全可靠，收益高。于是，张某按其指导在 A 理财网站注册并使用 U 盾购买了 20 万元的基金产品。两天后，张某因未如期收到产品收益而再次登录 A 理财网站，发现其已关闭，张某意识到自己被骗。随后，他又登录网上银行查账后发现，两天前他购买基金一个小时后，支付基金款项的银行卡内剩余的 1 万元被全部转出，且未收到银行发送的余额变动短信提醒。张某立即向公安机关报案，并向银行投诉要求赔偿损失，银行以其疏忽大意导致损失为由拒绝了张某的赔偿诉求。

---

① 本案例整理自《中国城市金融》2016 年第一期《一起互联网金融诈骗典型案例的启事》一文，作者王璐。

随后，张某以 B 银行为被告，向人民法院起诉，要求 B 银行对自己的损失承担民事赔偿责任，请求人民法院判令 B 银行返还其损失的账户资金，并承担本案诉讼费。

公安机关通过侦查认定：A 理财网站属于非法虚假网站；B 银行并未联合香港 C 基金公司发行过上述基金产品；销售人员通过改号软件伪装了 B 银行的 95×××客服电话；张某在该网站注册购买基金时，输入了身份证号、银行卡号、手机号码等信息，不法分子则利用这些信息冒充张某开通快捷支付业务，并通过快捷支付成功盗转了张某账户内的资金；张某此前曾更换手机号，但由于未更改银行卡余额变动的通知号码，导致资金被盗时未收到短信提醒。

人民法院认定，本案中 B 银行并不存在过错，判决驳回张某的诉讼请求。

张某作为受害人报案，公安机关已经立案侦查，待案件侦破后张某可通过刑事附带民事向违法犯罪行为人提起民事赔偿。

解析： 张某登录非法虚假理财网站，受高收益虚假基金产品迷惑且主动购买，并泄露个人信息和账户信息，张某的账户损失系因其疏忽大意造成，相关不利后果应该由张某承担；银行端的操作系统在认证业务请求密码正确且有 U 盾授权的情况下，将犯罪分子的操作认定为客户本人操作，为客户账户办理了业务。本案中，银行并无过错；张某变更电话号码后未通知银行更改联系方式，导致资金被盗时未收到短信提醒，银行不承担责任。

一、互联网金融概述

互联网金融的迅猛发展，促使在传统的金融业基础上衍生出了许多新的金融产品和服务，并逐渐渗透到人们的日常生活中，影响着人们的行为方式。互联网金融带来的金融理念、运作模式和交易手段等多方面的创新，使得金融业务具有了广泛的参与度，业务办理更加方便和快捷，但法律风险也随之凸显，这给互联网金融的监管和法律制度的完善带来了挑战。

1. 互联网金融的概念

互联网金融（internet finance）又称为网络金融，是指传统金融机构与互联网企业利用互联网技术和信息通信技术实现资金融通、支付、投资和信息中介服务的新型金融业务模式。这一概念在 2015 年中国人民银行等十部委联合发布的《关于促进互联网金融健康发展的指导意见》（以下简称《指导意见》）中得以明确。

2. 互联网金融的特征

相对于传统金融，互联网金融具有以下特征。

（1）门槛低。一方面表现为互联网金融机构准入门槛低。传统的金融机构都要经过严格的审批，设立条件也应当符合相关的法律规定，比如，商业银行的设立既要符合《商业银行法》的规定，又要符合《公司法》的规定。而互联网金融机构如网贷平台等设立条件相对宽松。另一方面，对服务对象设置的门槛低，互联网金融机构主要为中低收入群体和小微企业提供金融服务，所以又具有普惠性的特征。

（2）运营成本低。与传统金融模式相比较，互联网金融主要通过网络平台运行，操作流程标准化、业务处理速度快、人力运营成本低，甚至打破了地域界限，客户只需要登录网络平台依照相关要求操作即可完成交易。

（3）即时性。在互联网金融模式下，资金供求双方可以通过互联网交易平台进行供需信息互通，从定价到交易都可通过平台完成，优化了传统交易程序，降低了时间成本，提高了资金融通效率。

查一查

　　什么是"阿里小贷"？"三马"指的是谁呢？"京东金融"是什么呢？

（4）大众化。互联网金融的发展，从"阿里小贷"到网络借贷模式的兴起，从"三马"卖保险到"京东金融"及"余额宝"带动的全民理财，主要客户为中低收入人群和小微企业，覆盖了传统金融业的盲区，提高了资源配置效率，实现了金融大众化。

（5）高风险。正处于发展和创新时期的互联网金融的相关行业标准、监管和法律约束有待完善；同时，从业机构法律意识、风险意识、消费者权益保护意识缺失，一些相关子行业的监管滞后于市场的发展和业态创新；另外，还有一些人打着金融创新的幌子进行刑事违法的情形也频繁发生，给这一新生行业的发展带来了挑战。

二、互联网金融法律风险

互联网金融法律风险主要是指在现有的法律规范体系框架内，对互联网金融法律关系主体的各种行为有着具体的禁止、允许和授权自行约定等规定，当其作为或不作为与这些规定或基于这些规定的约定存在差异时，行为主体就存在因违反法律禁止性或者基于法律规范相关规定的约定，或者因未能充分利用法律赋予的权利，从而有承受不利后果的可能性。[①]

（一）互联网金融法律风险的特征

与传统金融相比较，互联网金融法律风险有以下几个特征。

第一，在法律风险因素的控制上，存在着不易控制的特征。首先，互联网金融活动的发生多数是借助于互联网平台，存在着技术上的风险，比如黑客入侵、木马病毒的植入；其次，由于行为能力、知识储备和认识能力等诸多因素的限制，互联网金融法律关系的主体无法准确地识别参与互联网金融活动所带来的风险；最后，由于互联网金融是互联网和金融的结合体，而多数经营者又来自不同的行业，有些甚至并不熟悉互联网或者与金融相关的行业，加之法律法规和监管机制的不完善，互联网金融风险的不易控制的特点更加突出。

第二，在法律风险的预见上，互联网金融活动主要是借助于网络技术完成交易，将传统金融业中柜台式接触变为网上的交互式联络，这就使风险的发生与结果之间的直接必然性很难预见。

第三，在法律风险的后果上，互联网金融法律风险的特征体现在以下两方面。①在立法层面上的不确定性。由于互联网金融是创新性和发展性新事物，对互联网金融行为很难以刚性的原则作出评价，因此相关立法也很难及时、准确到位，这无疑也增加了这种法律风险的不确定性。②在执法层面上，执法中对相关法律规范的理解不同以及具体执行方式的差异，也使风险的发生存在不确定性。例如，从 2015 年开始，网贷平台遭遇"跑路潮"，有些地方的执法部门认为这种行为构成刑事犯罪，但另一些地方的执法部门却认为网贷平台与互联网金融消费者之间完全是民事纠纷。

---

① 刘飞宇，《互联网金融法律风险防范与监管》，中国人民大学出版社，2016 年 6 月，第 1 页。

关联案例

e租宝事件

"e租宝"是"钰诚系"下属的金易融（北京）网络科技有限公司运营的网络平台。2014年2月，钰诚集团收购了这家公司，并对其运营的网络平台进行改造。2014年7月，钰诚集团将改造后的平台命名为e租宝，打着"网络金融"的旗号上线运营。

公安机关调查发现，至2015年12月5日，"钰诚系"可支配流动资金持续紧张，资金链随时面临断裂危机。同时，钰诚集团已开始转移资金、销毁证据，数名高管有潜逃迹象。为了避免投资人蒙受更大损失，2015年12月8日，公安部指挥各地公安机关统一行动，对"钰诚系"主要高管实施抓捕。

办案民警表示，从2014年7月e租宝上线至2015年12月被查封，"钰诚系"相关犯罪嫌疑人以高额利息为诱饵，虚构融资租赁项目，非法吸收公众资金，累计交易发生额达700多亿元。警方初步查明，e租宝实际吸收资金500余亿元，涉及投资人约90万名。

e租宝虚构融资租赁项目，把钱转给"承租人"，并给"承租人"好处费，再把资金转入其公司的关联公司，以达到事实挪用的目的。

点评：（1）明确像e租宝此类平台的法律地位，作为一个中介平台，其经营行为有不可触犯的法律红线。①

（2）对于从事网络金融的中介平台，预防其法律风险的关键在于强化第三方资金存管。从e租宝事件中反映出部分平台没有第三方资金存管或者有第三方资金存管但实际上仍由平台自己掌控资金，形成资金池，平台可以随意转移、挪用客户资金。

（3）规范从业人员特别是平台高管的从业行为，在法律环境下明确其道德底线、行为准则及法律后果。

（二）互联网金融法律风险的类型

依照风险的法律性质的不同，互联网金融法律风险可以划分为刑事责任风险、行政责任风险和民事责任风险三类。

1. 刑事责任风险

互联网金融的刑事责任风险主要表现为刑事犯罪。一是成立互联网金融网站专门用于犯罪，如有些网贷平台非法自融、虚构融资项目、违法或变相高息放贷、暴力催收，或者在敛财后迅速"卷款"而逃②；二是犯罪分子通过互联网企业平台实施相应的犯罪行为，如通过互联网进行网络诈骗；三是犯罪分子专门针对互联网金融企业所实施的犯罪行为，如通过木马或黑客攻击，窃取互联网金融企业的财产、信息等。

对于涉及互联网金融的犯罪，我国现行《刑法》中相关罪名已经基本规定得较为详尽。

---

① 2016年的《网络借贷信息中介机构业务活动管理办法》中进一步明确了网络信息中介机构的法律地位，同时在监管上进一步确立了中央监管部门和地方人民政府双负责的监管。《刑法》也规定了网络服务者的刑事违法界限及法律责任。

② 2016年10月，针对网贷行业的专项整治正式启动，整治工作以消化和化解存量风险、以引导清退转型为主导。2017年、2018年逐步实施整治工作。2019年，国家的一个大策略就是以清退为主，做适当的引导转型。从2019年下半年至2020年初，大概有10个省份出台了专门清退网贷平台的指导意见、管理办法或者引导网贷平台有序平稳退出的规范性文件。2019年各地或者整体的网贷平台清退非常明显，从原来的几千家到2019年年底的不足1000家。2019年11月27日，"互金整治办"和网络借贷专项整治办公室共同发布了《关于网络借贷信息中介机构转型为小额贷款公司试点的指导意见》，引导开展网贷中介转型小贷公司。

其中主要可以适用的罪名包括：①擅自设立金融机构罪；②非法经营罪；③非法吸收公众存款罪；④擅自发行股票及公司、企业债券罪；⑤集资诈骗罪；⑥洗钱罪；⑦非法经营罪；⑧侵犯公民个人信息罪。例如，对于互联网金融消费者而言，要在各类互联网金融机构投资，往往要经过烦琐认证，包括提供客户姓名、家庭住址、工作单位、身份证号码、手机号、电子邮箱等个人信息。除了可能被黑客攻击，当各类互联网金融从业机构没有尽职提供网络安全技术，或者内部员工未尽责保守秘密时，信息还有可能轻而易举落入他人手中，被滥用到种种不法途径中或者因为电子数据证据容易被删改和移除，从而导致违法犯罪的行为发生。

2. 行政责任风险

互联网金融行政责任风险的主体主要是互联网金融企业，其发生概率远高于刑事责任风险。

> **注意**：《互联网信息服务管理办法》指出：互联网信息服务分为经营性和非经营性两类。国家对经营性互联网信息服务实行许可制度（ICP许可）；对非经营性互联网信息服务实行备案制度（ICP备案）。

这是由于互联网金融企业的经营行为涉及方方面面的行政法规、行政规章、地方性法规等许多强制性规定，尤其是其融合了互联网和金融两个方面的因素，而这两个方面又都是行政监管的重要区域。比如，互联网金融企业的设立需要到工商部门注册登记；进行互联网经营一般要取得ICP许可或履行ICP备案；如果是开展第三方支付业务，还需要获取第三方支付牌照等。

3. 民事责任风险

互联网金融的民事责任风险相对于其他法律责任风险，属于最为"温和"的责任类型。但有时候民事责任与行政责任或刑事责任也同时发生，如在集资诈骗罪成立的情况下，一些互联网金融平台不仅承担刑事责任，还要对受害人（互联网金融消费者）承担民事责任。

三、互联网金融监管原则

在现有专门性法律、法规不完善的前提下，互联网金融服务者的自律性规范以及一系列相关行政规章的颁布，在对互联网金融发展给予充分肯定的同时，也给予了互联网金融活动以及监管一定的法律规章依据。

1. 依法监管和适度监管相结合

所谓依法监管，是指负有职责的监管机关在履行对互联网金融监管职责时，必须依照法定的程序、方式和手段对互联网金融服务者①进行监督、调控和管理，同时对自己的监管行为依法承担相应的法律责任。

所谓适度监管，是指对互联网金融服务者的监管与执法不是完全意义上的刚性管制，而应当适度放权，将部分权力发还给市场本身。其具体含义是：应当尊重互联网金融服务者发展的客观规律，在现有法律制度框架下的监管行为不能干涉互联网市场的自主权，而要通过制度、规则和自律性准则使互联网金融行业稳健经营。

将依法监管和适度监管相结合。一是根据实际情况对两者的运用各有侧重。目前我国互联

---

① 这里的"互联网金融服务者"即指"互联网金融企业"，也称为"互联网金融经营者"。在学术研究领域，越来越倾向于将"金融机构"称为"金融服务者"，在这里引申到互联网金融行业，遂称为互联网金融服务者。

网金融法制领域正处于完善阶段，应以监管为主。二是在具体分工上有所不同，如监管机构侧重于预防性的风险监管，比如将监管重点放在市场准入制度上。三是对于严重影响互联网金融秩序的，侵害互联网金融主体一方的合法权益的，应当依法采取刚性的强制措施予以遏制。四是充分发挥行业自律组织的监管职能，强化守法、诚实、自律意识，树立金融服务者为社会服务的正面形象，营造诚信和规范发展的良好社会氛围。

2. 分类监管和协同监管相结合

所谓分类监管，是指监管部门在对监管对象进行评价分类的基础上，针对不同类型的监管对象，采取差异化的监管措施。其中分类是手段，异化监管是目的。分类监管是金融市场发展到一定阶段监管方式发生转变的必然趋势，尤其是互联网金融涉及的金融产品类型众多，包括第三方支付、网络借贷、互联网银行等多种形式，且这些金融产品之间也存在一定的交叉、演进关系，为更好地体现互联网金融领域的监管效果，有必要对互联网金融进行分类监管。例如，在《指导意见》中明确规定：互联网支付业务由中国人民银行负责监管；网络借贷业务由银行业监督管理机构负责监管[①]；互联网基金销售业务由证券监督管理机构负责监管；互联网保险业务由保险监督管理机构负责监管；互联网信托业务、互联网金融消费业务由银行业监督管理机构负责监管。

从互联网金融产品的性质看，互联网金融业务呈现出交叉发展的趋势，使得各互联网金融服务者推出的金融产品的同质性和复杂性增加，这就需要各监管机构在现行体制下加强协作与合作，统一监管标准，避免出现监管真空和重复监管，以创造公平的竞争环境。一般来说，协同监管包括如下内容：一是由法律直接规定协同监管的框架和安排或由法律作出原则性的要求，作为监管的依据和标准，以便于执行；二是参与协同监管的各个机构之间，对法律中难以细化的具体事宜，如职责分工、信息收集与交流以及工作机制等作出相关协调处理；三是具体监管行为需要在操作层面上作出一系列安排，包括监管机构的管理方式、监管平台的构建等。

3. 创新监管

对于互联网金融这种创新金融模式，通过建立更加科学、有效的监管制度，使监管方式更适应互联网金融领域的变化，进一步规范互联网金融秩序，发挥行业自律性作用。创新监管包括监管手段创新、强化风险管理创新、规范监管创新和完善金融监管流程创新。同时，通过与国际间的交流与合作，促进各国之间的信息流通，以开拓监管机构的创新思路和视野。

第二节　第三方支付法律关系、风险与监管

【引例】

无现金社会已经开始悄悄到来

你钱包里的现金多久没用了？如果你同我一样，试着把这个问题随机抛给身边的朋友，那么你得到的答案多半是"不记得了"。因为第三方支付几乎占领了生活的方方面面，大到贸易出口、商场购物，小到

---

① 2019 年以来国家不断加大对网络借贷乱象的打击和整治力度，很多省已经完全取缔网络贷款行为，网络借贷平台有些完成了良性退出，有些依法完成了转型。

巷口的共享单车、楼下的水果摊等，几乎所有的日常消费场景都被移动支付占领。甚至在城市化进程中被边缘化的早点小吃摊，也紧跟潮流贴上了支付二维码。由此不难看出，纸币正渐渐被移动支付取代。

　　问题：（1）第三方支付安全吗？请从风险控制的角度思考。

　　（2）第三方支付和我们的隐私权有关联吗？

一、第三方支付概述

1. 第三方支付的概念

　　第三方支付平台通过多元化的支付方式满足了互联网金融交易的要求，提高了资金的流通效率，其方便、快捷、安全等特性对于保障互联网金融交易的顺利进行具有重要的意义。

　　第三方支付是指具备一定实力和信誉保障的非金融独立机构，作为中介方通过与银联或网联对接，在收付款人之间提供货币资金转移服务，从而促成交易双方进行交易的网络支付模式。在线第三方支付是指非金融机构作为中介机构依托公共网络或专用网络在收付款人之间转移货币资金的行为，包括货币汇兑、互联网支付、移动电话支付、固定电话支付、数字电视支付等。线下支付是相对于网上支付来讲的，简单一点儿，即基本上不通过网上支付的都属线下支付，具体方式有货到付款、邮局汇款、银行转账和当面交易等。本书所阐述的第三方支付主要指在线第三方支付。

2. 第三方支付平台的法律地位

　　2010年由中国人民银行颁布的《非金融机构支付服务管理办法》①，将第三方支付平台确定为非金融机构，并对其准入资格进行了明确的规定，即非金融机构若要从事支付服务，首先要通过中央银行的批准取得支付业务许可证，即经批准而获取的第三方支付牌照。其所从事的支付业务主要是在收付款人之间作为中介机构提供资金转移服务。第三方支付平台仅仅是在交易中依照支付指令进行资金划拨，并有责任核查资金往来双方是否存在真实交易，因此提供的只是资金转移而非资金结算。因此，作为第三方支付平台，在现有法律体系内其并不能从事银行等金融机构才能从事的资金结算业务。例如，在支付宝公司的支付宝服务协议的"承诺和声明"中对其服务进行了介绍："支付宝并非银行，本协议项下涉及的资金转移均通过银行来实现，您接受资金在转移途中产生的合理时间。"

二、第三方支付法律关系

　　第三方支付作为特殊的法律关系，主要涉及以下三个方面：一是第三方支付机构；二是商业银行，包括客户的签约银行和客户备付金的存管银行两大类；三是交易双方，即买卖的付款方和收款方。因此，相关法律关系也围绕着这三方主体产生、变更和消灭。

（一）网络交易买卖双方与第三方支付机构的法律关系

　　网络交易双方通过在第三方支付平台进行注册，与第三方支付机构建立了相关的服务合同关系；在使用第三方支付工具的过程中，第三方支付机构向交易双方提供基本的资金转移与在途资金保管服务，在具有信用中介担保服务的第三方支付平台中，第三方支付机构还承担着保

①　与《非金融机构支付服务管理办法》相配套的行政规章为《非金融机构支付服务管理办法实施细则》（下称《实施细则》），中国人民银行于2020年6月2日对《实施细则》进行了修订。

证担保的义务。

1. 资金转移服务中的法律关系

在资金转移服务中，网络交易买卖双方与第三方支付机构之间的法律关系应为委托合同关系。例如，在支付宝服务协议第三部分"支付宝提供的服务内容"中指出："支付宝服务是我们通过支付宝网站、小程序、软件工具开发包以及随技术发展出现的新形态向您提供的非金融机构支付服务，是受您委托代您收付款的资金转移服务。"因此，依据《民法典》合同编中关于委托合同的规定，第三方支付公司与买方之间形成的是以代付为委托事务的委托合同，与卖方之间形成的是以代收为委托事务的委托合同。

在支付宝服务协议中，支付宝公司对其所提供的资金转移服务的解释是：代收代付款项服务。代收是指："通过代为收取款项服务，您可以收到他人向您支付的款项。具体是指自您委托我们将您银行卡内的资金充值到您的支付宝账户或委托我们代为收取第三方向您支付的款项之时起，至根据您的指令将该等款项的全部或部分实际入账到您的银行账户或支付宝账户之时止（含提现）的整个过程。"代付是指："通过代为支付款项服务，您可以支付款项给您指定的第三方。具体是指自款项从您指定账户（非支付宝账户）出账之时起，至我们根据您或有权方给出的指令将上述款项的全部或部分入账到第三方的银行账户或支付宝账户之时止的整个过程；或自您根据本协议委托我们将您银行卡的资金划转到您或他人的支付宝账户或自您因委托我们代为收取相关款项并入账到您的支付宝账户之时起，至委托我们根据您或有权方给出的指令将上述款项的全部或部分入账到第三方的银行账户或支付宝账户之时止的整个过程"。

> **议一议**
>
> 根据网络交易中的备付金的性质，谈一谈如果你在淘宝上交易了，在你收到货物之前，你所支付货款的权属。

2. 资金保管服务中的法律关系

在第三方支付系统中，支付的账务处理与支付指令的处理并不同步，交易环节和支付结算环节的资金流是先由买方（付款方）到第三方支付平台，等第三方支付平台得到买方（付款方）确认授权后，再由第三方支付平台将资金转移给卖方（收款方）。在这一过程中，由于交易双方的货款普遍存在延时交付和延期清算的情况，所以会导致规模巨大的资金沉淀于第三方支付平台的账户上。

在法律不允许第三方支付机构可将保管资金用于消费，用户也并没有约定第三方支付机构可以使用沉淀资金的情况下，用户与第三方支付机构形成的应当是保管合同。

提示：①依据《非金融机构支付服务管理办法》的规定，支付机构接受的客户备付金不属于其自有财产，其只能根据客户发起的支付指令转移备付金，禁止支付机构以任何形式挪用客户备付金；②按照支付宝服务协议的规定，对于客户委托支付宝代收或代付的款项，将严格按照法律法规或有权机关的监管要求进行管理。支付宝账户所记录的资金余额不同于客户本人的银行存款，其实质为客户委托支付宝保管、所有权仍属于客户的预付价值，虽然其对应的货币资金属于客户，但在银行的存放是以支付宝名义进行的，并由支付宝向银行发起资金调拨指令。

3. 信用担保服务中的法律关系

具有信用担保的第三方支付机构在资金转移的服务过程中还扮演着保证人的角色，此时，用户与第三方支付机构存在信用担保关系。

以支付宝为例，交易发生后买方将货款支付给支付宝。于买方而言，在未收货物或所收货物不符合买卖约定时，可以拒绝支付宝向卖方付款，支付宝进行情况核实，如果情况属实，则会将货款退回买方；于卖方而言，当买方收货后于规定期限内一直没有确认付款，支付宝系统会自动将交易款项转移给卖方，即买方未按约定履约付款，支付宝有权默认交易系统已经完成，会将交易款项转移给卖方。支付宝公司将这种服务方式称为支付宝担保交易。因此，<u>以支付宝为代表的第三方支付机构实际是在服务过程中通过掌握资金的临时控制权来实现对买卖双方交易的担保。</u>

（二）第三方支付机构与商业银行的法律关系

中国人民银行在 2005 年公布并实施的《电子支付指引（第一号）》中，<u>明确规定第三方支付机构是银行业务的外包机构，应当根据银行的委托来承担资金转移服务。</u>也就是说，第三方支付机构为了实现自己的职能，会与各大商业银行进行签约，就自身与商业银行的网关接入达成协议，为网络交易买卖双方提供资金转移服务，从而使平台用户可通过网站相关链接将其银行账户或虚拟账户中的资金进行转移。<u>因此，第三方支付机构与商业银行之间的法律关系首先是服务合同关系，这是一种民事关系。</u>

中国人民银行在 2010 年颁布的<u>《非金融机构支付服务管理办法》明确了商业银行作为存管银行的职能，</u>在第 29 条中指出，存管银行对第三方支付机构备付金使用情况承担法定的监督义务，具体包括：①备付金存管银行应当对存放在本机构的客户备付金的使用情况进行监督，并按规定向备付金存管银行所在地中国人民银行分支机构及备付金存管银行的法人机构报送客户备付金的存管或使用情况等信息资料；②对支付机构违反相关规定使用客户备付金的申请或指令，备付金存管银行应当予以拒绝；③发现客户备付金被违法使用或有其他异常情况的，应立即向备付金存管银行所在地中国人民银行分支机构及备付金存管银行的法人机构报告。<u>因此，第三方支付机构与商业银行之间的法律关系还表现为金融监管关系。这是一种行政法律关系。在这种法律关系中，因依法授权，所以商业银行对客户备付金的使用享有监管权。</u>

三、第三方支付的法律风险与监管

微课堂
第三方支付法律
风险

在第三方支付兴起和发展的今天，创新和风险依然并存，为了防范第三方支付带来的风险，保障新型支付方式的有序进行，加强金融监管是完全必要的。

（一）第三方支付法律风险

在互联网金融活动中，第三方支付是目前互联网交易中的主要支付形态，在我国目前的法律框架下，第三方支付仍存在着一定的法律风险。

1. 违反市场准入的风险

市场准入就是国家准许自然人、法人和其他经济组织进入市场，从事商品生产经营活动的条件和程序的各种规范和制度的总称。2010 年的《非金融机构支付服务管理办法》明确了第三方支付平台的许可制度，未经许可开展第三方支付或者擅自扩大支付服务的范围，都将被追究行政乃至刑事责任。

2. 资金沉淀风险

依据《非金融机构支付服务管理办法》的规定，第三方支付平台只是暂时代为保管沉淀资金，对该资金无所有权。对于那些未将沉淀资金存放于专门银行账户的第三方支付机构而言，其对沉淀资金的直接占有违反了相关的行政法规范，如中国人民银行于 2020 年 12 月发布的于 2021 年 3 月 1 日施行的《非银行支付机构客户备付金存管办法》。在此情况下，第三方支付机构就会涉嫌侵占或非法吸收公众存款的违法犯罪，存在被追究刑事责任的风险。

提示：资金沉淀是一种常见于银行和企业的说法，指的是在日常的资金流入、流出过程中，账户中总留有一定数量的资金，这部分资金数量比较稳定。资金沉淀是种形象说法，就好像河里的泥沙，有被冲走的，也有刚刚从上游冲来的，但总有一部分会沉积在河底。

3. 洗钱的风险

第三方支付平台本身不介入消费者与经营者之间的交易活动，但如果在缺乏必要审核的渠道下，无法避免消费者与经营者合意进行非法交易活动，如购销违禁品。第三方支付平台所面临的法律责任取决于第三方支付服务者是否尽到充分考察他人交易内容的义务。

4. 信息安全的风险

在互联网交易模式下，消费者与经营者为了快捷地完成交易活动，消费者会自愿将自己的有关信息告知第三方支付机构或者经消费者同意第三方支付平台会自行收集客户信息，如交易活动信息、消费者登录浏览记录等。这样，第三方支付机构就会直接接触客户与经营者的个人信息和资金。

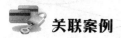 **关联案例**

黑客盗取支付宝账户资金案

身在两千多千米外的张某丰，将两套远程控制软件卖给广东的三名"90 后"年轻人后，通过微信聊天充当起"黑客教授"和"技术引导"的角色，帮身在广东的三人通过该软件植入木马病毒，使用户打开文件后导致其计算机中毒。这一行为导致 20 名受害人支付宝账号中的共计 38 725 元的钱财被盗。一审人民法院认为，被告人黄某伟、张某丰等四人以非法占有为目的，结伙秘密窃取他人财物，数额较大，其行为均已构成盗窃罪，判决张某丰四人有期徒刑一年二个月至一年六个月不等。

解析：本案中，犯罪嫌疑人通过将木马病毒植入用户计算机，使受害人的计算机中毒从而盗取其第三方支付账号中的钱财。从客观上来说，这种盗窃行为和直接入户盗窃行为不同，通过网络针对非特定被害人进行盗窃，这在一定程度上既威胁到了网络安全，又侵害到网络用户的资金安全。本案中的犯罪嫌疑人的行为在威胁到网络安全的同时，又侵犯到公民的个人财产和个人信息安全。

（二）网联平台

所谓网联平台是指非银行支付机构（第三方支付机构）的网络支付清算平台，又被称作"网络版银联"，其主要承担第三方支付机构的集中清算职能。

1. 网联平台成立的背景

2017 年 2 月由中国支付清算协会会员单位共同发起筹建，正式注册成立网联支付有限公司。同年 8 月 7 日，中国人民银行正式下发了一份有关非银行机构支付的通知，明确要求从 2018

年6月30日起类似支付宝、财付通等第三方支付公司受理的，涉及银行账户的线上支付业务，都必须通过"网联支付平台"处理。也就是说，第三方支付机构的线上支付通道以后将直接通过网联平台与各家银行对接。

2. 网联平台的法律地位

网联支付有限公司由50余家第三方支付机构入股成立，是一个具有独立法人资格的有限责任公司。在中国人民银行主导下，网联支付有限公司通过其建设的网联支付平台，连接第三方支付机构与各大商业银行，承担第三方支付机构的集中清算职能。

网联又被称作"网络版银联"，指的是非银行支付机构网络支付清算平台，即线上支付统一清算平台。其作用与银联相似，是一个清算平台。不同的是，网联的主要作用是一端连接第三方支付机构，另一端对接银行，并为所有接入的第三方支付企业提供统一标准服务。

3. 网联平台建立的法律意义

网联平台取代了之前第三方支付机构直连银行的模式，网联平台作为清算平台，一端连接持牌支付机构，另一端对接银行系统。网联建成后，第三方支付将由两层架构变成三层架构，网联将承担第三方支付机构的集中清算职能，实现了支付与清算职能分离的监管要求。网联平台建立前后支付模式对比见图9.1和图9.2。

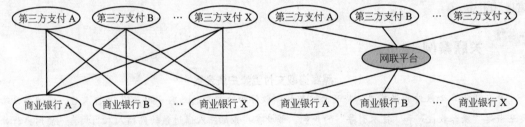

图9.1 原有第三方支付模式　　　　图9.2 网联平台建立后的第三方支付模式

网联平台的建立有重大法律意义，主要体现在以下两个方面。

（1）有利于对资金流信息的监管。网联平台建成后，支付机构与银行多头连接开展的业务迁移到了网联平台处理，支付机构内部的跨行资金流动必须经由网联平台清算，以便于监管机构掌握资金流转的详细信息，避免违法违规风险。

（2）有利于实现高效的跨行转账。支付机构为办理客户委托的支付业务而实际收到的预收待付货币资金，可以认为是支付机构用于转账的资金池。原先备付金由银行直接托管，大的支付机构可以在多家银行建立备付金账户，并以此实现快速的跨行转账，但小的支付机构难以实现。建立网联平台，由网联平台统一托管备付金，有利于改变这一现状。

（三）第三方支付的法律监管

1. 监管主体

目前，中国人民银行及其分支机构是我国第三方支付机构的法定监督管理者，银行业监督管理机构、保险监督管理机构、证券监督管理机构、国家外汇管理机构等在各自职责范围内对其进行监管。

网联清算有限公司的成立有利于在中国人民银行的领导下实现行业的自律性监管。

2. 监管依据

监管依据除了法律外，主要为行政规章，如表 9.1 所示。

表 9.1 第三方支付监管的法律、规章

法律、规章	制定机关	颁布时间
《电子签名法》	全国人大常委会	2004 年 8 月 28 日
《关于促进网络购物健康发展的指导意见》	商务部	2010 年 6 月 24 日
《非金融机构支付服务管理办法》	中国人民银行	2010 年 6 月 14 日
《非金融机构支付服务管理办法实施细则》	中国人民银行	2010 年 12 月 1 日颁布，2020 年 6 月 2 日修订
《非银行支付机构客户备付金存管办法》	中国人民银行	2013 年 6 月 7 日颁布，2020 年 12 月 15 日修订
《网络交易管理办法》	国家工商行政管理总局	2014 年 1 月 26 日

3. 监管内容

对第三方支付的监管主要由中国人民银行及其分支机构来实施，除了国家法定机关的监管之外，第三方支付机构也应当加强自身的监管。

（1）对第三方支付主体资格的监管。一是第三方支付机构的市场准入。目前，我国实行的是经营许可制度，依法向符合准入条件的第三方支付机构发放支付牌照，同时第三方支付机构的设立还应当符合《公司法》的规定。二是第三方支付机构注册资本金的维持。由于第三方支付机构具备法人资格，在工商部门登记时注册为营利的公司性质，那么其首先就应该受到《公司法》中关于注册资本维持原则的约束。同时又由于其涉及金融业务，因此它的注册资本就应当受到《公司法》中关于注册资本金和相关金融法律法规中关于金融机构设立的注册资本金的双重约束。

（2）对第三方支付资金的监管。一是对第三方支付机构资金账户的监管。通过对其账户不定期的跟踪监控，防止资金被恶意侵吞，以免产生信用危机。二是对在途资金进行监管。主要表现在：对第三方支付平台的在途资金收取相应的保证金，并对在途资金的结算进行时限的规定。

（3）对第三方支付机构业务的监管。一是电子签名注册和使用。电子商务交易者必须在认证机构注册电子签名，并在交易中使用。二是使用交易信用记录。建立和保存交易信用记录，有利于将其作为社会征信数据的一个来源。三是信息披露制度。第三方支付机构应当定期向客户、商业银行及监管机构披露相关重要信息，如财务经营状况、内部控制制度、高级管理人员的变动情况等。

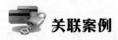 **关联案例**

央行首次注销 "支付业务许可证"案

据中国人民银行网站 2015 年 8 月 28 日新闻 浙江易士企业管理服务有限公司（以下简称易士公司）于 2011 年 12 月获得"支付业务许可证"，获准在浙江省内开展预付卡发行和受理业务。中国人民银行在行政执法中，确认易士公司存在严重违规问题：一是通过直接挪用、向客户赊销预付卡、虚构后台交易等方式，大量违规挪用客户备付金，造成资金链断裂，预付卡无法使用，持卡人权益严重受损；二是伪造、变造支付业务、财务报表和资料，欺骗、掩饰资金流向；三是超范围违规发行网络支付产品。根据《中国人民银行法》《非金融机构支付服务管理办法》的规定，2015年8月24日，中国人民银行依法注销易士公司支付业务许可证。

问题：（1）在支付业务中预收的客户备付金，其所有权属于支付机构吗？

（2）消费者存放在易士公司的备付金与银行的存款本质上一样吗？

解析：（1）就支付机构与客户的法律关系而言，我国法律明确规定支付机构为办理客户委托的支付业务而实际收到的预收待付货币资金是备付金，其所有权归属于客户。依据《非银行支付机构客户备付金存管办法》，支付机构与客户之间形成的是一种委托保管合同，备付金由支付机构保管，但其所有权仍属于客户，并严格限制了支付机构对客户备付金的使用途径：备付金仅可以单位存款或协定存款等形式存放于商业银行。显然，本案中易士公司挪用客户备付金的行为侵犯了客户的资金权益。

（2）本质上易士公司是一家商业企业，与商业银行不同。预付卡发行本身是企业行为，是企业代客户保管预付资金，是一种零售支付工具。消费者购买预付卡，是在认可易士公司商业信用以及其代为保管资金能力的前提下，向其转移了一定的预付价值。这与银行存款有本质区别，不受存款保险制度的保护，易士公司应当向消费者进行相关风险提示。

【节前引例点评】

第一，风险控制。实现有效的监管，保障第三方支付的安全性，预防各个环节的不同法律关系中的各种法律风险。

第二，赔偿的依据和法规。现有金融法规可以覆盖银行，但对于具有类似金融属性的中介支付机构，法律法规还需进一步完善，尤其是惩罚和资金保护措施，还需要完善具体的规定。

第三，隐私权的保护及其法规。第三方支付的运用带来的最大困惑就是隐私权的保护，如使用手机支付后，平台端管理人员很容易获得对方手机中的隐私信息，我国《民法典》明确了个人信息受法律保护的基本行为规范，加大了对个人隐私权的保护力度，为个人信息的保护构筑了防火墙。

第四，确认第三方支付的法律地位。互联网金融的发展会使现金的使用越来越少，只有明确第三方支付的法律地位，才能使第三方支付手段进入良性发展阶段。

第三节　金融+互联网法律风险与监管

【引例】

某地银保监局在调研中发现，多家具备第三方网络销售保险平台资质的国内知名在线旅行服务公司，在宣传产品、承保过程中，存在保险产品定名不规范、信息披露不全面以及保险核保审查缺失、不提供保险单证等问题，具体体现在以下两个方面。

（1）部分保险产品在宣传、销售时用词颇为吸引眼球，如"结婚保险""退房保险""扶老人险""熊孩子保险"等，其实质仍为意外险、责任保险等险种。

（2）部分第三方网络销售平台承保界面设置较简单，只需输入投保人或被保险人基本信息即可完成投保与合同生效，投保过程未经过保险公司核保程序，也未对免责条款等重要的保险条款内容进行说明或告知。相关保险公司未主动向消费者提供有效的保险凭证、收费凭据，仅以短信通知的方式告知保单生效、收费金额等信息。

问题：通过本节内容的学习，请思考这里涉及互联网保险经营的哪些法律风险。

一、互联网银行法律风险与监管

互联网的发展促使互联网银行的出现并发展，1995 年 10 月世界上第一家"网络银行"——美国安全第一网络银行（Security First Network Bank，SFNB）在网上开业，开业短短几个月有近千万人次上网浏览，给金融界带来极大震撼。不久，有若干银行立即紧跟其后在网上开设银行，很快互联网银行走进了人们的生活。

> 深圳前海微众银行筹建申请在 2014 年 7 月 25 日被正式批准。该银行既无营业网点，也无营业柜台，更无需财产担保，而是通过人脸识别技术和大数据信用评级完成贷款发放的全过程。

1. 互联网银行的概述

互联网银行是指一种以信息技术和互联网技术为依托，通过云计算、大数据等方式借助于互联网平台，在线实现为客户提供存款、贷款、支付、结算、汇转、电子票证、电子信用、账户管理、货币互换、投资理财、金融信息等全方位无缝、快捷、安全和高效的新型银行机构与服务形式。通俗地讲，互联网银行就是把传统的银行完全搬到互联网上，实现银行的所有业务操作。互联网银行有如下特点：

（1）无分支机构和营业网点，以一个互联网银行为基点服务辐射全国乃至全球，业务完全在网上开展；

（2）无时间限制，真正的 7×24 小时服务；

（3）安全金融服务平台，保障业务的在线操作，足不出户、快捷高效；

（4）与传统银行相比，取消了物理网点和降低了人力资源等成本，具有极强的竞争优势；

（5）更多关注客户体验，用互联网精神做金融服务，共享，透明，开放，全球互联，也是未来银行发展的必然方向。

2. 互联网银行的法律风险

相对于传统银行，互联网银行拥有诸多优势，但风险与发展并存，互联网银行在发展过程中也会面临很多风险，其中主要的法律风险如下。

（1）信息安全风险。由于互联网银行披露和传递业务信息全部是借助于网络实现并完成，而这些信息无不涉及客户的个人隐私信息和财产信息，因此对信息数据的获得、保存和使用的标准要求更高，安全性要求更强。如果在安全控制、客户验证技术、数据保护、审计流程及信息数据的保护等方面存在漏洞，被违法犯罪分子利用，不仅会侵害客户的利益，更容易影响互联网银行的健康发展。例如，犯罪分子利用互联网银行业务进行洗钱活动导致银行违反相关法律规定；犯罪分子伪造网银证书，并以互联网银行的名义销售给客户，受到损害的客户起诉互联网银行，就会造成互联网银行的信誉受损。

（2）欺诈风险。一些企业资金链出现问题后，会与银行员工达成某种默契，在办理贷款、申请资料中造假，骗取银行贷款。互联网银行由于是全面线上审查，员工道德风险更易凸显；加之，借款企业多为电商公司，其深谙网络数据修改之道，涉嫌骗取贷款的行为可能比传统银行更为突出。

关联案例

网银系统本身缺陷致客户财产损失案

2002 年 10 月，洪某在温州永嘉的一家银行办理了借记卡。2005 年 2 月，洪某发现借记卡被盗取了 10.25 万元，并向当地警方报案。警方调查后发现，2004 年 11 月 22 日，犯罪嫌疑人假冒洪某的名义用假身份证在该行温州分行开通了网上银行业务，并获取了网上银行的客户证书和密码。接着犯罪嫌疑人在 2005 年 2 月 2 日通过网上银行将洪某借记卡内的资金分两次转出。

解析： 这是一起典型的网上银行系统本身存在缺陷导致客户财产损失的案例。

案例中的犯罪分子利用了 2005 年该银行网上银行开户不需要对应借记卡这个漏洞，伪造了受害者的个人信息，从而获得了受害者借记卡账户的网上银行的访问权利。从根本上来说，犯罪分子找到了网上银行系统的本身缺陷进行欺诈活动。目前虽然过去的很多业务漏洞都已经不存在了，但随着很多新兴业务（如手机银行、快捷支付等）的开展，必将出现未知的风险。这就要求网上银行的管理者要重视风险管理，在设计新业务的同时从业务安全的角度考虑制定一些防范措施。

3. 互联网银行的监管

目前，我国互联网银行的法定监管机构为中国银保监会。一方面，对于中国银保监会、中国证监会在各自范围的监管事项，原则上由监管机构依照各自的职权履行监管职责；另一方面，设立了由上述机构共同参与成立的金融监管协调部际联席会议制度，主要用于解决机构之间监管的盲区，对监管信息及时共享，避免重复监管。

对互联网银行的监管依据除了法律外，主要为行政规章。互联网银行监管的主要法律、规章如表 9.2 所示。

表 9.2 互联网银行监管的主要法律、规章

法律、规章	制定机关	颁布时间
《电子签名法》	全国人大常委会	2004 年 8 月 28 日
《电子支付指引（第一号）》	中国人民银行	2005 年 10 月 26 日
《电子银行业务管理办法》	中国银监会	2006 年 1 月 26 日
《电子银行安全评估指引》	中国银监会	2006 年 1 月 26 日
《商业银行互联网贷款管理暂行办法》	中国银保监会	2020 年 7 月 12 日

以上法律、行政规章与其他相关法律、法规一起规范了我国互联网银行业务的发展，也强化了监管，但依然缺乏一套多层次、全方位的互联网银行领域的监管法律和法规。随着立法成果的积累和互联网银行的日益发展和成熟，用于全面调整互联网银行业的法律也会逐步形成。

二、互联网保险法律风险与监管

作为一项新兴事物，互联网保险在我国发展的历史只有短短十几年时间。但在这十几年间，互联网正深刻影响着保险业的方方面面。

1. 互联网保险概述

互联网保险是指保险机构依托互联网和移动通信等技术，通过自营网络平台、第三方网络

平台等订立保险合同，提供保险服务的经济行为。2020 年 12 月 7 日，中国银保监会发布《互联网保险业务监管办法》（以下简称《监管办法》），自 2021 年 2 月 1 日起施行。

（1）互联网保险业务。依照《监管办法》的规定，互联网保险业务是指保险机构依托互联网订立保险合同、提供保险服务的保险经营活动。

（2）互联网保险业务经营主体。《监管办法》中严格规定互联网保险业务应由依法设立的保险机构开展，其他机构和个人不得开展互联网保险业务，即明确了互联网保险业务的经营主体。互联网保险业务经营主体构成见图 9.3。

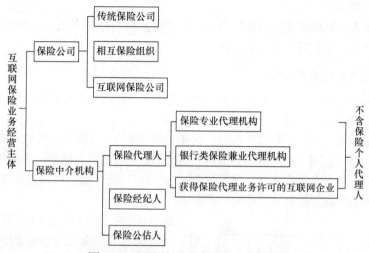

图 9.3 互联网保险业务经营主体构成

提示：①互联网企业可通过依法获取保险兼业代理机构资质实现"持牌经营"，其用于代理销售保险产品的网络平台亦构成"自营网络平台"；②互联网保险公司不得线下销售保险产品，不得通过其他保险机构线下销售保险产品；③保险中介机构开展互联网保险业务，经营险种不得突破承保公司的险种范围和经营区域，业务范围不得超出合作或委托协议约定的范围。

（3）保险自营网络平台，是指保险机构为经营互联网保险业务，依法设立的独立运营、享有完整数据权限的网络平台。保险机构分支机构以及与保险机构具有股权、人员等关联关系的非保险机构设立的网络平台，不属于自营网络平台。

（4）互联网保险产品，是指保险机构通过互联网销售的保险产品。依照《监管办法》的规定，一方面要求互联网保险公司不得线下销售保险产品或通过其他保险机构线下销售保险产品，另一方面要求其积极开发符合互联网经济特点、服务多元化保障需求的保险产品。

2. 互联网保险业务经营条件

《监管办法》第 7 条对开展互联网保险业务的保险机构及其自营网络平台的经营条件作出了如下的规定。

（1）备案。自营网络平台属于网站或移动应用程序（App）的，应依法履行 ICP 备案，不属于网站或 App 的，则应符合相关法律法规的规定和相关行业主管部门的资质要求。

（2）相适应的网络技术支持条件。对开展互联网保险业务的保险机构及其自营网络平台来说，应具有支持互联网保险业务运营的信息管理系统和核心业务系统，并与其他无关信息系统有效隔离。

（3）安全保障条件，即具有完善的网络安全监测、信息通报、应急处置工作机制，以及完善的边界防护、入侵检测、数据保护、灾难恢复等网络安全防护手段，网络安全等级应当取得相应的保护等级认证。

（4）营销模式合法合规，建立符合互联网保险业务经营的运营和服务体系。

（5）完善的内部控制制度。建立和明确互联网保险业务管理部门，并配备相应的专业人员，指定一名高级管理人员担任互联网保险业务负责人，明确各自营网络平台负责人。

（6）保险公司开展互联网保险销售，应符合中国银保监会关于偿付能力、消费者权益保护监管评价等相关规定。

另外，从事互联网保险业务的保险专业中介机构应是全国性机构，并符合中国银保监会关于保险专业中介机构分类监管的相关规定。

3. 互联网保险的法律风险

互联网保险业务涉众面广、模式众多、问题复杂，在促进行业发展的同时也会带来新的风险，主要表现在以下几个方面。

（1）消费者购买互联网保险时个人信息泄露的法律风险。互联网保险的优势之一就是以低成本获得保险消费者真实、完整的信息资料。通过平台能够掌控大量客户信息资料的保险公司或内部职工或第三方平台工作人员，将其掌控的这些信息和资料在市场上进行交易，导致客户信息的泄露，对互联网保险造成严重的消极影响。

> **议一议**
>
> 打开手机商城能发现，涉及保险类的手机应用软件五花八门，在一些保险产品的宣传中，甚至出现了一些像"熊孩子惹祸险""扶老人被讹险"之类的奇葩险。结合所学的知识，讨论我们应如何认识这一现象？

（2）互联网保险平台违法经营的法律风险。如果是保险公司自己开发的 App，因保险公司本身具有经营资质，不需再申请资质。如果 App 是第三方平台，就得申请单独的销售资格。相关资格证应在平台上进行公示，消费者可以自行查询。如果平台无证经营，则涉嫌非法经营。

（3）通过互联网平台违法销售保险产品的法律风险。保险中介机构代理保险必须依法获取保险兼业代理机构资质，并取得营业执照，还应当取得保险公司的授权。App 平台公司在代理保险业务时，应在网页上明示其营业执照、保险公司授权委托书等证明，以便消费者辨认。同时，App 平台也应对保险代理商的证件进行实质性审查，否则对消费者遭受的损失，平台要与代理商承担连带赔偿责任。如果代理机构销售的是假保单或未经保险公司授权代理销售保单且侵占保费，数额较大的，将构成诈骗罪、侵占罪。

（4）非保险机构违规经营保险的法律风险。除保险公司之外，一些以"××互助""××联盟"等为名的非保险机构未经银保监会等机构批准，通过网络平台，推出多种与"相互保险"（多人以互相帮助为目的形成组织，实行"共享收益，共摊风险"）形式类似的"互助计划"（集中在意外互助和重疾互助等领域，借保险名义进行宣传，导致消费者将之与保险产品混淆进行投保。一些不法分子或利用互联网平台虚构保险产品或保险项目，或承诺高额回报引诱消费者出资，或冒用保险机构名义伪造保单，表面上是收取"保费"，实

微课堂

互联网保险法律风险

质为变相吸取资金，如果数额达到法定标准，可能涉及诈骗、非法集资等犯罪行为。

微课堂

互联网保险法律监管

4. 互联网保险的监管机构

（1）法定监管。中国银保监会统筹负责互联网保险业务监管制度的制定，中国银保监会及其派出机构按照关于保险机构的监管分工实施互联网保险业务日常监测与监管。对互联网保险业务的投诉或举报，由投诉人或举报人经常居住地的银保监局根据相关规定进行处理。

（2）行业自律。中国保险行业协会对互联网保险业务进行自律管理，开展保险机构互联网保险业务信息披露相关管理工作。保险机构应通过中国保险行业协会官方网站的互联网保险信息披露专栏，对自营网络平台、互联网保险产品、合作销售渠道等信息及时进行披露，便于社会公众查询和监督。

5. 互联网保险监管的主要内容

（1）互联网销售的披露规则。保险机构开展互联网保险业务，<u>就信息披露而言，应当在保险机构官网、自营网络平台以及销售页面进行相关的信息披露。</u>

> **小问题**
>
> 当前保险机构从业人员普遍通过微信朋友圈、公众号、微信群、微博、短视频、直播等方式参与互联网保险营销宣传，请从"持牌经营"和营销的规范化管理等角度思考这一现象。

（2）互联网保险业务的营销宣传。互联网保险营销宣传，是指保险机构通过网站、网页、互联网应用程序等互联网媒介，以文字、图片、音频、视频或其他形式，就保险产品或保险服务进行商业宣传推广的活动。《监管办法》从八个方面对互联网保险营销进行了规范，<u>包括：①营销人员持证管理；②对营销内容的自我监测检查；③在授权范围内开展营销活动；④不得进行误导和夸大宣传；⑤不得误导性解读保险合同条款；⑥对保险产品的明确说明和提示责任；⑦慎重向消费者发送互联网保险产品信息；⑧明确保险营销宣传中保险机构的主体责任。</u>

（3）保险机构的适当性义务。保险机构应当采取必要手段识别消费者的保险保障需求和消费能力，把合适的保险产品提供给消费者。适当性义务主要体现在售前咨询、风险提示、如实告知、售后服务以及不得限制消费者对保险产品的自主选择权。

三、互联网证券法律风险与监管

随着互联网证券业务的不断推广，证券市场逐渐从"有形"的市场过渡到"无形"的市场，远程终端交易、网上交易已经成为证券交易的主流。

1. 互联网证券概述

互联网证券是对传统证券业务的创新，是在全球化电子化浪潮下借助互联网等信息技术手段，为用户提供相关商业服务的全新金融服务形式。

互联网证券是传统的线下证券活动借助于互联网技术实现线上完成集中交易、集中登记托管结算等。通过互联网和移动客户终端为投资者提供网上交易、收集证券、投资顾问、金融产品，特别是投资基金销售等服务，因此在投资者享受互联网带来的证券交易便捷的同时，互联网形态下证券交易及相关的法律风险也随之产生。

2. 互联网证券的法律风险

（1）投资者隐私被泄露的法律风险。一方面，互联网给普通投资者和专业投资者提供了实时交易数据和金融信息，但在互联网为投资者提供方便信息的同时，也扩大了个人和机构传播信息的范围，因此一些不法者也可能将其用于非法的目的，利用各种信息操纵市场或者误导投资者。另一方面，投资者要网上开户、交易，必须经过证券公司或者网络服务商网上的实名注册认证，需提交身份证号码、联系电话、住址、收入等隐私信息，而这些信息很容易泄露或者被一些券商、融资企业用于非正常用途，或者出现账户被盗用、黑客入侵、网络及设备故障等情况，损害投资者利益。

（2）侵害中小投资者合法权益的风险。随着社交软件和自媒体的快速发展，一些非法咨询机构通过非法投资咨询和荐股信息，进而操纵证券市场。比如，一些违法者提前买入相关证券后，利用互联网信息传播的优势通过微信群、公众号、微博等自媒体进行荐股，诱导广大中小投资者高位接盘，从而谋取非法收益。

3. 互联网证券的法律监管

2000 年 3 月，中国证监会颁布实施了《网上证券业务委托暂行管理办法》（以下简称《管理办法》），针对互联网证券交易的技术风险与操作风险，《管理办法》中规定要开展网络委托业务的经纪商必须事先提交风险揭示书、网上委托协议范本等材料并由中国证监会进行审批。

2012 年 12 月为进一步规范证券投资咨询机构利用"荐股软件"从事证券投资咨询业务，加大对以"荐股软件"名义从事非法证券投资咨询活动的打击力度，保护投资者合法权益，中国证监会发布了《关于加强对利用"荐股软件"从事证券投资咨询业务监管的暂行规定》。

2013 年，中国证监会发布《证券投资基金销售机构通过第三方电子商务平台开展业务管理暂行规定》，规定第三方电子商务平台开展业务的资质、需要符合的条件，以及第三方电子商务平台代销基金的相关规定。

2015 年 3 月中国证监会出台《证券公司网上证券信息系统技术指引》，其中第 8 条规定："证券公司应当将在网上开展证券业务的风险管理纳入证券公司风险控制工作范围，建立健全网上证券风险控制管理体系。"这些都表达着监管层对互联网券商业务的发展有更高的目标和期待。

四、互联网信托法律风险与监管

互联网信托是互联网金融的一个全新模式，其理念就是基于专业金融服务公司的眼光和高于金融行业的自创标准风控体系，在对借款企业进行线下的信息核实，在资产抵押、质押或担保资料，以及信用评级等征信服务的基础上，将借款企业的资料和借款需求发布在网络平台上，实现个人和企业之间的投融资。目前，我国互联网信托平台只针对中小微企业提供融资服务。

1. 互联网信托的概述

从本质上看，互联网信托与传统信托没有区别，即委托人基于对受托人的信任，将其财产权委托给受托人管理或处置，获取固定投资收益回报，最终达到资产增值的目的。其区别在于，互联网信托是借助于互联网信托平台开展服务，即投资人基于对互联网金融平台线下征信服务的信任，对通过了平台审核的借款项目进行出资，在一定期限内获取收益回报。

互联网信托平台指的是为有资金需求的中小微企业和有投资理财需求的个人搭建了一个安全、稳健、透明、高效的线上出借撮合平台。

2. 互联网信托平台的法律地位

由于互联网信托业务是由委托人依照契约或网站条款的规定，为自己的利益，将自己财产上的权利通过受托人转给收益人作为资金周转，受托人依法收取相应的报酬。依据我国《民法典》第 23 章"居间合同"的规定，居间人提供贷款合同订立的媒介服务，可依法向委托方收取相应的报酬。因此互联网信托平台提供的服务是一种居间服务，互联网信托平台为居间人，其存在和服务费的收取符合法律规定并应当受法律保护。

3. 互联网信托的监管

（1）监管机构。在《指导意见》中，明确提出互联网信托是一种互联网金融的新业态，通过互联网企业设立的平台，利用信托方式拓宽其融资渠道，同样需要像传统的信托公司一样领取金融许可证，因此，由中国银保监会所属的银行业监督管理机构对其业务履行监管职责。

（2）风险防控。互联网信托并未改变信托的本质属性，也未改变信托业务的风险结构。《指导意见》强调，信托公司在开展互联网信托业务中，要遵守合格投资者等监管规定，保守客户信息，制定完善产品文件签署制度，保证交易安全。互联网信托平台发布的借款项目需要参照金融行业风险控制体系进行严谨的发布前审核，对借款企业一般要求提供超额价值有效财产的质押或抵押担保及股东无限责任连带担保等附加保证，并确保这些质押或抵押资产易于处置。

【节前引例点评】

（1）保险产品名称存在合规风险。2021 年 2 月 1 日起施行的《互联网保险业务监管办法》中，明确规定互联网保险机构在进行保险产品宣传时，不得进行误导和夸大宣传；不得误导性解读保险合同条款。像那些被随意简化，并具有奇葩名称的保险产品，不仅其定名方式不符合监管规定，而且存在歧义或误导，极易引发消费纠纷。

（2）承保过程不规范，违反互联网保险机构的适当性义务。《互联网保险业务监管办法》还明确了互联网保险机构的适当性义务。即保险机构应当采取必要手段识别消费者的保险保障需求和消费能力，把合适的保险产品提供给消费者。适当性义务主要体现在售前咨询、风险提示、如实告知、售后服务以及不得限制消费者对保险产品的自主选择权。

知识点测试

一、单项选择题

1. 第三方支付分为在线第三方支付和线下第三方支付。在线第三方支付是指（　　）作为中介机构依托公共网络或专用网络在收款人之间转移货币资金的行为。

  A．银行业金融机构 B．非金融机构   C．金融机构   D．电商平台

2. 以支付宝为代表的第三方支付机构实际是在服务过程中通过掌握资金的临时控制权来实现对买卖双方交易的（　　）。

  A．监管   B．指导   C．担保   D．结算

3．在《关于促进互联网金融健康发展的指导意见》中明确规定：互联网支付业务由（ ）负责监管。

  A．中国银保监会   B．中国人民银行

  C．国家市场监督管理部门   D．地方各级人民政府金融办

4．关于支付机构接受的客户备付金，下列说法错误的是（ ）。

  A．备付金不属于支付机构的自有财产

  B．支付机构只能根据客户发起的支付指令转移备付金

  C．禁止支付机构以任何形式挪用客户备付金

  D．由于支付机构是临时保管客户的备付金，因此支付机构可以将客户的备付金临时存放在自有资金的账户中

5．在法律不允许第三方支付机构可以将保管资金用于消费，用户也并没有约定第三方支付机构可以使用沉淀资金的情况下，用户与第三方支付机构形成的应当是（ ）。

  A．居间合同   B．委托合同   C．保管合同   D．劳务合同

6．中国保险行业协会对互联网保险业务进行（ ），开展保险机构互联网保险业务信息披露相关管理工作。

  A．自律管理   B．监督管理   C．业务指导   D．检查监督

7．由（ ）对互联网信托业务履行监管职责。

  A．证券监督管理机构   B．中国人民银行

  C．中国银保监会所属的银行业监督管理机构 D．国家市场监督管理部门

8．保险机构应采取必要手段识别（ ）的保险保障需求和消费能力，把合适的保险产品提供给（ ）。

  A．经营者；经营者 B．经营者；消费者 C．消费者；经营者 D．消费者；消费者

9．关于App平台公司在代理保险业务时，下列说法正确的是（ ）。

  A．App平台公司应在网页上明示其代理资质、保险公司授权委托书等证明，同时，App平台也应对保险代理商的证件进行形式上审查

  B．App平台公司应在网页上明示其营业执照、保险公司授权委托书等证明，同时，App平台也应对保险代理商的证件进行实质性审查

  C．App平台公司应在网页上明示其营业执照的同时，App平台也应对保险代理商的业务能力进行审查

  D．App平台公司应在网页上显示保险公司授权委托书等证明，同时，App平台也应对保险代理商的证件进行实质性审查

10．互联网信托平台提供的服务是一种（ ）。

  A．居间服务   B．委托代理服务

  C．理财信息提供服务   D．理财咨询服务

二、多项选择题

1．对第三方支付机构的市场准入，目前我国实行的是（ ），而且应当符合（ ）的规定。

  A．经营许可制度 B．《公司法》   C．核准登记制度   D．《证券法》

2．网络交易买卖双方与第三方支付机构的法律关系主要表现在（ ）。

  A．资金转移服务中的法律关系   B．资金保管服务中的法律关系

  C．信用担保服务中的法律关系   D．资金结算法律关系

3．第三方支付法律关系的主体是（　　）。

 A．第三方支付机构　　B．存管银行　　　　　C．付款方　　　　　　D．收款方

4．中国人民银行在 2010 年颁布的《非金融机构支付服务管理方法》中明确了商业银行作为存管银行的职能，下列说法正确的有（　　）。

 A．对第三方支付机构备付金使用情况承担法定的监督义务

 B．对支付机构违反相关规定使用客户备付金的申请或指令，备付金存管银行应当予以拒绝

 C．发现客户备付金被违法使用或有其他异常情况的，应立即向备付金存管银行所在地中国人民银行分支机构及备付金存管银行的法人机构报告

 D．当第三方支付机构根据银行的委托承担资金转移服务的时候，它们之间是一种服务合同关系，同时存管银行对第三方机构的备付金的使用承担法定的监管义务，因此又是一种行政法律关系

5．关于通过互联网平台销售保险产品，下列说法正确的是（　　）。

 A．保险中介机构代理保险必须依法获取保险兼业代理机构资质，并取得营业执照，还应当取得保险公司的授权

 B．App 平台公司在代理保险业务时，应在网页上明示其营业执照、保险公司授权委托书等证明，以便消费者辨认

 C．App 平台应对保险代理商的证件进行实质性审查，否则对消费者遭受的损失，平台要与代理商承担连带赔偿责任

 D．如果代理机构销售的是假保单或未经保险公司授权代理销售保单且侵占保费，数额较大的，将构成诈骗罪、侵占罪

6．属于互联网保险代理人的是（　　）。

 A．保险代理机构　　　　　　　　　　　B．保险个人代理人

 C．银行类保险兼业代理机构　　　　　　D．获得保险代理业务许可的互联网企业

7．关于互联网金融企业，下列说法正确的是（　　）。

 A．互联网金融企业的设立需要到工商部门注册登记

 B．进行互联网经营一般要取得 ICP 许可或履行 ICP 备案

 C．如果是开展第三方支付业务，需要获取第三方支付牌照

 D．如果是开展第三方支付业务，取得了 ICP 许可或履行了 ICP 备案的，不需要获取第三方支付牌照

8．第三方支付的法律风险主要有（　　）。

 A．违反市场准入的风险　　　　　　　　B．资金沉淀风险

 C．洗钱的风险　　　　　　　　　　　　D．信息安全的风险

三、判断题

1．第三方支付机构对于日常的资金流入流出过程中形成的沉淀资金享有所有权，因此在需要的时候，可以对这部分资金进行支配。（　　）

2．备付金存管银行对于第三方支付中的客户的备付金使用享有监管权。（　　）

3．《非金融机构支付服务管理办法》第 24 条规定："支付机构接受的客户备付金不属于支付机构的自有财产。"（　　）

4．互联网企业可通过依法获取保险兼业代理机构资质实现"持牌经营"，其用于代理销售保险产品的网络平台亦构成"自营网络平台"。（　　）

5．互联网保险公司可以线下销售保险产品，或者通过其他保险机构线下销售保险产品。（　　）

6. 互联网信托平台提供的服务是一种居间服务，互联网信托平台为居间人。（　　）

7. 互联网企业可通过依法获取保险兼业代理机构资质实现"授权经营"，其用于代理销售保险产品的网络平台亦构成"自营网络平台"。（　　）

8. 互联网保险产品是指保险机构通过互联网销售的保险产品。（　　）

课 外 实 训

背景资料

某汽车4S店在其微信公众号上发布包含"买车险即返30%现金"的广告内容，并进行了大量的转发，吸引消费者到其线下门店购买车险。经查，该公司并未取得保险销售经营许可，其在线下的门店收集投保信息，在门店代收保费后代客户到保险公司出具保单，或者引导客户到保险公司网点出具保单。由于该4S店并未实际出具保单遭到投诉，被当地银保监局依法处罚。

请同学们课下查找中国银保监会2020年12月发布的《互联网保险业务监管办法》，对照上述案例，围绕下面的问题展开讨论。

问题：（1）可以开展互联网保险代理业务的保险中介机构包括哪些？

（2）保险中介机构代理保险需要持牌经营吗？

（3）结合所学习的知识，登录保险中介机构官网查询，互联网保险代理应如何进行合法的营销宣传？

实训方式

课堂讨论。

实训提示

《互联网保险业务监管办法》中互联网对保险中介和保险代理的规定。

第十章

金融领域犯罪概要

【学习指导】

学习要点

1．掌握常见的金融领域犯罪表现。

2．通过学习和了解金融领域犯罪相关法律知识，在强化职业道德的同时，建立必要的法律思维，培养法律意识。

课外要求

关注金融法制宣传节目和旁听法院庭审，在感受到司法威严的同时，树立起敬畏法律、尊重法律、严守法律的观念。

在经济发展的大背景下，尤其是随着现代互联网技术的发展，伴随着新兴金融业务的出现，金融犯罪呈现出新的特点，从而严重侵害了国家正常的金融管理秩序，影响了整个社会的良性发展。

第一节　金融犯罪的概念与特征

金融犯罪，指发生在金融活动过程中的，违反金融管理法规，破坏金融管理秩序，依法应受刑罚处罚的行为。金融犯罪主要规定在《刑法》分则"破坏社会主义市场经济秩序罪"中，主要的类型为：破坏金融管理秩序罪和金融诈骗罪。

金融犯罪具备一般刑事犯罪的构成要件，现代市场经济条件下，又表现出一些新特点。

（1）犯罪呈现行业性。金融犯罪几乎发生在金融行业的各个领域，其犯罪主体多熟悉金融业务，有的本身就是金融行业内部工作人员。

（2）犯罪主体多样化。金融犯罪不仅涉及自然人，还涉及单位法人；既有懂金融专业知识的人员，也有不懂金融专业知识的人员；既有金融机构的工作人员，也有非金融机构的社会人员；既有国内不法分子，也有国外不法分子。从近年来的司法实践看，一些特大的金融犯罪案件往往由单位法人实施或参与实施。

（3）犯罪过程具有预谋性。犯罪分子大都事先熟悉金融活动过程及有关规定，然后利用各环节的漏洞或薄弱点，实施犯罪活动。

（4）犯罪呈现越来越严重的趋势。金融犯罪是一种明显的智能型犯罪，犯罪手段具有复杂性。犯罪分子除了利用金融方面的知识外，还利用高新技术、高科技手段作案。

微课堂

金融犯罪的概念和特征

问：金融行业从业人员如何做到谨守职业道德，避免发生违法犯罪行为？

第二节　常见金融领域犯罪

微课堂

非法吸收公众
存款罪

（一）非法吸收公众存款罪

非法吸收公众存款罪，是指非法吸收公众存款或者变相吸收公众存款，扰乱金融秩序的行为。同时对于不具有吸收存款资格的自然人和单位；具有吸收存款资格的金融机构，违反规定，擅自提高利率等方法吸收存款，也构成本罪。

非法吸收公众存款罪的行为方式必须满足以下几个条件①：①未经有关部门依法批准或者借用合法经营的形式吸收资金；②通过媒体、推介会、传单、手机短信等途径向社会公开宣传；③承诺在一定期限内以货币、实物、股权等方式还本付息或者给付回报，比如，编造"一夜成富翁"的神话，许诺投资者高额回报，为了骗取更多的人参与集资，非法集资人在集资初期往往按时足额兑现承诺本息，待集资达到一定规模后，便秘密转移资金或携款潜逃，使集资参与人遭受经济损失；④向社会公众即社会不特定对象吸收资金。

金融领域常见非法吸收公众存款情形有：①不具有发行股票、债券的真实内容，以虚假转让股权、发售虚构债券等方式非法吸收资金；②不具有募集基金的真实内容，以假借境外基金的名义、发售虚构基金等方式非法吸收资金；③不具有销售保险的真实内容，以假冒保险公司、伪造保险单据等方式非法吸收资金。

（二）伪造、变造金融票证罪

伪造、变造金融票证罪是指违反金融票证管理法规，伪造、变造金融票证的行为。该犯罪行为的对象是金融票证，包括：票据（汇票、本票、支票）；金融凭证（委托收款凭证、汇款凭证、银行存单、其他银行结算凭证）；信用证（包括附随单据、文件）；信用卡。

伪造，一是有形伪造，即没有金融票证制作权的人或假冒他人（包括虚无人）的名义，擅自制造外观上足以使一般人误认为是真实金融票证的假金融票证。二是无形伪造，即有金融票证制作权的人，超越其制作权限，违背事实制造内容虚假的金融票证，例如，银行职员制作虚假的银行存单交付他人。变造，是擅自对真正的金融票证进行各种形式的加工，改变数额、日期或者其他内容的行为。例如，甲将已失效、损毁的信用卡进行物理性拼凑加工，这种变造的信用卡无法使用，不具有实质意义，因此甲无罪。如果甲对作废的信用卡重新写磁、压印卡号，使变造的信用卡能够使用，本质上已经改变为一张新的信用卡，则应构成伪造信用卡的犯罪行为。

视野拓展

自洗钱行为的界定

伪造、变造金融票证罪的构成，要求主观上具有使用目的，如果行为人仅仅是为了个人收藏爱好而伪造、变造，不构成犯罪。

---

①根据司法解释：《最高人民法院关于审理伪造货币等案件具体应用法律若干问题的解释（二）》（法释〔2010〕14号）。

（三）洗钱罪

洗钱罪是指明知是毒品犯罪、黑社会性质的组织犯罪、恐怖活动犯罪、走私犯罪、贪污贿赂犯罪、破坏金融管理秩序犯罪、金融诈骗犯罪（七种上游犯罪）的违法所得及其产生的收益，为掩饰、隐瞒其来源和性质，而提供资金账户，或者协助将财产转换为现金、金融票据、有价证券，或者通过转账及其他结算方式协助资金转移，或者协助将资金汇往境外，或者以其他方法掩饰、隐瞒犯罪所得及其收益的来源和性质，使非法所得收入合法化的行为。[①]

只要有证据证明确实发生了上述七种上游犯罪，行为人明知系上游犯罪的所得及其产生的收益，仍然实施《刑法修正案（十一）》对第191条进行重大修订后明文规定的手段，使非法所得收入合法化，就应当认定洗钱罪成立。

自洗钱行为也要定洗钱罪。这是《刑法修正案（十一）》的一个重大修订。

（四）高利转贷罪

高利转贷罪是指以转贷牟利为目的，套取金融机构信贷资金高利转贷他人，违法所得数额较大的行为。

高利转贷罪以转贷牟利为目的，主观上存在向银行还本付息的意愿，不以非法占有为目的，贷款诈骗罪主观上则以非法占有为目的。变相高利转贷的情形包括：①行为人开始就有转贷牟利目的，套取金融机构信贷资金后，表面上将该部分资金用于生产经营，但又将自有资金高利借贷他人，违法所得数额较大的；②行为人套取金融机构的信贷资金，高利借贷给名义上有合资合作关系但实际上并不参与经营的企业，违法所得数额较大的。

（五）骗取贷款、票据承兑、金融票证罪

骗取贷款、票据承兑、金融票证罪是指以欺骗手段取得银行或者其他金融机构贷款、票据承兑、信用证、保函等，给银行或者其他金融机构造成重大损失或者有其他严重情节的行为。

所谓"欺骗手段"，指行为人在取得银行或其他金融机构的贷款、票据承兑、信用证、保函等信贷资金时，采用虚构事实、隐瞒真相等手段，掩盖客观事实，骗取了银行或其他金融机构的信任。表现形式为：在申请信贷资金或信用过程中有虚构事实、隐瞒真相的情节，或者提供假证明、假材料，或者信贷资金没有按照申请时所承诺的用途去使用。

骗取贷款、票据承兑、金融票证罪以给银行造成重大损失为成立条件。

（六）违法发放贷款罪

违法发放贷款罪是指银行或者其他金融机构的工作人员违反国家规定发放贷款，数额巨大或者造成重大损失的行为。

银行或者其他金融机构的工作人员违反国家规定，向关系人发放贷款的，依照违法发放贷

---

① 《刑法修正案（十一）》中对"洗钱罪"的规定。

款罪的规定从重处罚。单位违法发放贷款的，对单位处以罚金，并对其直接负责的主管人员和其他直接责任人员，依照规定处罚。关系人的范围，依照《商业银行法》和有关金融法规确定，具体是指商业银行或者其他金融机构的董事、监事、管理人员、信贷人员及其近亲属以及上述人员投资或者担任高级管理职务的公司、企业和其他经济组织。<u>违法发放贷款罪以数额巨大或者造成重大损失为成立条件。</u>

（七）集资诈骗罪

集资诈骗罪是指以非法占有为目的，使用诈骗方法非法集资，数额较大的行为。

这里"以非法占有为目的"的情形主要有：①集资后不用于生产经营活动或者用于生产经营活动与筹集资金规模明显不成比例，致使集资款不能返还的；②肆意挥霍集资款，致使集资款不能返还的；③携带集资款逃匿的；④将集资款用于违法犯罪活动的；⑤抽逃、转移资金、隐匿财产，逃避返还资金的；⑥隐匿、销毁账目，或者搞假破产、假倒闭，逃避返还资金的；⑦拒不交代资金去向，逃避返还资金的；⑧其他可以认定为非法占有目的的情形。

<u>是否采取欺诈手段是区分非法吸收公众存款罪和集资诈骗罪的关键。集资诈骗罪欺骗的对象是社会公众，欺骗手段是虚假承诺回报。</u>

（八）贷款诈骗罪

贷款诈骗罪是指使用虚假的资料，以非法占有为目的，诈骗银行或者其他金融机构的贷款，数额较大的行为。

<u>贷款诈骗罪的主观上以非法占有为目的。</u>主要表现为：①假冒他人名义贷款；②贷款后携款潜逃；③未将贷款按约定用途使用，而用于挥霍致使贷款无法偿还；④改变贷款用途，将贷款用于高风险经济活动造成重大经济损失，导致无法偿还贷款；⑤为谋取不正当利益，改变贷款用途，造成重大经济损失，致使无法偿还贷款；⑥使用贷款进行违法犯罪活动；⑦隐匿贷款去向，贷款到期后拒不偿还。

以上是比较常见的几个方面的金融领域犯罪，除此之外还有如保险诈骗、证券犯罪中欺诈发行股票、债券罪，违规披露、不披露重要信息罪，操纵证券、期货市场罪，提供虚假证明文件罪和出具证明文件重大失实罪；等等。鉴于篇幅这里不再赘述。

课 外 实 训

背景资料一

观看视频《毒枭背后的女人》（央视社会与法频道 2020 年 11 月 29 日《现场》栏目）。

内容简介：2018 年 11 月，广东、广西、云南三地警方联手破获了公安部代号 543 的目标案件。在这起案件中主要犯罪嫌疑人刘权个人名下的资产几乎为零，如此不合常理的情况引起警方对毒资去向的关注，同时警方还查到毒枭刘权前妻名下拥有巨额财产，为实现对毒品、毒资的双向打击，警方对这位毒枭背后的女人展开了细致调查。

背景资料二

观看视频《案件聚焦：检察风云——骗贷三千万》（东方卫视 2019 年 4 月 22 日《看看新闻》栏目）。

实训知识领域：

1．理解贷款诈骗罪和骗取贷款罪的区别。

2．洗钱罪主要打击什么犯罪。

3．结合视频案例理解社会主义核心价值观在建设社会主义市场经济秩序中的作用。

实训方式：

书面作业形式。

实训目的：

结合视频和所学金融领域的法律知识，强化敬畏法律、尊重法律、严守法律的观念，在未来从业中防范道德风险和法律风险。

主要参考文献

[1] 郭庆平，2016. 中央银行法的理论与实践. 北京：中国金融出版社.

[2] 金涛，刘芳雄，2021. 金融法规实务. 北京：中国人民大学出版社.

[3] 李娜，2020. 金融犯罪风险高发场域的社会治理路径研究. 上海：上海交通大学出版社.

[4] 李宪明，林先海，2021. 金融机构参与互联网助贷法律实务. 北京：法律出版社.

[5] 刘宪权，2020. 金融犯罪刑法学原理. 2版. 上海：上海人民出版社.

[6] 刘心稳，2018. 票据法. 4版. 北京：中国政法大学出版社.

[7] 钱列阳，谢杰，2020. 金融犯罪辩护逻辑. 北京：法律出版社.

[8] 任自力，2020. 互联网保险创新发展与监管研究. 北京：法律出版社.

[9] 盛勇强，柴洪峰，2015. 银行卡纠纷案例集. 北京：法律出版社.

[10] 覃有土，2019. 商法学. 7版. 北京：中国政法大学出版社.

[11] 王晓萌，2018. 互联网金融的法律透视及法律风险防范实务研究. 北京：中国纺织出版社.

[12] 武长海，涂晟，樊富强，2016. 互联网保险的法律规制研究. 北京：中国政法大学出版社.

[13] 徐孟洲，谭立，2019. 金融法. 4版. 北京：高等教育出版社.

[14] 杨立新，2020. 民法典释义与案例评注（物权编）. 北京：中国法制出版社.

[15] 翟相娟，2019. 个人征信法律关系研究. 上海：上海三联书店.

[16] 张斌，2015. 金融案件法律适用关键词与典型案例指导. 2版. 北京：法律出版社.

[17] 郑泰安，钟凯，钟洪明，等，2019. 证券投资基金法律制度：立法前沿与理论争议. 北京：社会科学文献出版社.

[18] 中国互联网金融协会，2019. 商业银行互联网金融业务法律法规汇编. 北京：中国金融出版社.

[19] 中国银行业协会银行业专业人员职业资格考试办公室，2021. 银行业法律法规与综合能力. 北京：中国金融出版社.

[20] 周友苏，2020. 证券法新论. 北京：法律出版社.

[21] 朱崇实，刘志云，2017. 金融法教程. 4版. 北京：法律出版社.

更新勘误表和配套资料索取示意图

说明1：本书配套教学资料完成后会上传至人邮教育社区（www.ryjiaoyu.com）本书页面内。下载本书配套教学资料受教师身份、下载权限限制，教师身份、下载权限需网站后台审批，参见以下示意图。

说明2："用书教师"是指为学生订购本书的授课教师。

说明3：本书配套教学资料将不定期更新、完善，新资料会随时上传至人邮教育社区本书页面内。

说明4：扫描二维码可查看本书现有"更新勘误记录表""意见建议记录表"。如发现本书或配套资料中有需要更新、完善之处，望及时反馈，我们将尽快处理。

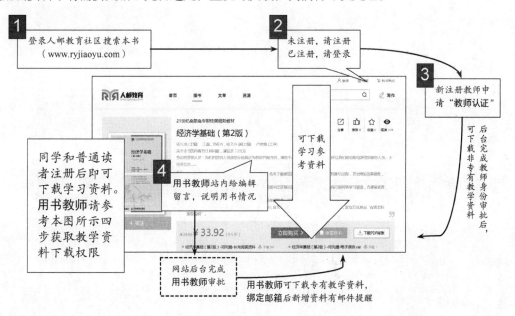